República em notas vol. 2

República em notas vol. 2

Ana Luiza Pessanha
Humberto Falcão Martins
orgs.

Cobogó República.org

Sumário

Apresentação institucional 11
ANA LUIZA PESSANHA

Sobre o *República em notas vol. 2* 13
ANA LUIZA PESSANHA E HUMBERTO FALCÃO MARTINS

Prefácio 19
GABRIELA LOTTA

TRANSFORMAÇÃO DO ESTADO

Apresentação 25
FRANCISCO GAETANI

O que é uma boa gestão pública? 28
RICARDO DE OLIVEIRA

Simplificação administrativa: como o serviço público pode tornar processos mais ágeis e efetivos 35
PAULO MODESTO

O patrimonialismo e as dificuldades para se equilibrar Estado, mercado e sociedade civil na concepção de políticas públicas 44
BRUNO CARAZZA

Tecnocracia e democracia: entre a eficiência técnica e a legitimidade política 52
WESLEY MATHEUS

O desafio de mensurar capacidades institucionais 65
ETTORE DE CARVALHO ORIOL E HUMBERTO FALCÃO MARTINS

Capacidades públicas em tempos de emergência climática: uma análise da execução orçamentária na agenda ambiental brasileira 80
JULIANA DAMASCENO

Emergências climáticas e a necessidade de uma reforma administrativa 90
RICARDO DE OLIVEIRA

A orientação do atual debate sobre reforma administrativa no Brasil: um realinhamento da rota 94
SHEILA CRISTINA TOLENTINO BARBOSA

Reforma da administração pública: por onde começar? 102
RICARDO DE OLIVEIRA

Construindo um Estado democrático e efetivo: o neoweberianismo e a estabilidade ágil na transformação da gestão pública brasileira 106
ALEXANDRE GOMIDE, FELIX LOPEZ, GABRIELA LOTTA E LUCIANA PAPI

TRANSPARÊNCIA DE DADOS E GOVERNO DIGITAL

Apresentação 123
GUILHERME ALBERTO ALMEIDA DE ALMEIDA

Governança de dados é caminho para melhorar gestão de pessoas no serviço público e entregas à população 127
EUCIANA AMANDA DE AZEVEDO FERREIRA E JOÃO PAULO MOTA

Referências internacionais para a transparência na gestão de pessoas 133
EMMANUEL GONÇALVES E SILVA, EUCIANA AMANDA DE AZEVEDO FERREIRA E JOÃO PAULO MOTA

Transparência de dados de gestão de pessoas no setor público: um desafio estratégico de desenvolvimento de competências 150
EMMANUEL GONÇALVES E SILVA, EUCIANA AMANDA DE AZEVEDO FERREIRA E JOÃO PAULO MOTA

People Analytics: rumo a uma abordagem estratégica da gestão de pessoas para o serviço público brasileiro 160
JOSÉ CELSO CARDOSO JR., JULIANA ALMEIDA E MIRIAN BITTENCOURT

Transformação digital pública na gestão de pessoas: o caso SouGov.br 167
ANTONIO FIUZA DE SOUSA LANDIM, GRAZIELLE SEABRA DURÃES AGUIAR, ILKA MASSUE SABINO KAWASHITA, JOSÉ CELSO CARDOSO JR. E VALDEVINO SIQUEIRA CAMPOS NETO

Do sol à luz digital: avanços e desafios da transparência na administração pública brasileira 174
ELISA CECIN ROHENKOHL

Transparência, dados abertos e governo digital: uma simbiose ainda incompleta 187
JULIANA SAKAI E MARINA IEMINI ATOJI

DIVERSIDADE NO SETOR PÚBLICO

Apresentação 201
CIBELE FRANZESE

Brasil levará 88 anos para conseguir equidade de gênero em ministérios 205
LAURA ANGÉLICA MOREIRA SILVA

Mulheres na liderança da burocracia federal: desafios e dificuldades para ascensão na carreira 218
ANANDA MARQUES E MICHELLE FERNANDEZ

Por que diversidade e inclusão são importantes para melhorar desempenho do serviço público 223
VANESSA COUTINHO

Lei de Cotas: Brasil tem obrigação de aprovar e cumprir reserva de vagas para negros no serviço público 232
ALISSON GOMES DOS SANTOS, ANA LUISA ARAUJO DE OLIVEIRA E EDMILSON SANTOS DOS SANTOS

Dos dados desestruturados ao Congresso Nacional: a jornada da avaliação da implementação da Lei de Cotas Raciais no poder Executivo federal 239
CÉSAR AUGUSTO GALVÃO E PEDRO MASSON SESCONETTO SOUZA

Assédio institucional e ações afirmativas: uma tarefa para cientistas 248
MYRELLE JACOB GONÇALVES

GESTÃO DE PESSOAS

Apresentação 267
LEANDRO LIRA

Por que a motivação é importante para o serviço público? 270
ALEX CAVALCANTE ALVES

Nossa experiência promovendo inovação com inspetoras penitenciárias 273
ANA CHRISTINA FAULHABER, CAROLINA RICARDO E IDELI DOMINGUES

Privação de liberdade: um espaço seguro? 281
ANA CHRISTINA FAULHABER, CAROLINA RICARDO E IDELI DOMINGUES

Servidores públicos também erram: um debate sobre Direito Administrativo 289
ALEX CAVALCANTE ALVES

Planejamento estratégico da força de trabalho no setor público federal brasileiro: tendências críticas e a necessária transformação do Estado 293
FERNANDO ANDRÉ SANTANA DE SOUZA, JANICE OLIVEIRA GODINHO, JOSÉ CELSO CARDOSO JR., LORENA FONSECA DE MEDEIROS E MARIA APARECIDA CHAGAS FERREIRA

Planejamento da força de trabalho no setor público: como o dimensionamento pode melhorar a eficiência do Estado 300
FERNANDO ANDRÉ SANTANA DE SOUZA, JANICE OLIVEIRA GODINHO, JOSÉ CELSO CARDOSO JR., LORENA FONSECA DE MEDEIROS E MARIA APARECIDA CHAGAS FERREIRA

Mobilidade dos servidores públicos: ferramenta para a eficiência do Estado 308
ALEX CAVALCANTE ALVES

Movimentação de servidores: desafios e oportunidades para a gestão de pessoas 312
FERNANDO ANDRÉ SANTANA DE SOUZA, FRANCISMARA ALVES DE OLIVEIRA LIMA, JOSÉ CELSO CARDOSO JR., KEILLY CRISTINA FERREIRA RIBEIRO, MARA CLÉLIA BRITO ALVES E RONEY GUIMARÃES BRUM

Notas sobre os avanços recentes e desafios correntes dos concursos públicos no Brasil 322
FERNANDO DE SOUZA COELHO E LÍVIA RESENDE LARA

Lei Geral de Contratação por Tempo Determinado no setor público 335
VERA MONTEIRO

Gestão por desempenho: pilar estratégico e não um acessório burocrático 343
LUIZA HERMETO COUTINHO CAMPOS E RENATA VILHENA

Os problemas de consolidação da alta direção pública na América Latina 348
CONRADO RAMOS

Fortalecendo a alta direção pública: os resultados do Mapa de Gestão de Lideranças 358
GUSTAVO TAVARES, JULIANA COSTA DE CARVALHO, VERONICA ENNES E VIVIAN SATIRO

Gestão estratégica de pessoas como motor da transformação do Estado: mensurando a maturidade dos estados brasileiros 370
ANA LUIZA PESSANHA E PAULA FRIAS

Apresentação institucional

ANA LUIZA PESSANHA

A República.org é uma organização da sociedade civil filantrópica, apartidária, não corporativa e antirracista, cuja missão é transformar a gestão de pessoas no serviço público, promovendo mais informação, formação e valorização dos profissionais que atuam nos governos. Trabalhamos com o propósito de contribuir para um serviço público de excelência, que assegure equidade e desenvolvimento, servindo ao Brasil e a quem serve o Brasil.

Para cumprir essa missão, a República.org está atualmente estruturada em seis eixos estratégicos, que norteiam e organizam os nossos projetos. No eixo Construção e Disseminação do Conhecimento, identificamos e suprimos lacunas sobre gestão de pessoas no serviço público brasileiro. Com base em dados e evidências, também apoiamos, de forma direta e indireta, a implementação de políticas públicas voltadas para a gestão de pessoas, em parceria com governos, por meio do eixo Apoio a Políticas Públicas. Para impulsionar mudanças legislativas e facilitar a articulação entre indivíduos, instituições e esferas governamentais, atuamos no eixo Articulação de Políticas Públicas.

Dois outros eixos centram-se no reconhecimento e desenvolvimento dos servidores públicos: Valorização de Profissionais Públicos, cujo principal projeto é o Prêmio Espírito Público; e Desenvolvimento de Pessoas e Instituições, através do qual qualificamos profissionais, apoiamos instituições de ensino e fomentamos o ecossistema de gestão de pessoas no setor público. Para sustentar todas essas iniciativas, contamos com um objetivo interno fundamental: Gente, Cultura e Processos Fortes, voltado ao desenvolvimento, reconhecimento e integração do nosso time republicano.

Este livro é fruto de uma seleção de artigos originalmente publicados na coluna online quinzenal *República em notas*, criada em 2020 pela República.org. Assinada por profissionais públicos, acadêmicos e especialistas, a coluna transmite análises sobre uma ampla gama de temas relacionados ao serviço público brasileiro, contribuindo para a qualificação do debate público, sobretudo no que se refere à gestão de pessoas. Em 2023, Vanessa Campagnac e Gabriela Lotta lançaram um livro reunindo alguns dos excelentes artigos publicados à época, tratando de temas como burocracia, democracia, diversidade, orçamento e compras públicas e gestão de pessoas.

Neste segundo volume, organizado por mim e pelo Humberto Falcão Martins, com contribuições iniciais de Vanessa Campagnac, damos continuidade à reflexão sobre a melhoria do serviço público com outras análises, recém-publicadas na coluna online, além de contribuições inéditas e exclusivas de novos autores e autoras.

Boa leitura!

Sobre o *República em notas vol. 2*

ANA LUIZA PESSANHA
HUMBERTO FALCÃO MARTINS

O segundo volume do *República em notas* oferece uma perspectiva multifacetada sobre a necessidade de evolução do Estado brasileiro para enfrentar desafios contemporâneos, caracterizados pela complexidade e rapidez das transformações. Essa evolução é vista como essencial para a redução das desigualdades e a melhoria da qualidade e eficiência dos serviços públicos para a população. A transformação necessária é abrangente e sistêmica, indo além de reformas fragmentadas.

A publicação está organizada em quatro blocos temáticos. O primeiro, intitulado "Transformação do Estado" — e com prefácio de Francisco Gaetani, atual secretário da Secretaria Extraordinária de Transformação do Estado do Ministério da Gestão e da Inovação em Serviços Públicos —, reúne dez textos de 12 autores e autoras, sendo metade deles inéditos. Esse bloco estabelece as bases da discussão, identificando desafios históricos e estruturais que comprometem a eficácia do Estado, como o patrimonialismo, clientelismo e corporativismo, que o tornam vulnerável a interesses privados. Ressalta-se a necessidade de fortalecer capacidades estatais nas dimensões gerencial, operacional, estratégica e colaborativa, cujas fragilidades dificultam a implementação de políticas públicas cruciais.

O bloco propõe que as reformas administrativas vão além da mera contenção de gastos, sugerindo o modelo do Estado neoweberiano (ENW), aliado à estabilidade ágil, como um paradigma para essa evolução, visando uma burocracia profissional e baseada no mérito, integrada com ferramentas modernas, participação e foco em resultados. Contribui destacando a importância de reformar sistemas de gestão e controle, passando de um foco em processos para um foco em resultados e impacto. Também explora o papel da experiência técnica (tecnocracia), ressalvando que esta deve ser compatível com a democracia, sujeita ao debate público e integrada a princípios democráticos. A mensagem central é a necessidade de uma transformação profunda, considerando fatores políticos, institucionais, administrativos e culturais, com urgência evidenciada por eventos como a tragédia no Rio Grande do Sul, que exigem capacitação em planejamento, prevenção e cooperação interfederativa.

O segundo bloco, "Transparência de dados e governo digital", se concentra no papel fundamental desses elementos para a democracia e a modernização da administração pública. Com apresentação de Guilherme Alberto Almeida de Almeida, vencedor da categoria Governo Digital do Prêmio Espírito Público 2020, esse bloco reúne sete textos de 13 autores e autoras, incluindo dois inéditos. A transparência é tratada como princípio essencial para o empoderamento dos cidadãos, facilitando o controle social, o combate à corrupção e a responsabilização dos gestores públicos. O governo digital é apresentado como catalisador indispensável, ampliando o acesso à informação e convertendo dados em conhecimento útil.

Os autores e autoras reconhecem os avanços do Brasil, mencionando iniciativas como o Programa Nacional de Transparência Pública (PNTP) e plataformas como o SouGov.br. Destacam a importância dos dados abertos, que vão além da mera publicidade, sendo compreensíveis e utilizáveis, conforme exigido pela Lei de Acesso à Informação (LAI) e pela Lei de Governo Digital. Entretanto, a fragmentação e a falta de padronização de dados e processos ainda dificultam o controle social e a tomada de decisões estratégicas. A sociedade civil é reconhecida por seu papel na defesa da transparência e na redução de lacunas de dados. Na temática de tecnologia aplicada à gestão de pessoas, os textos alertam para o foco operacional e pouco estratégico. A governança de dados é apontada como essencial para aprimorar a gestão de pessoas e permitir o uso de *People Analytics*, uma abordagem baseada em evidências para transformar, inclusive, o RH público. A mensagem geral é que, apesar dos avanços legais e programáticos, o progresso efetivo requer superar desafios práticos como a fragmentação de dados, a resistência cultural e a insuficiência no desenvolvimento de competências digitais e de dados entre os servidores. A integração plena e a qualidade dos dados são imperativos para o futuro da administração pública, especialmente com novas tecnologias.

O terceiro bloco, intitulado "Diversidade", trata do enfrentamento aos desafios sistêmicos para alcançar equidade e diversidade genuínas no setor público brasileiro, com foco em raça e gênero. Introduzido pelo prefácio de Cibele Franzese, professora da Fundação Getúlio Vargas, o bloco reúne seis textos de dez autores e autoras, dois deles inéditos. Apesar da legislação vigente, como a Lei de Cotas Raciais no serviço público, e do crescente reconhecimento da importância do tema, a implementação de políticas afirmativas é falha ou ativamente minada. Evidências empíricas revelam que metas raciais são frequentemente ignoradas por meio de práticas como a não publicização ou a aplicação inadequada.

O bloco salienta a sub-representação persistente de grupos marginalizados, especialmente mulheres negras, em posições de liderança. Também destaca que o assédio institucional e a discriminação são obstáculos estruturais e pervasivos, funcionando como uma "sabotagem silenciosa" contra ações afirmativas. O uso problemático do poder discricionário, sem critérios claros, é identificado como um meio de perpetuar a exclusão e a violência sutil, operando em "zonas cinzentas". Argumenta-se crucialmente que diversidade sem inclusão verdadeira é insuficiente, levando a práticas como tokenismo ou "genderwashing" — lacuna ilustrada com os desafios enfrentados por trabalhadoras grávidas. A mensagem geral é que a promoção da equidade exige enfrentar barreiras estruturais profundas, superando falhas de implementação, resistência institucional, assédio, falta de regulamentação e exclusão sistêmica.

Encerrando a publicação, o quarto bloco é dedicado à "Gestão de Pessoas" — a missão da República.org. Com prefácio de Leandro Lira, vencedor do Eixo Intersetorial do Prêmio Espírito Público 2022, esse bloco apresenta 14 textos de 27 autores e autoras, dos quais cinco são inéditos. O bloco foca na modernização da gestão de pessoas no setor público, buscando práticas mais estratégicas, fundamentadas em dados e centradas em pessoas. Inicia-se com reflexões sobre engajamento e bem-estar no contexto do sistema prisional, com base na experiência da Residência em Capital Humano, projeto realizado pela República.org em 2019.

Outro desafio significativo é a onda de aposentadorias, que exige planejamento estratégico da força de trabalho. Contribui apresentando o dimensionamento da força de trabalho (DFT) como uma ferramenta crucial para avaliar a real necessidade de pessoal em cada órgão, de forma estruturada e estratégica. Defende também a modernização dos concursos públicos, colocando em prática a recém-aprovada Lei nº 14.965/2024. A movimentação (mobilidade) de servidores é vista como uma ferramenta poderosa, mas subutilizada, para otimizar talentos e desenvolver habilidades, apesar de enfrentar resistência e burocracia. Defende-se que a mobilidade deve ser uma política estratégica integrada a ferramentas como DFT e mapeamento de competências. Também se destaca o papel da liderança e da Alta Administração Pública (ADP), frequentemente comprometida pela politização em detrimento do mérito na América Latina. O enfoque em valor público é mencionado como um quadro para o desenvolvimento da ADP, enfatizando conduta ética e gestão política legítima. A motivação e o bem-estar dos servidores são reconhecidos como fundamentais, impactados negativamente por baixos salários e condições precárias, exigindo medidas remunerativas e não remunerativas.

O bloco também destaca a necessidade de uma visão mais humana do servidor público, reconhecendo sua capacidade e propensão a erros, e advoga por um ambiente seguro que apoie o aprendizado, em contraste com o foco tradicional em punição. A gestão de desempenho eficaz é vista como não institucionalizada estrategicamente, devendo focar em desenvolvimento contínuo, com *feedback* e ligação à progressão na carreira. Também aborda a flexibilidade através de contratos temporários, destacando seu uso desordenado e a necessidade de regulamentação para trazer segurança jurídica e governança. Por fim, o último texto coloca a agenda de gestão de pessoas como o motor que possibilita a transformação do Estado. Ao compartilhar a experiência da República.org com a construção de dois índices inéditos para mensurar a qualidade dos processos e políticas de gestão de pessoas e seus resultados esperados na qualidade da burocracia, as autoras reforçam o uso estratégico de dados e evidências robustas que orientem a (re)formulação de políticas para construção de capacidades estatais. A mensagem geral é que a modernização da gestão de pessoas exige uma transformação sistêmica, abordando planejamento e alocação estratégica da força de trabalho, seleção e gestão estratégica de lideranças, modernização dos concursos públicos, gestão efetiva do desempenho e desenvolvimento, engajamento e bem-estar no ambiente de trabalho e a garantia de direitos básicos para todos os servidores, independente de seu vínculo com a administração.

Os quatro blocos convergem para uma conclusão clara: a transformação da administração pública brasileira é complexa e multifacetada. Essa transformação deve enfrentar questões estruturais históricas (primeiro bloco), incorporar tecnologia e dados (segundo bloco), garantir a equidade e inclusão genuína (terceiro bloco) e valorizar e gerir estrategicamente o capital humano (quarto bloco). Esses eixos são interdependentes: a capacidade estatal (primeiro bloco) depende de tecnologias e dados (segundo bloco) e de uma força de trabalho qualificada e motivada (quarto bloco), enquanto a legitimidade do Estado é minada pela falta de equidade (terceiro bloco), que pode ser enfrentada com melhores dados, mais transparência e gestão estratégica de pessoas.

Ao reunir vozes experientes de diferentes áreas, os 37 textos desta obra apresentam desafios relevantes — como resistência política, inércia burocrática e obstáculos culturais — mas também apontam caminhos concretos e inspiradores em direção a um serviço público mais eficiente, eficaz, legítimo e cidadão-cêntrico. Que esta publicação sirva como ponto de referência para debates informados e decisões corajosas rumo a um Estado mais justo, presente e competente.

Prefácio

GABRIELA LOTTA

Dizer que o Estado e a administração pública brasileira precisam melhorar já é um lugar-comum. E os últimos anos têm visto frutíferos debates dentro dos governos, na academia, na mídia e no terceiro setor que buscam contribuir com essa agenda. Mas se o Estado precisa melhorar, também é verdade que muita coisa relevante tem sido feita em diversos órgãos da administração pública brasileira. Desde a Constituição, o país tem vivido processos experimentais e inovadores de aprimoramento dos serviços públicos, das estruturas governamentais, das organizações públicas e da forma como as políticas são gestadas e implementadas. Reconhecer os avanços, e, acima de tudo, aprender com eles, deveria ser um mote central para todos que acreditam em um país melhor por meio de ações efetivas da administração pública brasileira. Nesse sentido, reconhecendo que há muito para ser feito e muito já acumulado, é que experiências como o *República em notas*, criado em 2022 pela República.org, se tornam centrais. O programa nasceu com o intuito de publicar semanalmente textos com linguagem simples que permitissem disseminar análises e experiências existentes de fortalecimento da administração pública brasileira. Ao longo do tempo, foi crescendo, se consolidando como uma referência nacional para gestores e acadêmicos que querem discutir boas práticas e o que ainda precisa ser feito.

Contribuiu, assim, para um movimento internacional que tem buscado construir uma perspectiva mais positiva sobre a administração pública.

Como fruto desse esforço iniciado em 2022, no ano seguinte, em parceria com a Vanessa Campagnac, tive a honra e alegria de organizar a primeira edição do livro *República em notas*. O livro se propunha a organizar e dar sentido coletivo para um conjunto de textos coletados e publicados na coluna online. Na ocasião, selecionamos os principais textos e encomendamos alguns textos originais que foram organizados em uma ordem temática para gerar uma coerência para o leitor. Ao mesmo tempo, buscamos compor uma obra que promovesse um acúmulo de forma que cada novo texto se somasse aos textos anteriores e fornecesse informações e sugestões para quem atua na administração pública poder aprimorar seu trabalho. O livro foi um sucesso. Além de amplamente disseminado entre gestores e acadêmicos, rendeu diversos debates frutíferos em eventos nacionais e ainda entrou na lista dos semifinalistas do Prêmio Jabuti Acadêmico. Ouvimos relatos de como as experiências inspiraram processos de transformação da administração pública em diversos órgãos e governos por todo o país. Também recebemos diversos retornos de como o livro estava contribuindo para construir essa imagem mais positiva da administração pública, com foco em seu aprimoramento e fortalecimento.

Assim, é com muita alegria e entusiasmo que vejo nascer um novo volume do *República em notas*, com novos casos, novos temas e discussões. Esse segundo volume, organizado em quatro blocos, retoma alguns dos temas centrais da República.org e da coluna *República em notas*, como gestão de pessoas e diversidade, por exemplo, mas trazendo novas perspectivas, casos e experiências não explorados na versão anterior — como a ideia de motivação, alta direção, novas formas de contratação, assédio, entre outros. Mas o livro vai além e se propõe a discutir algumas temáticas diferentes e que são centrais para o aprimoramento da administração pública brasileira. Ressalto aqui, em primeiro lugar, a agenda de transformações ou reforma do Estado. Embora esse tema aparecesse em diversos textos do primeiro volume, ao organizar um bloco dedicado apenas a isso, o novo volume consegue se aprofundar na proposição de uma agenda de transformações que engloba temas centrais, como a melhoria da qualidade das políticas públicas, medidas de reformas, construção de capacidades estatais e enfrentamento de crises, por exemplo. O segundo tema que o livro traz de maneira inovadora e original é o de transparência de dados e governo digital. Além de discutir elementos centrais dessa agenda — como a ideia de dados abertos, transparência ativa, dados sobre gestão de pessoas etc. — o livro ainda apresenta e discute algumas experiências nesse campo, inspirando os leitores a conhecerem mais sobre os avanços que o país já tem e os que ainda precisa ter para o aprimoramento da democracia e *accountability* do Estado brasileiro.

Assim, contando com uma ampla e variada lista de textos, temas, experiências, o segundo volume do livro *República em notas* contribui para o debate sobre o fortalecimento e aprimoramento do Estado, da administração pública e da democracia brasileira. E o faz com diversidade conceitual e de posicionamento dos autores combinada com rigor conceitual e metodológico e com uma boa dose de pragmatismo que contribuem para uma agenda positiva e propositiva. Tenho certeza de que, assim como aconteceu com o primeiro volume, o novo *República em notas* se consolidará como uma referência essencial para o fortalecimento do Estado brasileiro, que ganhará as prateleiras das universidades, dos gestores, da imprensa e de todos aqueles que estão comprometidos e interessados em construir um país melhor.

TRANSFORMAÇÃO DO ESTADO

Apresentação

FRANCISCO GAETANI

Estados são produto da história. Desde seu surgimento, Estados evoluem ininterruptamente, refletindo as transformações das sociedades das quais se originam. Não são transformações lineares, nem inevitavelmente destinadas ao progresso — como a ascensão e queda de vários países e de seus respectivos Estados demonstra.

O Estado moderno brasileiro — comumente situado historicamente a partir da Revolução de 1930 — vem passando por incessantes transformações desde então. Países desenvolveram-se a partir de diferentes organizações do Estado e o Brasil não é diferente.

Transcorrido quase um século da criação do "Estado Novo", em 1937, o país continua tendo que enfrentar desafios como a eficientização do gasto público, a organização de um serviço público profissional, o estabelecimento de modelos de funcionamento de organizações governamentais adequados à entrega dos resultados das políticas públicas, a definição de uma estratégica de desenvolvimento e uma inserção na arena internacional adequada às necessidades nacionais, dentre outras.

A transformação do Estado vem sendo priorizada sucessivamente por quase todos os governos — como Collor, Cardoso e Lula — desde a redemocratização, ainda que em direções diferentes. Décadas de tentativas sucessivas de implementação de iniciativas reformistas têm produzido sucessos parciais, fracassos recorrentes e um aprendizado cumulativo, ainda que irregular e incompleto ao longo do tempo.

O Brasil segue lutando contra o atraso, a pobreza, o clientelismo, o patrimonialismo, a corrupção, o desperdício, o corporativismo, a ineficiência, o autoritarismo e outras mazelas velhas conhecidas, mas nem por isso solucionadas. Porém novas necessidades foram sendo explicitadas e agregadas ao longo dos anos, aumentando a complexidade e elevando as expectativas sobre os papéis que se espera que o Estado desempenhe, sempre de forma sancionada pela sociedade.

Os problemas do presente recente incluem eventos extremos, *fake news*, discursos de ódio, aprofundamento das desigualdades, pandemias, desglobalização, guerras, cibercrimes e outras fontes de expectativas sobre o Estado, sua performance e maneira como utiliza seus recursos. Além disso, o país se encontra às voltas com dois problemas estruturais: a) um federalismo disfuncional a despeito de sua geometria variável ter sido pensada para possibilitar a cooperação entre os níveis de governo; b) um sistema político em que as relações entre os três poderes tradicionais e os novos poderes como o Tribunal de Contas e o Ministério Público encontram-se fragilizadas.

Dentre as novidades no rol do papel do Estado introduzidas no futuro próximo encontram-se lidar com a revolução digital, priorizar o enfrentamento da mudança climática, abrir espaços para o protagonismo de grupos sociais cuja representatividade é inferior ao seu peso, equacionar os desafios postos pela transformação tecnológica no mundo do trabalho, assegurar a integridade e a qualidade do gasto público e procurar uma inserção internacional que favoreça os interesses do país e o desenvolvimento nacional.

A busca simultânea do enfrentamento de tarefas do passado, problemas do presente e desafios do futuro exige do país capacidades cujo desenvolvimento precisa ser acelerado e qualificado. Esta é a agenda da transformação do Estado brasileiro no início do segundo quartil do século XXI: um processo permanente de reinvenção e do fortalecimento das capacidades estatais para que desempenhe seu papel de implementador das políticas públicas de que o país precisa.

As iniciativas das últimas décadas para superar os obstáculos para a modernização da administração pública federal, nas áreas de pessoal, controle, tecnologia, gestão, desempenho, transparência, entrega de serviços públicos e outras têm tido sucesso parcial, pontual e espasmódico.

Os textos desta publicação se debruçam sobre esses desafios, mostrando os avanços ocorridos nos últimos anos, as dificuldades para se promover mudanças e os caminhos que vêm sendo explorados com a finalidade de se alcançar as transformações ambicionadas.

O que é uma boa gestão pública?

RICARDO DE OLIVEIRA

17 de setembro de 2024

A gestão pública tem grande importância para a sociedade, uma vez que seus resultados proporcionam qualidade de vida para a população, promovem o desenvolvimento econômico sustentável, combatem as desigualdades e fortalecem a democracia, a legitimidade do Estado e a coesão social.

Portanto, o debate sobre seus resultados, qualidade e eficiência deve fazer parte da agenda política prioritária do país. A efetividade desse debate depende da realização de um diagnóstico consistente sobre as condições existentes para o seu exercício (meios, leis, apoio político, organizacionais) e do ambiente político-institucional em que ela se desenvolve.

Atualmente, não há no país um debate organizado sobre gestão pública com visão holística e que permita um diagnóstico consistente. Os temas surgem no debate de uma forma fragmentada, simplista, em função de algum escândalo (corrupção, nepotismo, altos salários etc.), de posicionamento ideológico (redução do tamanho do Estado) e, algumas vezes, com interesse demagógico (lembrem-se dos marajás na campanha presidencial de 1989). Há, também, um argumento importante sobre o volume de impostos pagos e o retorno em serviços públicos aquém do esperado pela população. Esses temas surgem como se fossem problemas independentes, sem considerar a relação entre eles e o ambiente político, institucional, administrativo e de controle que condicionam a produção de resultados na gestão pública. Este artigo pretende contribuir para qualificar esse debate.

Há duas políticas que organizam a gestão pública: as políticas públicas de gestão (PPG) e as finalísticas (PPF). As PPGs são horizontais e tratam do desenvolvimento das capacidades organizacionais dos órgãos públicos e as PPFs tratam dos objetivos específicos de cada política setorial.

Em geral, quando nos referimos às políticas públicas, nos referimos às políticas finalísticas como educação, saúde ou segurança pública. Não há entendimento de que o conjunto dos instrumentos de gestão constituem, também, uma política pública e que precisam ser articulados e coordenados para promover a melhoria da gestão pública. A falta dessa visão tem levado áreas da administração pública responsáveis pelas políticas de gestão (planejamento, orçamento, finanças, pessoal, compras, tecnologia de informação, modelos organizacionais e outros) a atuarem de forma isolada, sem articulação entre si, como se fosse possível fragmentar os instrumentos de gestão sem comprometer a entrega de resultados para a sociedade.

A boa gestão pública, por exemplo, deve alinhar os interesses dos seus servidores com os interesses institucionais do seu órgão e com as prioridades do governo. Para alcançar esse objetivo, é preciso um conjunto amplo de políticas de gestão articuladas entre si, como planejamento, seleção e desenvolvimento de pessoas, gestão de desempenho, entre outras.

Além disso, ela deve articular as PPGs com as PPFs. Uma não tem sentido sem a outra, e, sem essa articulação, a administração pública não consegue entregar resultados eficientes e de qualidade para a população. Elas são dois lados da mesma moeda. Após estabelecer os objetivos e metas a serem alcançados, é preciso definir os instrumentos gerenciais capazes de transformar o planejamento em resultados para a população.

A PPG deve ter como objetivo aprimorar continuamente as condições organizacionais, normativas, políticas e jurídicas necessárias para o bom desempenho das políticas públicas em todos os órgãos públicos e níveis de governos. Isso porque muitos serviços que interessam diretamente à população são prestados pelos níveis subnacionais, como educação, saúde, segurança e mobilidade urbana, por exemplo. Por isso, é fundamental que o governo federal enfrente os desafios do federalismo brasileiro — dificuldades de articulação e construção de arranjos institucionais envolvendo União, estados e municípios. Além disso, a legislação sobre administração pública é de competência federal, cabendo aos estados e municípios fazerem legislação complementar.

Além disso, a PPG precisa dispor de uma estrutura central de formulação e coordenação, vinculada ao centro de governo, devido à necessidade de envolvimento dos ministérios que têm responsabilidades nas áreas de gestão e para a coordenação de todos os órgãos governamentais no desenvolvimento das ações de melhoria da gestão e entrega de resultados.

Um aspecto relevante no debate sobre como melhorar a prestação de serviços públicos é reconhecer que a gestão pública se desenvolve dentro de um ambiente caracterizado pela participação de múltiplos atores (públicos e privados) com interesses políticos, econômicos ou institucionais nas políticas públicas; por tratar de questões complexas da sociedade; pelo risco da descontinuidade administrativa quando da troca de governos; e por ter uma legislação de controle que valoriza mais os processos do que os resultados. Esse ambiente indica que a gestão pública tem que superar desafios políticos e técnicos para entregar os resultados esperados pela sociedade.

O não entendimento desse ambiente específico leva a avaliações equivocadas sobre a realidade da gestão pública no país e a propostas inconsistentes de melhoria da sua prestação de serviços.

Fatores que influenciam o desempenho da gestão pública

Há seis fatores que condicionam o desempenho da gestão pública: as capacidades organizacionais dos órgãos públicos; as regras de gestão e controle; a qualidade das decisões das instituições intervenientes na gestão pública (Executivo, parlamento, Judiciário, Ministério Público e Tribunal de Contas); a participação da sociedade na formulação das políticas públicas e na cobrança de resultados; a descontinuidade administrativa; e a disputa política pela orientação das políticas públicas e dos seus orçamentos.

Em função da nossa cultura referente à relação do Estado com a sociedade, essa disputa política é marcada por práticas como patrimonialismo, clientelismo e corporativismo, as quais dificultam a tomada de decisão e a execução das políticas públicas no sentido de ampliar o acesso do cidadão a serviços eficientes e de qualidade.

Para enfrentar esse desafio político é preciso um maior envolvimento do parlamento nesse debate, porque faz-se necessária uma discussão mais aprofundada que relacione a qualidade da prática política com o melhor desempenho da gestão pública. Além disso, a melhoria da gestão demanda uma atenção permanente do poder Legislativo, uma vez que ela é de longo curso, envolve todos os poderes e níveis de governo e vai demandar aprovação de leis.

Um outro desafio é modificar as regras de gestão e controle para priorizar o alcance de resultados (eficientes, eficazes e efetivos). Essa mudança de prioridade só será possível com um entendimento institucional entre os três poderes e os dois órgãos intervenientes na gestão pública (Ministério Público e Tribunal de Contas).

Esse entendimento, que pressupõe a manutenção de um diálogo permanente entre todos os órgãos públicos intervenientes na gestão, é um grande desafio a ser superado para o desenvolvimento de uma gestão pública de qualidade. Esse diálogo deve ter como premissa a construção das melhores condições possíveis para que a gestão pública entregue os resultados esperados pela sociedade. Hoje, a insegurança jurídica do gestor público decorrente da legislação de controle e do entendimento da legislação pelos órgãos controladores é, por exemplo, um fator importante para limitar a entrega desses resultados. Um outro tema de interesse de todos é a definição de critérios para nomeação nos cargos públicos e para a elaboração do orçamento. Essas e outras questões devem ser enfrentadas através de uma cooperação institucional entre os órgãos responsáveis pela gestão e pelo controle, com diálogo no parlamento e apoio da população.

A iniciativa desse amplo diálogo deve ser do poder Executivo pela sua responsabilidade direta na prestação dos serviços e pela experiência concreta das dificuldades enfrentadas pelos gestores no dia a dia da gestão pública.

Um desafio crucial é construir as capacidades organizacionais necessárias para a formulação, execução, inovação e avaliação das políticas públicas no âmbito do poder Executivo. Essas capacidades devem ser construídas levando em consideração a necessidade de interlocução com o ambiente político institucional que envolve a gestão pública e com foco em resultados para a sociedade.

Portanto, podemos considerar que uma organização pública tem uma boa gestão quando ela tem capacidade para propor e negociar com a sociedade os objetivos e as metas das políticas públicas sob sua responsabilidade; possibilidade de alcançá-los, ao menor custo possível; de se aprimorar e inovar continuamente, de forma que ao término de cada ciclo de governo as suas capacidades organizacionais sejam melhores do que eram no início; de garantir a transparência e a legalidade dos seus atos de gestão; de incentivar a participação da sociedade; de conseguir apoio político das instituições públicas e das organizações da sociedade para o cumprimento da sua missão; e de fortalecer a continuidade das suas políticas quando da troca de governos.

Para alcançar esses objetivos, é condição necessária construir uma burocracia pública competente, profissional e comprometida com o interesse público, capaz de fornecer as soluções possíveis aos tomadores de decisão, evitando erros já cometidos, que seja respeitosa com o poder político e tenha capacidade de articulação política com os setores da sociedade interessados nas políticas públicas e com os órgãos públicos intervenientes na gestão. Essa articulação tem por objetivo garantir o interesse público e a entrega de resultados para a sociedade.

A melhoria da gestão pública implica uma profunda mudança cultural no setor público e deve impactar as práticas sociais do relacionamento da classe política com o Estado, na relação institucional entre os poderes e entre os níveis de governo e, também, na cultura de controle e gestão da administração pública. Sendo assim, ela precisa ser entendida como um processo contínuo, com mudanças graduais sendo implementadas ao longo do tempo, fruto de uma ampla interlocução com a sociedade, Judiciário, Ministério Público, Tribunal de Contas, Congresso Nacional e, particularmente, com os servidores públicos, uma vez que eles conduzem a gestão no dia a dia.

Simplificação administrativa: como o serviço público pode tornar processos mais ágeis e efetivos

PAULO MODESTO

30 de julho de 2024

Simplificação administrativa é uma decisão *política multidimensional e sequencial*. Em sentido mínimo, simplificação administrativa significa a redução ou eliminação de exigências burocráticas estabelecidas em normas e a implementação de formas alternativas e menos onerosas de cumprimento de exigências administrativas substitutivas ou remanescentes.

A simplificação administrativa não deriva de qualquer decisão voluntarista isolada: é processo administrativo e pressupõe mapeamento de fluxogramas, cargas ou ônus, identificação de aperfeiçoamentos processuais, orgânicos e gerenciais, realização de investimentos em estruturas de atendimento e digitalização, capacitação de pessoal e reforma de mentalidades e, sobretudo, avaliação de impacto normativo de modo prévio (*ex ante*) e sucessivo (*ex post*), inclusive com atenta apuração da arquitetura de incentivos dos agentes envolvidos. Administrar envolve cuidar de modo permanente de avaliar e propor reformas normativas, considerar as consequências práticas das normas e decisões administrativas (artigos 20 e 21, Lei de Introdução às Normas do Direito Brasileiro, introduzidos pela Lei nº 13.655/2018), e não apenas executar a lei de ofício.

Essa compreensão amplia as responsabilidades tradicionais dos administradores públicos e dos estudiosos do Direito Administrativo. A tarefa de propor ou implementar reformas normativas deve ser assumida pelo gestor como tarefa própria e convocar a atenção e a contribuição do especialista, que não cumpre a sua função social se reduz o seu papel ao de mero intérprete descritivo de soluções estabelecidas.

Em Direito Administrativo, precisamos estudar legística[1] e programas de *better regulation*.[2] A administração pública é importante editora de normas secundárias e responsável direta pela avaliação da legislação primária vigente, seja quanto a sua adequação à realidade e aos limites orçamentários e institucio-

---

1. Entre muitos, indico a leitura da coletânea *Legística*, organizada em homenagem ao professor Carlos Blanco de Morais, com participação de destacados autores brasileiros (São Paulo: Almedina Brasil, 2020); a tese *Teoria da Legislação Argumentação Legislativa: Brasil e Espanha em perspectiva comparada*, da competente professora Roberta Simões Nascimento (Curitiba: Alteridade Editora, 2019); o *Guia de Avaliação de impacto normativo*, relatório didático do professor Carlos Blanco de Morais (Coimbra: Almedina, 2010) e, do mesmo autor, o *Manual de Legística, Critérios científicos e técnicos para legislar melhor* (Verbo, 2007); por fim, o breve e instigante livro do professor Piedad García-Escudero Márquez, *Técnica legislativa y seguridade jurídica: hacia el control constitucional de la calidad de las leyes?* (Pamplona: Civitas/Thomson Reuters, 2010).

2. A Organização para a Cooperação e Desenvolvimento Econômico (OCDE) tem associado simplificação administrativa e melhorias da qualidade normativa, redução de encargos e avaliação de impacto normativo desde o informe de 2003 ("From Red Tape to Smart Tape — Administrative simplification in OECD countries"). Desde 2015, foi criado o Regulatory Scrutiny Board, órgão independente de funcionários da Comissão Europeia e peritos externos à Comissão, que publica relatórios anuais. Em 2018, um estudo abrangente do programa foi publicado em livro (*OECD Regulatory Policy Outlook 2018*. Paris: OECD Publishing, disponível em <https://doi.org/10.1787/9789264303072-en>). O relatório mais recente é de 2021, *Better Regulation: Joining forces to make better laws*, disponível em: <https://ec.europa.eu/info/sites/default/files/better_regulation_joining_forces_to_make_better_laws_en_0.pdf>.

nais presentes, seja quanto à proporcionalidade dos ônus impostos, à reversibilidade das normas editadas ou à sua justiça intergeracional.

Nada impõe que toda proposta de reforma normativa seja geral e definitiva. O princípio da igualdade permite o experimentalismo administrativo e normativo. Modificações incrementais de normas e rotinas podem ser aplicadas a setores ou em localidades específicas ou, ainda, testadas de modo controlado em programas de *sandbox*, com afastamento pontual de exigências burocráticas para alguns agentes específicos e posterior avaliação de sua conversão em normas gerais obrigatórias. Administrar hoje é também experimentar soluções administrativas e normativas inovadoras e localizadas, temporárias e controladas, diferentes da aplicação do regime uniforme permanente.

Programas de simplificação administrativa, no Brasil, trazem à memória o antigo *Programa Nacional de Desburocratização*, instituído pelo Decreto nº 83.740, de 18 de julho de 1979, explicitamente destinado a "dinamizar e simplificar o funcionamento da Administração Pública Federal".

O Programa Nacional de Desburocratização era *ambicioso*, sendo atribuído ao próprio presidente da República, com o auxílio do ministro Extraordinário da Desburocratização. Entre os seus objetivos constava, no artigo 3º, os de:

- construir para a melhoria do atendimento dos usuários do serviço público;
- reduzir a interferência do governo na atividade do cidadão e do empresário e abreviar a solução dos casos em que essa interferência é necessária, mediante a descentralização das decisões, a simplificação do trabalho administrativo e a eli-

minação de formalidades e exigências cujo custo econômico ou social seja superior ao risco;

- agilizar a execução dos programas federais para assegurar o cumprimento dos objetivos prioritários do governo;
- substituir, sempre que praticável, o controle prévio pelo eficiente acompanhamento da execução e pelo reforço da fiscalização dirigida, para a identificação e correção dos eventuais desvios, fraudes e abusos;
- intensificar a execução dos trabalhos da reforma administrativa de que trata o Decreto-Lei nº 200, de 25 de fevereiro de 1967, especialmente os referidos no Título XIII;
- fortalecer o sistema de livre empresa, favorecendo a empresa pequena e média, que constituem a matriz do sistema, e consolidando a grande empresa privada nacional, para que ela se capacite, quando for o caso, a receber encargos e atribuições que se encontram hoje sob a responsabilidade de empresas do Estado;
- impedir o crescimento desnecessário da máquina administrativa federal, mediante o estímulo à execução indireta, utilizando-se, sempre que praticável, o contrato com empresas privadas capacitadas e o convênio com órgãos estaduais e municipais;
- velar pelo cumprimento da política de contenção da criação indiscriminada de empresas públicas, promovendo o equacionamento dos casos em que for possível e recomendável a transferência do controle para o setor privado, respeitada a orientação do governo na matéria.

Em 1986, com a edição do Decreto nº 92.396, foi extinto o Ministério da Desburocratização, e as suas atribuições foram transferidas para o Ministério Extraordinário para Assuntos de Administração. Em 2005, pelo Decreto nº 5.378, foi extinto o Programa Nacional de Desburocratização, e em seu lugar instituído o Programa Nacional de Gestão Pública e Desburocratização (Gespública), com a "finalidade de contribuir para a melhoria da qualidade dos serviços públicos prestados aos cidadãos e para o aumento da competitividade do país". Ao longo do tempo, novos decretos foram sendo editados, com finalidades semelhantes, e, sucessivamente, revogados (Decreto nº 6.932/2009; Decreto nº 9.094/2017), estando vigente hoje o Decreto nº 10.178, de 18 de dezembro de 2019, que regulamenta dispositivos da Lei nº 13.874, de 20 de setembro de 2019. Preservam ainda vigência e aplicabilidade as Leis nº 13.460/2017 e nº 13.726/2018.

O foco do programa original de desburocratização era a adoção de medidas endógenas de redução de estruturas organizacionais públicas, a inibição do crescimento do número de estatais, a redução do intervencionismo econômico direto e a eliminação de formalidades desnecessárias e de controles burocráticos exigidos dos cidadãos e dos gestores mais onerosos do que os benefícios auferidos. Na década de 1990, a tônica da desburocratização ganhou sentido mais abrangente, envolvendo diretamente medidas de desregulamentação, abertura de mercados e ampliação da competição na prestação dos serviços públicos e na prestação de atividades econômicas sujeitas à fiscalização e à regulação estatal. Mais recentemente, além de todo esse programa, houve preocupação crescente em ampliar a segurança jurídica do administrado e dos administradores, consolidar a legislação tida por necessária, aperfeiçoar suas racionalidade e coerência e ampliar a exigência de estudos de impacto normativo e administrativo de caráter empírico (a chamada "viragem pragmática"). Por óbvio, essa sequência etapista é imperfeita — como todo etapismo — e algumas iniciativas que caracterizam o acento tônico de etapas sucessivas podem ser encontradas em caráter embrionário em etapas anteriores.

Esse inventário sumário permite ao menos compreender a razão de os programas atuais de simplificação administrativa serem mais abrangentes do que os tradicionais projetos de desburocratização. Estes últimos eram sobretudo programas autorreferidos, voltados a reduzir o aparato estatal ou ao menos conter o seu crescimento e, por igual, reduzir a carga administrativa exigida dos cidadãos perante as estruturas públicas. Nos programas de simplificação, ao menos com a sua conotação contemporânea, sem perder o viés da dieta orgânica e das medidas endógenas de agilização do funcionamento do Estado, objetiva-se ir além do aparato estatal e fomentar a competição entre privados, a abertura de mercados, a atração de investimentos, tornando mais rápida, simples e menos onerosa a constituição de empresas e o cumprimento de obrigações envolvendo empregadores e empregados e as relações econômicas em geral.

A legislação mais recente, com destaque à Lei nº 13.874/2019 e as alterações promovidas na Lei de Introdução às Normas do Direito Brasileiro pela Lei nº 13.655/2018, evidencia ainda preocupação com o que pode vir a ser exigido pelo gestor e regulador, e não apenas tornar mais simples e ágil a interação presente com a administração pública. Essa diretriz enfatiza a importância dos estudos de impacto regulatório (v.g., artigo 5º da Lei nº 13.874/2019 e artigo 20 da LINDB/2018), explica as vedações expressas ao "abuso do poder regulatório" (v.g., artigo 4º da Lei nº 13.874/2019), a vedação a exigências compensatórias oportunistas, sobretudo em matéria ambiental, econômica ou urbanística (artigo 3º, XI, da Lei nº 13.874/2019)[3] e a imposição de regime de transição para alterações na orientação ou compreensão de normas administrativas de conteúdo indeterminado (artigo 23 da LINDB/2018).

Outra preocupação da legislação mais recente é o acesso facilitado do cidadão ao cardápio de serviços disponíveis (v.g., divulgação da "Carta de Serviços ao Usuário", artigo 7º da Lei nº 13.460/2017), à informação sobre o curso dos requerimentos formulados e o acesso aos dados pessoais manejados pela administração pública. Há, também, atenção pragmática com a fixação concreta de prazos fatais para a manifestação administrativa, objeto de definição em ato normativo secundário de ampla divulgação, observados os níveis de risco da atividade objeto de licenciamento ou controle, sendo que o não cumprimento desses prazos é tutelado pelo silêncio positivo (ato tácito de aprovação), conforme dispõe o artigo 3º, IX, da Lei nº 13.874/2019 e o Decreto nº 10.178/2019.

Experimentalismo, contextualismo e incrementalismo

Embora essas iniciativas tenham grande mérito, raramente são previstas em termos a admitir ajustes finos, dosagem específica pelo gestor, assumindo ordinariamente o receituário tradicional de medidas gerais e permanentes estabelecidas desde logo

3. Para uma visão da simplificação administrativa em matéria ambiental, ver o trabalho didático e abrangente do professor Rafael Lima Daudt D'Oliveira, *A simplificação no Direito Administrativo e Ambiental: de acordo com a Lei 13.874/2019, Lei da Liberdade Econômica* (Rio de Janeiro: Lumen Juris, 2020).

pelo legislador federal ou até nacional. Exceção destacada a essa diretriz é a autorização, dada pela Lei nº 13.874/2019, para a definição do grau de risco das atividades econômicas pelo órgão ou a entidade responsável pela decisão administrativa de liberação, que fará o enquadramento da atividade em três níveis (risco leve, moderado ou alto), com repercussão direta na dispensa de qualquer controle prévio nas atividades de risco leve (desregulamentação) ou nos prazos de apreciação do requerimento do particular (parágrafo 8º do artigo 3º da Lei nº 13.874, de 2019, e artigo 11 do Decreto nº 10.178/2019, com as alterações do Decreto nº 10.219/2020). Esse enquadramento dos níveis de risco deve considerar preferencialmente análise quantitativa e estatística, mas pode também prever critérios para a alteração do enquadramento quando o requerente demonstra a existência de instrumentos que reduzam ou anulem o risco inerente à atividade econômica (v.g., contratos de seguro, prestação de caução, ato ou contrato que preveja instrumentos de responsabilização própria ou de terceiros em relação aos riscos inerentes à atividade econômica, entre outros).

Essa orientação que devolve poder ao gestor para a análise contextual discricionária merece ser acompanhada e incentivada, pois é balizada com o apoio de critérios legais razoáveis e pela experiência e aprendizado em face de abusos vários decorrentes da invocação de cláusulas gerais e princípios pouco determinados em sede de licenciamento de atividades econômicas. Na sociedade complexa e dinâmica em que vivemos, a adaptação da regulação a novos modelos de prestação de serviços é inevitavelmente incremental, isto é, realizada por pequenas e sucessivas mudanças, mas igualmente pragmática, apoiada em diagnóstico e observação de experiências concretas.

O experimentalismo pode ser incentivado e controlado, como nos programas de *sandbox*, ou decorrer da própria aplicação de normas gerais flexíveis a partir de análise de evidências e estudos empíricos e estatísticos. Simplificar hoje também é experimentar novas regulações e selecionar casos de diferenciação regulatória controlada como ensaio para novas reformas normativas. A administração pública não pode amar o passado, como canta Belchior, pois o novo sempre vem e as aparências não enganam mais.

O patrimonialismo e as dificuldades para se equilibrar Estado, mercado e sociedade civil na concepção de políticas públicas

BRUNO CARAZZA

Inédito

São frequentes na imprensa brasileira notícias sobre como nosso Estado é permeável à atuação de grupos de interesse, sejam lobbies empresariais ou de entidades corporativistas. Não se trata apenas de escândalos de corrupção que periodicamente abalam os pilares da República, mas também do exercício de estratégias de pressão, que vão de relações íntimas entre autoridades públicas e representantes do setor privado ao acesso privilegiado às instâncias de poder, que terminam por subverter prioridades e influenciar a concepção de políticas públicas e a alocação orçamentária.

Embora o lobby seja uma forma legítima de exercício da democracia, na qual setores da sociedade se organizam para defender seus pleitos junto a representantes dos poderes Executivo, Legislativo e Judiciário, por meio de argumentos e insumos técnicos que buscam nortear a tomada de decisões,[1] a literatura das Ciências Política e Econômica há muito se debruça sobre o processo em que grupos privados extraem vantagens providas pelo Estado.

---

1. Santos, Manoel Leonardo. *O parlamento sob influência: o lobby da indústria na Câmara dos Deputados*. Tese de doutorado, Departamento de Ciência Política, Universidade Federal de Pernambuco, Recife, 2011.

Desde a década de 1960, cientistas políticos como Elmer Schattschneider e Theodore Lowi[2] demonstraram que o princípio do interesse público vinha perdendo eficácia diante de agentes com grande poder de pressão na elaboração e execução de políticas públicas. A sistematização desse pensamento atingiu grande repercussão teórica na obra clássica de Mancur Olson.[3] Utilizando uma lógica formal própria da teoria econômica, o autor demonstrou que grupos restritos, com interesses econômicos bem definidos e meios de organização e coerção, têm mais chances de garantir vantagens — por meio de legislação, regulação ou benefícios tributários — do que entidades que patrocinam causas sociais e de interesses difusos, como direito do consumidor, meio ambiente e proteção a minorias.

A contribuição de Olson e sua lógica da ação coletiva abriu novas perspectivas para as pesquisas em Economia e Ciências Políticas sobre o assunto. Analisando o tema sob a ótica da oferta de regulação, economistas da Escola de Chicago, como George Stigler, Robert Barro e Sam Peltzman,[4] destacaram que os agentes públicos não são atores passivos diante dos pleitos dos grupos de interesse. Na visão desses autores, políticos e dirigentes governamentais possuem incentivos pessoais no provimento de

2. Schattschneider, Elmer Eric. *The Semisovereign People: A realist's view of democracy in America*. Nova York: Holt, Rinehart and Winston, 1975; Lowi, Theodore J. *The End of Liberalism: Ideology, policy, and the crisis of public authority*. Nova York: W.W. Norton, 1969.

3. Olson, Mancur. *A lógica da ação coletiva*. São Paulo: Edusp, 1999 (1965).

4. Stigler, George. "The Theory of Economic Regulation". In: *Bell Journal of Economics and Management Science*, v. 2, 1971, pp. 3-21. Barro, Robert. "The Control of Politicians: An economic model". In: *Public Choice*, v. 14, 1973, pp. 19-42. Peltzman, Sam. "Towards a More General Theory of Regulation". In: *Journal of Law and Economics*, v. 19, 1976, pp. 211-40.

benefícios como subsídios, benefícios fiscais, reservas de mercado e barreiras a importações a empresas, visando em troca contribuições de campanha, promessas de uma atrativa colocação profissional após seu mandato e outras benesses. A regulação, portanto, seria o resultado de um jogo em que grupos de interesse e autoridades governamentais negociam a melhoria de seu bem-estar sob uma ótica privada, em que o interesse público ou da coletividade fica restrito aos discursos e justificativas oficiais.

Essa visão de que os agentes públicos têm interesses particulares — de se reeleger, de ampliar seu poder ou status e até mesmo de enriquecer —, que muitas vezes se sobrepõem ao interesse público no exercício de seus mandatos ou cargos, já vinha sendo explorada por acadêmicos ligados à Virginia School of Public Choice e sua teoria da escolha pública. Nesse grupo de pesquisa, reunido em torno de James Buchanan, Gordon Tullock[5] desenvolveu a teoria do *rent seeking*, expressão cunhada posteriormente por Anne Krueger.[6] Trata-se da estratégia em que empresas e associações privadas buscam extrair rendas (daí a expressão *rent seeking*) do Estado em benefício próprio, à custa da coletividade.

O argumento central dessa teoria é que não apenas os benefícios concedidos pelas autoridades governamentais aos grupos de interesse são uma perda de bem-estar para consumidores — que arcam com preços mais altos em função da regulação favorável aos setores — ou aos contribuintes — no caso de pagarem maiores impostos para cobrir a concessão de subsídios,

5. Tullock, Gordon. "The Welfare Costs of Tariffs, Monopolies and Theft". In: *Western Economic Journal*, v. 5, 1967, pp. 224-32.

6. Krueger, Anne O. "The Political Economy of the Rent-Seeking Society". In: *American Economic Review*, v. 64, 1974, pp. 291-303.

incentivos tributários e outros privilégios —, mas que a prática de *rent seeking* constitui, em si, uma perda social. Segundo Gordon Tullock, em vez de aplicarem seus recursos próprios para produzirem melhores produtos a preços mais baixos, as empresas preferem destiná-los a contribuições de campanha, lobby e corrupção pura e simples para convencer parlamentares e membros do poder Executivo a conceder-lhes legislação favorável, tratamento tributário especial ou uma regulação mais benéfica. De acordo com a teoria do *rent seeking*, grupos de interesse levam grande vantagem ao lidar com o governo, uma vez que os benefícios são concedidos a grupos específicos (ou seja, os ganhos são concentrados), enquanto os custos daquela política são diluídos entre um número indefinido de consumidores e contribuintes, que têm poucos incentivos a se oporem diretamente à sua instituição.

Destacando o papel das instituições nesse cenário, Daron Acemoglu e James Robinson[7] demonstram como a relação entre os sistemas político e econômico são determinantes para o desenvolvimento dos países. Discutindo uma série de casos que vão da revolução agrícola no Período Neolítico à Primavera Árabe, passando pela Revolução Industrial e o colonialismo britânico na África, esses autores argumentam que instituições políticas e econômicas atuam de maneira complementar rumo ao progresso ou à estagnação ou até mesmo ao retrocesso social.

De acordo com os autores, sistemas políticos inclusivos e pluralistas — que favoreçam o livre acesso ao jogo político, a competição entre partidos, a alternância de poder e a participação

7. Acemoglu, Daron; Robinson, James. *Why Nations Fail: The origins of power, prosperity and poverty.* Nova York: Crown Business, 2012.

popular nas deliberações — tendem a atuar em conjunto com instituições econômicas que estimulam a concorrência e a inovação, permitindo que pessoas e empresas façam o melhor uso possível de suas habilidades e talentos. Seguindo a mesma lógica, porém no sentido inverso, os autores advogam que sistemas políticos extrativistas — com baixo poder de contestação aos grupos que se perpetuam por décadas no governo — tendem a gerar normas que estimulam a concentração de renda, pois o apoio da elite econômica é essencial para manter os representantes da classe política dominante no comando da região.

No Brasil, esse fenômeno da prevalência da influência privada sobre o interesse público vem sendo explorado pelas lentes do patrimonialismo, do clientelismo e da patronagem, em trabalhos clássicos da sociologia política, com expoentes como Sérgio Buarque de Holanda, Raymundo Faoro, Victor Nunes Leal, Roberto da Matta e José Murilo de Carvalho,[8] entre outros.

A suscetibilidade do Estado brasileiro à pressão de grupos privados subverte prioridades e conduz ao subfinanciamento de políticas públicas universais, contribuindo para a concentração de renda, condições insatisfatórias de vida para a maioria da população e até mesmo para um ambiente econômico ineficiente e pouco competitivo. Nesse sentido, uma agenda de transformação

---

8. Holanda, Sérgio B. *Raízes do Brasil*. São Paulo: Companhia das letras, 1995; Faoro, Raymundo. *Os donos do poder: formação do patronato político brasileiro*. São Paulo: Globo, Publifolha, 2000 (Col. Grandes nomes do pensamento brasileiro, v. 1 e 2); Leal, Victor Nunes. *Coronelismo, enxada e voto: o município e o regime representativo no Brasil*. 3. ed. Rio de Janeiro: Nova Fronteira, 1997; Da Matta, Roberto. *Carnavais, malandros ou heróis: para uma sociologia do dilema brasileiro*. Rio de Janeiro: Zahar Editores, 1979; Carvalho, José Murilo de. *Cidadania no Brasil: o longo caminho*. Rio de Janeiro: Civilização Brasileira, 2001. v. 1.

do Estado deve se debruçar sobre um conjunto de características institucionais que criam condições propícias para que ambições privadas se imponham sobre o interesse público com bastante frequência no Brasil. O assunto é complexo, e os exemplos abaixo se propõem apenas a ilustrar desafios e caminhos para reformas, estando longe de ser uma proposta pronta e acabada de ação republicana, a ser capitaneada por entidades da sociedade civil ou partidos políticos.

Alimentando o ciclo de concentração e perpetuação do poder, na linha do duplo extrativismo proposto por Acemoglu e Robinson[9] ou da teoria da regulação de Stigler (1971),[10] o sistema político brasileiro se mostra extremamente permeável à influência de grupos privados. Com regras eleitorais que favorecem o personalismo em pleitos realizados em territórios muito extensos e populosos (os estados), diante de centenas ou milhares de candidatos e dezenas de partidos com fraca identificação ideológica, as eleições no Brasil são muito caras.

Nesse contexto, a competição política se mostra comprometida por elevadas barreiras à entrada para novos candidatos, pois as chances de vitória são muito maiores para políticos que já detêm mandato ou possuem conexões, muitas vezes por laços de parentesco ou amizade, com as elites econômicas e partidárias, que financiam suas campanhas com doações privadas ou recursos do Fundo Eleitoral.

O desequilíbrio na disputa eleitoral acaba tendo repercussões no exercício do mandato. Correlacionando dados de financiamento de campanhas com informações extraídas da tramitação

9. Acemoglu, Daron; Robinson, James, op. cit.

10. Stigler, George, op. cit.

de projetos no Congresso Nacional, Bruno Carazza[11] ilustra como o *rent seeking* opera no poder Legislativo brasileiro. Esse comportamento oportunista de setores econômicos, buscando vantagens como benefícios tributários, subsídios e regulações mais frouxas, é facilitado por um conjunto de regras do processo legislativo que vêm sendo subvertidas nos últimos anos.

O abuso por sucessivos governos na edição de medidas provisórias, que alteram o arcabouço jurídico com pouca discussão prévia junto à sociedade, a prevalência dos acordos de líderes partidários sobre o trabalho das comissões legislativas e a recorrente dispensa de prazos e trâmites na discussão de proposições e do orçamento público são exemplos de práticas pouco republicanas que enviesam as políticas públicas em favor de poucos, à custa de toda a coletividade.

No âmbito do poder Executivo, ainda não fomos capazes de estabelecer uma sistemática de seleção de dirigentes para órgãos e agências reguladoras que apresentem uma blindagem maior contra indicações políticas e de empresas interessadas nas suas decisões governamentais. Válido também para os demais poderes, é urgente regulamentar a atividade de lobby, disseminar a obrigatoriedade de divulgação das agendas de todas as autoridades e aprovar um código de conduta para as autoridades públicas em seus relacionamentos com representantes do setor privado.

Para além de disciplinar melhor e aumentar a transparência das interações público-privadas, para se combater o *rent seeking* no Brasil é preciso aprimorar instrumentos que equilibram o jogo

---

11. Carazza, Bruno. *Dinheiro, eleições e poder: as engrenagens do sistema político brasileiro*. São Paulo: Companhia das Letras, 2018.

entre organizações que defendem interesses difusos, que tendem a beneficiar segmentos mais amplos da sociedade, e os pleitos de setores econômicos ou entidades corporativistas. Embora consultas e audiências públicas sejam adotadas em determinados órgãos e processos decisórios, é preciso estabelecer um marco legal que discrimine em quais casos elas obrigatoriamente devam ocorrer, os critérios de participação e a conduta que deve ser adotada pelo setor público para análise e deliberação das sugestões apresentadas pela sociedade.

Da mesma forma, a obrigatoriedade de avaliações prévias, de apresentação de estimativas de impactos fiscais e de publicação antecipada para consulta pública de minutas de propostas legislativas e de regulações tendem a diminuir a probabilidade de a sociedade ser surpreendida por mudanças concebidas sob medida para atender aos anseios de agentes bem conectados com o poder.

As sugestões acima não têm a pretensão de serem exaustivas e carecem do detalhamento necessário para tornar aparentes boas ideias em avanços institucionais. No entanto, partem do entendimento que de forma complementar a melhores políticas de gestão de pessoas, transparência de dados, governo digital e diversidade, uma agenda republicana de transformação do Estado precisa regular de forma mais equilibrada as relações entre o Estado, as empresas e a sociedade, em prol de um país mais justo, inclusivo e sustentável.

Tecnocracia e democracia: entre a eficiência técnica e a legitimidade política

WESLEY MATHEUS

Inédito

O processo de secularização e racionalização descrito por Weber[1] transformou as bases de legitimidade do poder político. Enquanto sociedades tradicionais se organizavam em torno de valores religiosos, costumes e laços de pertencimento, a modernidade trouxe uma crescente valorização da eficiência técnica e da gestão racional. Habermas[2] argumenta que a ciência e a técnica não apenas modificaram as instituições sociais, mas também redefiniram os critérios de legitimidade política. Nesse contexto, a tecnocracia emerge como um modelo de governo que prioriza a expertise sobre a representação política, suscitando debates sobre sua compatibilidade com a democracia.

Este texto examina as tensões entre tecnocracia e democracia, analisando:

- as condições históricas que favoreceram a ascensão da tecnocracia;
- seus impactos na representação política e na participação democrática;
- os riscos de elitismo e autoritarismo técnico;

1. Weber, M. *Economia e sociedade: fundamentos da sociologia compreensiva*. Brasília: Ed. UnB, 1995.

2. Habermas, J. *Ciência e técnica como ideologia*. Lisboa: Edições 70, 1968.

- possíveis caminhos para conciliar eficiência técnica e legitimidade democrática.

Ora apresentada como remédio para os complexos problemas que assolam as sociedades do século XXI, ora interpretada como o nó górdio dos ideais de igualdade, inclusividade e justiça de nossos tempos em função de sua predileção pela legitimidade técnica, a tecnocracia seria a anunciação do fim de qualquer modelo democrático viável para os tempos atuais? Tendo em vista a tendência de cientifização da sociedade marcada, dentre outras coisas, pelo uso de dados e de inteligências artificiais, estaríamos caminhando para a substituição de modelos democráticos por modelos tecnocráticos mediados por tecnologia? Qual o papel desempenhado pelas tecnocracias na consolidação das democracias contemporâneas? Perguntas curtas, mas que servem para colocar em relação dois fenômenos estruturantes no curso da história recente: democracia e ciência. Os sentidos possíveis dessas duas palavras são múltiplos e estão em constante disputa, tornando qualquer tentativa de relação entre esses campos desafiadora. Contudo, as tentativas de analisar tais fenômenos devem ser incentivadas, considerando as reformas gerencialistas recentes que fortaleceram o tecnocientificismo das burocracias sob o argumento de aprimoramento democrático e os avanços da automatização do setor de serviços, que enublam ainda mais a relação entre técnica e democracia.

As ciências e a expertise, que servem de combustível para governos tecnocráticos, carregam contradições. Apesar das inegáveis contribuições para a melhoria das condições materiais desde o século XVII, seus usos podem gerar fraturas sociais e políticas pouco afeitas ao fortalecimento de uma agenda democrática. O

Projeto Manhattan, por exemplo, culminou no desenvolvimento das primeiras ogivas nucleares, utilizadas contra Hiroshima e Nagasaki, inaugurando uma nova era da corrida armamentista. Situações de ruptura democrática derivadas da consorciação da ciência aos núcleos de governo nem sempre são tão evidentes. A RAND Corporation, *think tank* criado em 1948, contou com financiamento governamental e reuniu laureados do Prêmio Nobel em suas fileiras. No entanto, seu envolvimento na produção de estratégias militares expôs as ambiguidades do vínculo entre ciência e democracia, como demonstrado pelo escândalo dos *Pentagon Papers* em 1971, quando Daniel Ellsberg revelou estudos estratégicos secretos que subsidiaram um processo de reconquista colonial do Vietnã.

Muito da defesa do uso das ciências como gramática para a promoção de Estados mais democráticos vem do pressuposto de uma ciência que se faz em terrenos de imparcialidade e objetividade. Condições essas que fariam das ciências uma via capaz de mapear problemas públicos e perseguir soluções para os mesmos em uma perspectiva de compromisso com a técnica, não embebida por laços de consanguinidade e interesses privados cultivados pelos/entre governantes e/ou pelos próprios burocratas junto a grupos de interesse. A ciência seria uma espécie de proteção contra a apropriação da *res publica* por interesses explicitamente privados, afastando o Estado de um ideário atuacional patrimonialista e nepótico, pouco permeável a compromissos socialmente construídos e estabelecidos. Eventualmente, muito desta égide encontra suas raízes em uma matriz de pensamento dualista, presente no contexto ocidental, que contrapõe razão e emoção, corpo e mente, e, neste exercício de contraposição, pressupõem uma superioridade de toda prática que se distancia da manifestação mais carnal da natureza humana. O corpo e as emoções são habitualmente interpretados como fontes da desordem e do descontrole humano; sinônimos de pulsões privadas irrefreáveis, capazes de violar os preceitos de vida em comunidade para se saciarem. Descartes, por exemplo, vislumbrava na ação de um pensamento livre de emoções a base para uma boa experiência humana na terra. Nos termos agostinianos, o controle das paixões e interesses terrenos seria a via possível para o acesso à vida eterna. Já os estoicos apontavam que a realização da *ascese* humana estaria contida no exercício da razão. Tendo em vista a presença dessa matriz de pensamento dualista-cristã no contexto ocidental, matriz esta que usualmente defende a superioridade da esfera racional frente a dimensão das paixões humanas, não é de se espantar que saídas teóricas aos problemas de conciliação/contenção dos interesses privados na esfera pública e no Estado passem, eventualmente, pela via de valorização da ciência, aqui interpretada como uma das vias de materialização desta noção de razão. Deste modo, imaginar instituições e práticas fixadas nestes preceitos de razão significa, em alguma medida, uma tentativa de afastamento de sentimentos e desejos terrenos frequentemente interpretados como obstáculos à manifestação mútua e equilibrada das liberdades individuais.[3]

Contudo, existem correntes que alegam uma incapacidade da expressão da neutralidade absoluta no fazer científico, na medida em que as investigações seriam realizadas sempre a partir

3. Poder-se-á interpretar as paixões e interesses como o combustível base para o Estado de Natureza descrito por Hobbes. Na leitura de Locke é possível perceber indicações de que as paixões e interesses seriam o embargo à manifestação do estado de paz/equilíbrio por ele descrito.

de algum julgamento de valor, embebido em emoções e interesses. As conclusões científicas seriam motivadas e/ou realizadas embebidas por valores morais, políticos e religiosos capazes de afetar os objetos eleitos para investigação e as conclusões retiradas do ato investigativo.[4] Alguns autores como Herbert Marcuse diriam ainda que a ciência não só não é neutra e atravessada por estes constrangimentos morais, políticos e religiosos como, também, seria a própria técnica uma espécie de dominação metódica, científica, calculada e calculante (sobre a natureza e sobre os seres humanos). De acordo com Marcuse, técnica/ciência podem ser encaradas como um projeto histórico-social, e nelas se inserem o que uma sociedade e os interesses dominantes anseiam fazer com as pessoas e com a natureza que as circunda;[5] para tal vertente seria ilusório assumir que não habitamos os problemas sobre os quais nos debruçamos. Seguindo essa linha crítica acerca da viabilidade de uma objetividade para a ciência, Merleau-Ponty[6] diria que aceitar a ideia de uma ciência neutra é por consequência insistir na ideia de uma ciência manipuladora de objetos os quais se recusa a habitar.[7] Em sua multiplicidade de interpretações, a instituição ciência que ora é apresentada como ideal para potencializar o controle de interesses privados entremeio à máquina pública, pode, também, servir de instrumento para a ampliação e cristalização de grupos dominantes no po

4. Kitcher, P. *Science, Truth, and Democracy*. Oxford: Oxford University Press, 2001.

5. Marcuse, H. *One-Dimensional Man: Studies in the ideology of advanced industrial society*. Boston: Beacon Press, 1982 [1964].

6. Merleau-Ponty, M. *Signs*. Evanston: Northwestern University Press, 1961.

7. Publicado originalmente em *Art de France*, n. 1, 1961. Retirado de Merleau-Ponty (2013).

der. Porventura, esta, e outras várias contradições, que habitam o fazer científico objetivo, seriam suficientes para inviabilizar qualquer contribuição das ciências para a estruturação de uma agenda democrática? E quais de fato seriam os riscos desse modelo para o ideário democrático? Existiria alguma alternativa capaz de entregar respostas robustas e ágeis aos problemas coletivos da contemporaneidade que não beba das águas da ciência?

Se entendermos a tecnocracia de maneira restrita, como a presença de experts sem vinculação político-partidária explícita no comando dos governos, talvez seu fortalecimento expresse uma violação dos princípios democráticos, corroendo pluralismo, inclusividade e participação. Entretanto, se adotarmos uma visão ampliada da tecnocracia, como um processo em que especialistas, em posições estratégicas de governo, submetem suas hipóteses à crítica pública, à livre contestação e ao debate democrático, a tecnocracia pode não significar o fim da democracia, mas sim sua recomposição em um mundo em crises de articulação e recursos. Esse modelo de governança tecnocrática se distanciaria de uma aposta ideológica apriorística de um modelo de sociedade ideal para adotar uma abordagem centrada na contestação e na construção de crenças comuns a partir da experimentação sistemática e do debate transparente.

Contudo, é importante destacar alguns riscos deste modelo apontados por visões críticas à tecnocracia:

1. Ruptura da cadeia de autorização democrática: governos de experts podem enfraquecer o vínculo entre eleitorado e eleitos (principal-agente), reduzindo as possibilidades de *accountability* vertical e limitando o controle social sobre decisões políticas.

2. Transferência de poder para instituições não majoritárias: ao privilegiar a legitimidade técnica, a tecnocracia pode fortalecer agências autônomas em detrimento de instituições como partidos políticos e parlamentos, comprometendo a *accountability* horizontal.[8]
3. Restrição do conteúdo da política à gramática tecnocientífica: a tecnocracia pode reduzir a diversidade de perspectivas sobre questões públicas, excluindo grupos sem acesso ao recurso "ciência" dos processos decisórios e promovendo uma espécie de "ditadura" da informação.
4. Risco de autoritarismo tecnocrático: a centralização da expertise pode enfraquecer a participação da sociedade civil, tornando a política mais suscetível a movimentos autoritários.
5 Neutralidade questionável da ciência: segundo Marcuse,[9] a técnica e a expertise refletem interesses sociais e políticos, podendo não ter a democracia como objetivo último.
6. Viés de produção do conhecimento: a ciência predominante historicamente reflete um olhar branco, masculino e do Norte Global, podendo excluir outras visões de mundo e reduzir a pluralidade democrática.
7. Limitações epistemológicas da ciência: algumas correntes epistemológicas questionam a capacidade do método científico de compreender integralmente fenômenos sociais, sugerindo que a tecnocracia pode ser ineficaz na solução de problemas complexos.
8. Conflitos socioculturais: a imposição da ciência como única base normativa pode gerar tensões em sociedades guiadas por

8. Guasti, P. "Technocratic Populism and Democratic Backsliding". In: *Government and Opposition*, v. 55, n. 2, 2020, pp. 166-88.

9. Marcuse, H., op. cit.

valores religiosos ou tradicionais, excluindo visões alternativas da organização social.

9. Impossibilidade de resolução de conflitos culturais pela ciência: segundo Weber, os conflitos de valores não podem ser resolvidos apenas por meio do debate científico, o que limita a tecnocracia como solução para dilemas democráticos.

Por outro lado, defensores da tecnocracia argumentam que um modelo baseado em expertise pode fortalecer a democracia ao oferecer conhecimento qualificado, eficiência e melhores resultados para a administração pública.[10] Além disso, a tecnocracia poderia garantir a sustentabilidade financeira do Estado e aprimorar a gestão de políticas públicas em cenários de crise.

A tecnocracia não é, por si só, incompatível com a democracia, mas sua adoção exige salvaguardas. Para que especialistas contribuam sem enfraquecer os princípios democráticos, é necessário conectar o modelo tecnocrático aos fundamentos da ciência — como a possibilidade de repetir experimentos e confirmar resultados (replicabilidade), a comparação de diferentes abordagens para entender o que funciona melhor (comparabilidade), o trabalho coletivo e o compartilhamento de conhecimento entre especialistas (comunidade) e a necessidade de questionamento constante para evitar erros e aperfeiçoar ideias (contestação ou falseabilidade). Esses princípios também são essenciais para uma democracia saudável, pois garantem que decisões sejam tomadas com base em evidências, debate e transparência.

---

10. Caramani, D. "Will vs. Reason: The populist and technocratic forms of political representation and their critique to party government". In: *American Political Science Review*, v. 111, n. 1, 2017, pp. 54-67.

Contudo, apesar de a *razão,* encarnada na figura dos *experts,* ser, muitas das vezes, percebida como um freio às paixões e interesses dos governantes, percebe-se, na literatura de formulação de políticas públicas, que tal âmbito não é defendido como condição suficiente para garantir o atendimento de interesses públicos, em detrimento de interesses privados, no contexto da administração pública. Algo já adiantado nos escritos de Weber: a supremacia técnica da burocracia e sua indispensabilidade não implicam, necessariamente, poder social ou político para tal classe.[11] Isso porque existem estratégias mobilizadas pelos governos para que este poder não se revele em sua plenitude aos burocratas.[12] Seguem algumas alternativas de controle exercido pelos governantes sobre os burocratas:

- politização da burocracia como forma de controle da mesma;
- nomeação de funcionários muito próximos dos dirigentes ou ideologicamente afinados com os dirigentes;
- manipulação da estrutura organizacional de forma a criar contraposições e mútuo controle entre órgãos burocráticos;
- transferência de responsabilidade pelos problemas decorrentes das decisões tomadas, exclusivamente, ao conjunto de recomendações técnicas realizadas.

A ciência só avança quando há liberdade para questionar e testar ideias, assim como a democracia só se fortalece quando há

11. Weber, M., op. cit.

12. Olivieri, C. "Os controles políticos sobre a burocracia". In: *Revista de Administração Pública*, 45(5), 2011, pp. 1395-424. Recuperado de: <https://bibliotecadigital.fgv.br/ojs/index.php/rap/article/view/7041>.

espaço para participação e contestação pública. Nesse sentido, especialistas podem desempenhar um papel importante na gestão pública, desde que suas decisões sejam constantemente debatidas e avaliadas pela sociedade. O verdadeiro desafio é encontrar um equilíbrio entre eficiência, participação e contestação, garantindo que as decisões sejam bem fundamentadas sem comprometer a inclusão e a transparência. Quando a tecnocracia opera como instrumento de gestão dentro de um sistema democrático, pode aprimorar as políticas públicas. No entanto, se for adotada como princípio de governo absoluto, corre o risco de esvaziar a política, transformando-a em um modelo puramente gerencial e despolitizado. O equilíbrio deve evitar tanto o decisionismo tecnocrático, que exclui o debate público, quanto o populismo anti-intelectual, que rejeita o conhecimento especializado.

Um curto relato

Nos últimos anos, tenho me dedicado à implementação da ciência como prática transversal à gestão estatal, por meio da instalação de unidades de altos estudos, escritórios de dados, sistemas de monitoramento e avaliação de projetos e políticas públicas, entre outras iniciativas. Essa atuação se deu em diferentes níveis — municipal, estadual e federal — e se estendeu também a parcerias com organizações privadas, do terceiro setor e organismos multilaterais em países do Sul Global. Ao longo dessa trajetória, uma pergunta insistente me acompanhava: o que justificava minha presença nesses contextos? O que motivava a crescente demanda por "ciência" na formulação e execução de políticas públicas?

Em muitos casos, a demanda surgia em decorrência de mudanças nos requisitos de fundos ou organismos financiadores, interessados em ampliar o impacto e a efetividade de suas alocações, bem como reduzir riscos de inadimplência. Esse interesse, por vezes, transcendia a análise econômica, alcançando também dimensões sociais e ambientais. No entanto, a contratação da ciência, nesses casos, nem sempre refletia um desejo genuíno de compreender a fundo os problemas enfrentados. Frequentemente, o uso de evidências se limitava ao cumprimento formal de exigências. O valor atribuído à "ciência" era comparável ao cuidado com o *per diem* da equipe em campo — importante, mas periférico. Havia, portanto, pouco espaço para que o conhecimento produzido influenciasse ou questionasse decisões previamente tomadas.

Ainda assim, a exigência de conformidade, ao requerer documentos técnicos, acabava criando pequenas janelas de exposição dos achados a grupos de interesse. Mesmo que breves, protocolares e, muitas vezes, desacreditadas, essas janelas permitiam algum grau de reflexão — e, em certos casos, levaram a mudanças efetivas de posição por parte de gestores e financiadores. A ciência, nesse contexto, atuava de forma lateral, quase silenciosa, mas capaz de tensionar consensos frágeis e provocar revisões discretas, porém significativas.

Em outros contextos, a ciência era acionada com a intenção de conferir legitimidade a decisões polêmicas, especialmente aquelas com potencial de gerar dissensos e desarticular coalizões políticas. Nessas situações, a ciência não era convocada como instrumento de escuta ou de aprofundamento da compreensão, mas como chancela para convicções já estabelecidas. Trata-se de um uso performático e estético da ciência, bem ilustrado pela expressão recorrente na literatura: "*give me a number*" [me dê um número]. A exigência por um número — revestido de uma suposta racionalidade cartesiana — visava silenciar a controvérsia, tornando mais difícil, embora não impossível, rebater decisões com base apenas em argumentos qualitativos ou políticos. A ciência aparecia, assim, como retórica técnica mobilizada para sustentar posições cristalizadas.

Há ainda uma motivação distinta, embora não menos relevante: o uso da ciência como estratégia de proteção institucional por parte de áreas historicamente marginalizadas dentro de governos e organizações. Nesses casos, a produção de evidências torna-se uma ferramenta de afirmação e sobrevivência. A ciência é convocada para justificar a existência da própria área, sustentar suas pautas, disputar recursos orçamentários e garantir assento em espaços decisórios. Trata-se de um uso político da ciência, voltado à construção de legitimidade e à busca por reconhecimento dentro de estruturas frequentemente alheias ou indiferentes às demandas desses grupos.

Também observei contextos de severa restrição orçamentária, em que a necessidade de cortes ou realocações se impunha como realidade inescapável. Nessas circunstâncias, a mobilização da gramática científica aparecia como forma de subsidiar decisões difíceis e qualificar os critérios de priorização. Por vezes, isso criava uma janela real de oportunidade para o uso efetivo da ciência no processo decisório. Contudo, não eram raros os casos em que esse movimento servia apenas para revestir de racionalidade decisões já tomadas, limitando a ciência a um papel meramente justificatório, sem abertura para revisões substantivas do curso previamente traçado.

Por fim, houve situações em que a paralisia decisória — provocada por posições cristalizadas entre atores — levou à convocação da ciência como mecanismo de arbitragem. A produção de evidências, nesses casos, ofereceu uma linguagem comum capaz de mediar impasses e restabelecer alguma forma de diálogo. Em determinados contextos, esse processo levou à institucionalização de espaços ou unidades voltadas à geração de conhecimento, que passaram a ser mobilizadas recorrentemente em decisões futuras. A ciência, nesse caso, não apenas resolveu um impasse imediato, mas fundou práticas duradouras de apoio técnico à formulação e à implementação de políticas.

Essas múltiplas experiências evidenciam que a demanda por ciência no setor público é, na maior parte das vezes, atravessada por interesses, pressões, disputas e limitações institucionais. A ciência não é neutra, tampouco entra em cena como força autônoma ou iluminadora por si só. Seu papel, seu alcance e seus limites são moldados pelas condições políticas e organizacionais que a cercam. Reconhecer isso não significa renunciar à sua potência transformadora, mas compreender que sua efetividade depende menos da produção de evidências em si, e mais da criação de condições institucionais, culturais e políticas que deem sentido, espaço e escuta ao que ela tem a dizer.

O desafio de mensurar capacidades institucionais

ETTORE DE CARVALHO ORIOL
HUMBERTO FALCÃO MARTINS

22 de fevereiro de 2024

Não há desempenho satisfatório sem o devido desenvolvimento de capacidades. Arranjos de governança pública com déficits de capacidades não geram valor público. Logo, medir capacidades é fundamental para a melhoria das políticas e serviços públicos e, consequentemente, para a geração de bem-estar.

De forma genérica, capacidade remete ao domínio de competências (conhecimentos, habilidades, atitudes), qualidades (atributos capacitantes, facilitadores, *enablers*) e recursos, resultando numa faculdade ou no poder de levar adiante um intento. Esse conceito está muito próximo da ideia de *readiness to act*. Contudo, um conceito de capacidade institucional análogo à prontidão que inclui recursos pode mascarar situações nas quais existem capacidades e qualidades, mas não existem recursos, levando a níveis insatisfatórios de desempenho ou a situações nas quais existem recursos, mas inexistem capacidades e qualidades institucionais (inclusive para o bom aproveitamento dos recursos), levando aos mesmos resultados. Logo, capacidades são condições necessárias ao desempenho, mas nunca suficientes. Assim, definem-se aqui capacidades institucionais como o conjunto de competências (conhecimentos, habilidades, atitudes) e qualidades (atributos capacitantes, facilitadores, *enablers*) hipoteticamente necessários para alcançar níveis satisfatórios de desempenho (geração de *outputs* e *outcomes* relacionados ao trato de problemas públicos).

A literatura econômica coloca a relação entre as capacidades/qualidades institucionais e o desenvolvimento em relevo já há algum tempo.[1] Contudo, essa relação é hipotética e problemática por três principais razões. Em primeiro lugar, porque o desempenho seria uma função do uso estratégico das capacidades e qualidades (que também podem ser consideradas uma capacidade) pelos atores, não apenas a presença de elementos capacitantes e qualificadores *per se*.[2] Segundo, porque é muito comum que se considere, por indução e isomorfismo mimético,[3] elementos capacitantes e qualificadores a partir de experiências consideradas de sucesso (*benchmark cases*). Essa presunção gera tendências de replicação acrítica, tomando o desempenho como *proxies* para capacidades e vice-versa. Em terceiro, porque também é muito comum que capacidades e qualidades institucionais apareçam centradas no Estado e ancoradas em concepções

1. Rodrik, D.; Subramanian, A.; Trebbi, F. "Institutions Rule: The primacy of institutions over geography and integration in economic development". In: *Journal of Economic Growth*, n. 9, 2004, pp. 131-65, DOI: 10.1023/B:-JOEG.0000031425.72248.85; Acemoglu, D.; Robinson, J. A. *Why Nations Fail: The Origins of Power, Prosperity, and Poverty*. Londres: Crown Business, 2012; North, D. C.; Wallis, J. J.; Weingast, B. R. *Violence and social orders: a conceptual framework for interpreting recorded human history*. Cambridge: Cambridge University Press, 2009.

2. Williams, M. J. "Beyond State Capacity: Bureaucratic performance, policy implementation and reform". In: *Journal of Institutional Economics*, n. 17, 2021, pp. 339-57.

3. Dimaggio, P.; Powell, W. "The Iron Cage Revisited: Institutional isomorphism and collective rationality in organizational fields". In: *American Sociological Review*, v. 48, n. 2, abr. 1983, pp. 147-60.

arquetípicas, como é o caso do modelo de burocracia weberiana a partir de suas características basais, tais como impessoalidade, legalidade, universalismo de procedimentos, meritocracia, profissionalismo etc.

Com efeito, esta tradição weberiana, muito fortemente arraigada em diversos domínios do conhecimento, considera os elementos weberianos presentes na burocracia pública um padrão consagrado de capacidade e qualidade institucional[4] — conferindo pouca ou nenhuma atenção aos possíveis efeitos disfuncionais da burocracia vastamente abordados pela literatura institucionalista, tais como as buropatologias,[5] e a incidência de problemas de agência e custos de transação.[6]

Em todo caso, a tradição weberiana continua sendo o cerne da literatura, em particular no domínio da ciência política, que enfatiza a capacidade de implementação e a existência de um serviço civil profissionalizado. Nessa linha, importantes estudos

4. Rauch, J. E.; Evans, P. B. "Bureaucratic Structure and Bureaucratic Performance in Less Developed Countries". In: *Journal of Public Economics*, v. 75, n. 1, 2000, pp. 49-71.

5. Merton, R. K. *Social Theory and Social Structure*. Glencoe: The free press, 1959; Michels, 1949; Selznick, 1964; Gouldner, 1954; Crozier, 1979; Bendix, 1986; Manheim, K. *Ideology and Utopia*. México: Fondo de Cultura Económica, 1949.

6. Coase, R. "The New Institutional Economics". In: *American Economic Review*, v. 88, n. 2, 1998, pp. 72-4; Demsetz, H. "Toward a Theory of Property Rights" In: *American Economic Review*, v. 57, n. 2, 1967, pp. 347-59; Williamson, O. E. *Markets and Hierarchies, Analysis and Antitrust Implications: A Study in the Economics of Internal Organization*, 1975; Przeworski, 1996; Eggertsson, T. *Imperfect Institutions: Possibilities and Limits of Reform*. Ann Arbor: University of Michigan Press, 2005; Ostrom, E. "Doing Institutional Analysis: Digging Deeper than Markets and Hierarchies". In: C. Ménard; M. Shirley (Orgs.). *Handbook of New Institutional Economics*, 2005, pp. 819-48.

revelam efeitos positivos de atributos burocráticos weberianos sobre o desempenho,[7] efetividade governamental,[8] controle da corrupção,[9] estabilidade democrática[10] e inovação no setor público orientado para mudança.[11] A tradição weberiana também confere à burocracia governamental um papel essencialmente implementador, o que reproduz a ideia da dicotomia entre política e administração. Não obstante a relevância dessas dimensões, a tradição weberiana não trata frontalmente elementos da dimensão gerencial das capacidades institucionais.

A dimensão gerencial é uma perspectiva segundo a qual uma atuação qualquer sobre um determinado problema público é vista a partir de um contexto organizacional (de uma organização bem circunscrita ou de uma rede delas sob um propósito comum). Nessa perspectiva, a realização de qualquer intento requer que funções gerenciais essenciais sejam desempenhadas — tais como liderança; coordenação e articulação; controle e supervisão; planejamento e formulação estratégica; organização e mode-

---

7. Evans, P. B.; Rauch, J. E. "Bureaucracy and Growth: A crossnational analysis of the effects of 'Weberian' state structures on economic growth". *In: American Sociological Review*, v. 64, n. 5, pp. 748-65, 1999.

8. Dahlström, C.; Lapuente, V. *Organizing Leviathan: Politicians, bureaucracy, and making of good government*. Cambridge University Press, 2017.

9. Meyer-Sahling, J.-H.; Mikkelsen, K. S. "Civil Service Laws, Merit, Politicization, and Corruption: The perspective of public officials from five East European countries". In: *Public Administration*, v. 94, n. 4, pp. 1105-23, 2016. Disponível em: <https://doi.org/10.1111/padm.12276>.

10. Andersen, D. D. E.; Krishnarajan, S. "Economic Crisis, Bureaucratic Quality and Democratic Breakdown". In: *Government and Opposition*, v. 54, n. 4, pp. 715-44, 2019.

11. Lapuente, V.; Suzuki, K. "Politicization, Bureaucratic Legalism, and Innovative Attitudes in the Public Sector". In: *Public Administration Review*, v. 80, n. 3, 2020, pp. 454-67.

los de negócio; melhoria e inovação; gestão de pessoas, recursos financeiros/orçamento/contabilidade, suprimentos, logística, suporte corporativo (comunicação, apoio jurídico) etc. Além disso, os arranjos organizacionais envolvidos devem ser vistos como artefatos sob constante modelagem e remodelagem para o cumprimento de propósitos deliberados – o que representa mais que uma perspectiva de produção, mas de geração de valor. Dessa forma, a capacidade repousa na adequação e na funcionalidade das estratégias, estruturas, processos, pessoas, tecnologias e outros atributos gerenciais, assim como na forma como eles são modelados e geridos no trato de problemas públicos.

A definição de capacidades administrativas de Lodge e Wegrich[12] alcança em parte essa perspectiva ao abordar capacidades de entrega (execução na linha de frente), coordenação (mediar e reunir atores dispersos), regulação (supervisionar organizações públicas e privadas) e analítica (prover inteligência e aconselhamento em situações de incerteza). Segundo os autores, capacidades administrativas constituem "um conjunto de habilidades e competências que se esperam das burocracias públicas para que possam facilitar e contribuir para a resolução de problemas", incluindo "disposições estruturais e processuais que permitem às burocracias desempenhar funções específicas" e "indivíduos dentro destas burocracias que são capazes e habilidosos o suficiente para satisfazer as expectativas dos seus mestres políticos e do público em geral". Ainda assim, a execução das funções gerenciais que suportam a execução na linha de frente aparece apenas de forma insinuada,

12. Lodge, M.; Wegrich, K. *The Problem Solving Capacity of the Modern State: Governance challenges and administrative capacities*. Oxford: Oxford University Press, 2014.

Na perspectiva gerencial, os arranjos organizacionais são vistos como arranjos colaborativos tanto intra quanto interorganizacionais. Com efeito, a capacidade colaborativa também tem sido considerada um atributo político, agindo na ampliação da participação dos atores políticos e sociais como elementos que atuam em sinergia para produzir ações governamentais mais ágeis e efetivas. Apesar dessa visão de atributo político, a capacidade colaborativa também envolve uma dimensão de governança colaborativa[13] que remete à ideia de Estado-rede[14] relacional e Estado neoweberiano.[15] Essa ideia de Estado acontece na colaboração entre agentes públicos e privados na coprodução de políticas e serviços que se dá por meio de redes multi-institucionais como um padrão saliente.

Ainda na perspectiva gerencial, os arranjos organizacionais podem ser vistos como atuação estratégica (*strategizing*). *Strategizing* refere-se à construção deliberada da estratégia, que funciona alinhando os objetivos com as ações empreendidas pelos parceiros da governança colaborativa por meio de um processo lógico e orientado. Esse processo busca alinhar as aspirações, que vão além das metas, por meio da imaginação e dos desejos

---

13. Ansell, C.; Gash, A. "Collaborative Governance in Theory and Practice". In: *Journal of Public Administration Research and Theory*, v. 18, n. 4, 2008, pp. 543-71; Emerson, K.; Nabatchi, T.; Balogh, S. "An Integrative Framework for Collaborative Governance". In: *Journal of Public Administration Research and Theory*, v. 22, n. 1, 2012, pp. 1-29. Disponível em: <https://doi.org/10.1093/jopart/mur011>.

14. Castells, M. "Information Technology, Globalization and Social Development". UNRISD Discussion Paper, n. 114. Genebra, 1999.

15. Pollitt, C.; Boukaert, G. *Public Management Reform: A comparative analysis — new public management, governance, and the neo-weberian State*. Oxford: Oxford University Press, 2011.

dos tomadores de decisão.[16] A ação estratégica deliberada requer capacidades, recursos técnicos, expertise, estruturas e todos os outros elementos que uma governança colaborativa precisa para existir e ter sucesso. Essa noção de atuação estratégica redefine o conceito de desempenho ampliando seu escopo para questões relacionadas aos processos (trazendo elementos tais como coalizão, interlocução, *advocacy*) para geração de resultados (valor, satisfação, legitimidade, resiliência). Portanto, essa perspectiva de atuação estratégica envolve todo um ciclo lógico de gestão estratégica que se estende da formulação à implementação, monitoramento e avaliação, admitindo o papel dos arranjos organizacionais e seus atores já desde o processo de formulação.

Essa abordagem de capacidade estratégica alinha-se bem com a noção de "prontidão de governança" proposta por Anheir, que coloca em primeiro plano a questão "capacidade para quê?", parametrizando a definição de capacidades necessárias pelos desafios a serem enfrentados (destacadamente os desafios relacionados a bens públicos globais) numa linha transformacional, colaborativa e baseada em inovação. Logo, a forma como as organizações são concebidas (que inclui a inevitável discussão sobre suas finalidades e as intenções subjacentes) e como suas funções gerenciais são modeladas e geridas constituem elementos capacitantes *sine qua non* que não estão circunscritos a uma única organização (ou apenas ao Estado), nem a uma função meramente implementadora e tampouco apenas à presença dos traços burocráticos weberianos.

16. Bryson, J. M.; Barberg, B.; Crosby, B. C.; Patton, M. Q. "Leading Social Transformations: Creating public value and advancing the common good". In: *Journal of Change Management*, v. 21, n. 2, 2021, pp. 180-202.

Indo para além dos elementos que formam a capacidade, do ponto de vista gerencial, a capacidade é um conceito multinível (indivíduo, organização e nação)[17] e multidimensional (intrínseco, extrínseco, tangível, intangível). Nessa visão, a capacidade significa o elo entre os recursos organizacionais, as características da gestão e as condições necessárias para alcançar a eficácia e os resultados das políticas,[18] soando praticamente como uma chamada para a importância da gestão. Não por acaso, é comum incluir medidas relacionadas à capacidade na gestão de desempenho por meio de *frameworks*, modelos integrados de governança, que vinculam, por exemplo, capacidade e desempenho.

Dado o amplo escopo e a multidimensionalidade do conceito de capacidades institucionais, o grande desafio é mensurá-las. Tais características impõem uma grande quantidade de variáveis-atributo que, não obstante, possuem distintos graus de complexidade de operacionalização — algumas de natureza quantitativa, outras de natureza qualitativa. Inicialmente, medir capacidades institucionais é um desafio conceitual (definir para medir pertinentemente), mas também metodológico (da construção de modelos e operacionalização de suas variáveis de forma rigorosa) e informacional (da disponibilidade de dados em relação a objetos como países, entidades subnacionais, organizações etc.). "Medir a capacidade do Estado representa o desafio mais

17. Christensen, R. K.; Gazley, B. "Capacity for Public Administration: Analysis of meaning and measurement". In: *Public Administration and Development: The International Journal of Management Research and Practice*, v. 28, n. 4, 2008, pp. 265-79.

18. Ibid.

importante para a pesquisa, em particular para análises de séries temporais e grandes comparações de 'n'."[19]

A grande diversidade de métricas catalogadas por Cingolani[20] corresponde às variações conceituais e aos métodos empregados. O conjunto suscita três tipos de questões basilares que devem nortear qualquer modelo de mensuração de capacidades institucionais: é possível medir? Medir de forma agregada ou desagregada? Com ou sem modelo causal subjacente?

É possível medir capacidades institucionais? Em geral, as discussões sobre possibilidades de métricas giram em torno de limites a respeito da qualidade (nenhum indicador ou sistema de mensuração é perfeito, e todos são limitados) e da viabilidade (custos) das métricas relativamente aos propósitos em foco. Métricas objetivam discussões e permitem o enfrentamento de questões e problemas de forma mais racional (estabelecendo melhor coerência entre meios e fins). Um fundamento comum em favor das métricas é que não se gerencia o que não se mede e não se melhora o que não se gerencia. Logo, a mensuração é essencial a uma postura transformadora.

Uma postura favorável à mensuração deve sempre admitir que, não obstante uma necessária concisão conceitual, os sistemas de mensuração devem levar em conta o que seus agentes e

19. Cingolani, L. "The State of State Capacity : A review of concepts, evidence and measures". In: *MERIT Working Papers* 2013-053, United Nations University — Maastricht Economic and Social Research Institute on Innovation and Technology (MERIT), 2013.

20. Cingolani, L.; Crombrugghe, D. "Techniques for Dealing with Reverse Causality Between Institutions and Economic Performance". In: *MERIT Working Papers* 2012-034, United Nations University — Maastricht Economic and Social Research Institute on Innovation and Technology (MERIT), 2012.

beneficiários julgam importante mensurar. Apesar de a qualidade dos dados ser muito variável, muitas vezes será possível testá-los e/ou buscar aproximações. As análises que a mensuração enseja devem levar em conta tais limitações e relativizar o que for apropriado. Em suma, é melhor uma métrica com limitações do que nenhuma, desde que as limitações estejam claras no momento da partida e da análise. Ademais, nenhum estudo quantitativo baseado em métricas objetivas elimina a necessidade de apreciações qualitativas — sejam baseadas no método científico ou no saber experiencial das partes envolvidas.

Mas há argumentos contrários à mensuração. O principal deles é conceitual, que impede uma definição precisa e delimitada do objeto de mensuração: "[Há] uma dificuldade em invocar a capacidade do Estado como um conceito genérico. Existem múltiplos aspectos da capacidade, sugerindo que uma compreensão ingênua dela pode ignorar importantes compensações e contradições. Além disso, existem definições amplas e restritas, onde as primeiras muitas vezes não conseguem se distinguir de outros construtos, como Estado de direito, governança ou qualidade do governo. Questões de extensão do conceito e validade do construto surgem à medida que a versatilidade do conceito aumenta."[21]

Não obstante, há alegações de que o objeto não possui observabilidade (real ou potencial) e muitas vezes é mensurado por *proxies* que não pertencem à mesma categoria lógica (tal como mensurar resultados como *proxies* de capacidades e vice-versa), levando à circularidade (resultados ruins por baixa capacidade e baixa capacidade por resultados ruins). Em suma, é preciso ter validade do construto capacidades institucionais, embora isso

21. Ibid.

remeta a uma questão circular porque é a métrica que valida o construto.

A solução, portanto, passa por rigorosa definição (o que confere validade de conteúdo ao conceito e à métrica), identificação e operacionalização de variáveis (muito frequentemente por meio da construção e teste de escalas utilizando-se análise de componentes principais).[22] Para isso, os indicadores escolhidos para o teste devem ter sua validade de conteúdo muito bem estabelecida. Com essa validade estabelecida, os testes estatísticos subsequentes mostrarão quais os indicadores que melhor capturam a variação de determinada variável latente.

Outra questão é: medir de forma agregada ou desagregada? A agregação serve a dois propósitos: captar a multidimensionalidade e mitigar limitações dos indicadores. Toda agregação possui limitações e a maior delas refere-se à seleção do conjunto de variáveis agregadas. As margens de erro são potencialmente altas e há problemas de ponderação, pressupondo que uma variável mais bem pontuada possa compensar outra não tão bem pontuada, além de diferentes graus de sensibilidade dos indicadores originários. Por outro lado, argumenta-se, contrariamente à agregação, que um *dashboard* com indicadores relevantes, selecionados a partir de discussões sobre o que as partes interessadas envolvidas consideram mais importante mensurar e com forte validade de conteúdo, pode proporcionar mais informação e suscitar análises mais apropriadas.

Contudo, é possível empregar diferentes metodologias para a agregação dos indicadores. Há agregações apenas baseadas em per-

---

22. Hair, J. F.; Black, W. C.; Babin, B. J.; Anderson, R. E.; Tatham, R. L. *Análise multivariada de dados*. 6. ed. Porto Alegre: Bookman, 2009.

cepções e agregações que, apesar de terem validade de conteúdo, ainda se baseiam em médias arbitrárias. Esses dois métodos são os mais limitados e problemáticos, pois não consideram de forma objetiva as diferenças entre os indicadores durante o processo de agregação. Existem também metodologias que consideram, além da validade de conteúdo, a validade convergente/discriminante, ponderando os valores dos indicadores a serem agregados pelas cargas fatoriais. Essas agregações apresentam um resultado muito mais aceitável dentro de determinados parâmetros estatísticos. Por outro lado, testes de dimensionalidade podem levar a agregações amorfas que rompem a validade de conteúdo. Os índices formados por meio de processos nomológicos partem do pressuposto de que para representar uma determinada variável latente, construto teórico, o indicador precisa ter validade de conteúdo em relação à definição do construto, validade convergente em relação aos demais indicadores selecionados para aquele construto e validade discriminante em relação aos demais construtos do modelo.

Dentro desses limites, índices agregados podem permitir rankings e análises comparativas úteis — não com o propósito de premiar ou certificar, mas para apontar hipóteses acerca dos processos que levaram às diferenças. Devem ser levadas em conta comparações entre casos relativamente homogêneos (passíveis de identificação por meio de análise de cluster). Ademais, toda pontuação agregada ou ranking deve ser interpretado levando-se em conta uma análise desagregada (que certamente apontará casos que farão mais ou menos sentido).

Por fim, um modelo de mensuração deve basear-se ou não em modelos causais? Modelos causais são uma forma de compreender objetos/fenômenos de modo sistêmico, no sentido de que integram conjuntos maiores de elementos (internos e externos ao objeto) com os quais estabelecem múltiplas relações de causalidade — no sentido de regularidade empírica, probabilidades condicionais, condições contrafactuais, mecanismos causais e invariância sob intervenção.[23] Trata-se, portanto, de um recurso explicativo não reducionista que busca não apenas medir um fenômeno, mas explorar suas relações de causalidade antecedentes e consequentes.

No entanto, há pelo menos três questões essenciais que devem ser observadas. A primeira é a opção entre modelos tautológicos e modelos nomológicos. Modelos tautológicos, que são mais comuns, podem ser implícitos ou explícitos. Eles são mais frequentemente aplicados no desenho de sistemas de mensuração, o que reduz o poder explicativo da métrica e sujeita as relações de causalidade a uma condição especulativa sem validação. Já os modelos nomológicos emergem da teoria, mas também de testes estatísticos que validam os indicadores e que apontam e mensuram as ponderações que devem ser realizadas no processo de agregação dos indicadores. Apesar dessas vantagens pelo uso da estatística como ferramenta, muitas vezes modelos nomológicos não revelam adequadamente microdeterminantes.

A segunda é o escopo dos modelos. Modelos muito abrangentes englobam muitas variáveis e dimensões, ampliando a complexidade em termos de causalidade e validade. Modelos muito reduzidos geram perda de dimensionalidade dos objetos/fenômenos e possuem menor poder explicativo e preditivo.

A terceira é a conformação geral das relações de causalidade. Modelos lineares de causalidade simples, direta e unívoca e

23. Maziarz, Mariusz. *The Philosophy of Causality in Economics: Causal inferences and policy proposals*. Nova York /Londres: Routledge, 2020.

contextualmente determinados possuem utilidade reduzida para representar objetos e fenômenos complexos sujeitos a uma teia de causalidades diretas, indiretas, biunívocas (circularidade) e autopoiéticas (autorreferentes) — sujeitando sistemas de mensuração a excessiva multicolinearidade. As soluções mais comuns na modelagem de causalidade passam pela identificação estruturada de correlações (tal como aplicado à metodologia de Modelagem de Equações Estruturais — SEM),[24] experimentos ou algoritmos de aprendizado de máquina, sendo que este último possui um caráter mais preditivo.[25]

A validade de um modelo causal simples significa apenas que, em parte, sob certos aspectos e condições, um modelo complexo pode ser visto de forma mais simplificada. Isso pode ser útil para sugerir outras modelagens e as inferências para solução de problemas. Em todo caso, em qualquer modelagem é necessário considerar os fatores como dinâmicos, postos em perspectiva temporal, e não apenas determinísticos. Essas questões colocam requisitos de validade e utilidade de modelos causais na medida em que implicações de políticas públicas oriundas de modelos reducionistas ou enviesados podem ser desastrosas. Vale destacar que, como um modelo, ou seja, uma redução da realidade, sempre haverá um componente de erro embutido na medição, algo importante e que pode gerar algum viés nos resultados apresentados.[26]

---

24. Ringle, C. M.; Da Silva, D. De Souza Bido, D. "Modelagem de equações estruturais com utilização do SmartPLS". In: *REMark — Revista Brasileira de Marketing*, v. 13, n. 2, 2014, pp. 56-73.

25. Angrist, J. D.; Pischke, J. S. *Mastering 'metrics: The path from cause to effect*. Princeton: Princeton University Press, 2014.

26. Podsakoff, P. M.; MacKenzie, S. B.; Lee, J.-Y.; Podsakoff, N. P. "Common Method Biases in Behavioral Research: A critical review of the literature and recommended remedies". In: *Journal of applied psychology*, v. 88, n. 5,

Diante dessas questões, posiciona-se no sentido de reafirmar a viabilidade e a necessidade de se mensurarem as capacidades institucionais de forma agregada (embora também permitam apreciações de forma desagregada) e consoante um modelo causal que busque explorar as correlações entre capacidades institucionais e desenvolvimento com validade de conteúdo, validade convergente/discriminante e validade nomológica.

2003, p. 879; Podsakoff, P. M.; MacKenzie, S. B.; Podsakoff, N. P. "Sources of Method Bias in Social Science Research and Recommendations on How to Control It". In: *Annual Review of Psychology*, v. 63, 2012, pp. 539-69.

Capacidades públicas em tempos de emergência climática: uma análise da execução orçamentária na agenda ambiental brasileira

JULIANA DAMASCENO

Inédito

Considerando o ciclo completo das políticas públicas, a efetividade da atuação estatal em muito depende de etapas posteriores a sua formulação. Parte considerável da concretização e dos impactos almejados por determinada intervenção do setor público deriva de uma conjunção nada simplória de vontade política, capacidades institucionais e, não menos importante, competências técnico-operacionais. No Brasil, insuficiências dessa última dimensão podem ser observadas em algum grau na heterogênea execução orçamentária de órgãos federais, particularmente nas áreas socioambientais.

Dentro das capacidades institucionais e humanas típicas à operação de um Estado, este texto explora os fatores estruturais e administrativos por trás da limitada execução orçamentária da Agenda Transversal Ambiental em 2024. Com dados oficiais disponibilizados pelo Sistema Integrado de Planejamento e Orçamento do Governo Federal (SIOP) para esta e outras transversalidades definidas em lei no Plano Plurianual (PPA) 2024-2027, observa-se a parcial execução orçamentária das ações que compõem essa agenda, com destaque para aquelas de caráter não exclusivo.

Os avanços de transparência trazidos por tal classificação do orçamento federal são especialmente relevantes no contexto atual de eventos climáticos extremos e compromissos ambientais ambiciosos assumidos internacionalmente. Ainda assim, tal esforço do governo brasileiro encontra-se, por vezes, desvinculado de capacidades e instrumentos de gestão orçamentária exigidos pelo "novo normal" climático, ameaçando o sucesso de diversas iniciativas ambientais. O salto da ambição climática para adesão requer esforços intensos e constantes. Construir um Estado brasileiro apto a adaptar e mitigar efetivamente as mudanças do clima, extrapolando o plano tático-legal para uma realidade funcional, passa por reconhecer o peso de capacidades operacionais básicas e tradicionais, bem como desenvolver novas.

Capacidades públicas e implicações operacionais

Capacidade estatal pode ser definida como o conjunto de recursos institucionais, humanos e operacionais que permitem ao Estado implementar políticas públicas de modo eficaz[1]. Na administração direta, isso pode ser traduzido na existência de quadros técnicos qualificados, do amplo consenso sobre normas de gestão, de canais facilitados de articulação intersetorial, bem como na praticidade dos processos orçamentários e financeiros. A ausência ou fragilidade desses e outros elementos intrínsecos

1. Centeno, Miguel Angel; Kohli, Atul; Yashar, Deborah J. "Unpacking States in the Developing World: Capacity, performance, and politics". In: *States in the Developing World*, 2017, pp. 1-32.

às diversas etapas da política pública tendem a comprometer sua concretização em resultados "na ponta", junto à sociedade.

No caso brasileiro, essa capacidade foi sistematicamente comprometida em diferentes momentos, tanto pela descontinuidade administrativa das transições políticas, como pelo amadurecimento e pela inatividade do quadro de servidores, agravados pelos anos sem concursos públicos. Junto de tais questões, observa-se ainda o processo de endurecimento das regras fiscais baseadas no controle (teto) de gastos, desacompanhada de uma reorganização de atribuições e competências, ou mesmo de uma aquisição estratégica de tecnologias mais eficientes e, consequentemente, econômicas. O desmonte de várias estruturas de governança durante o ciclo 2019-2022 reforçou a deterioração de tal forma que, mesmo com a retomada em 2023 de diversos órgãos então extintos (a começar pelo Ministério do Planejamento e Orçamento), tornou-se impossível uma automática recomposição técnica e institucional do Estado.

Independente do ciclo político vigente, parte relevante da execução orçamentária e financeira de todos os órgãos depende da atuação de equipes técnicas capacitadas, com domínio sobre os ciclos orçamentário, contábil e jurídico da administração pública, aptos a solucionar intercorrências diárias. A realidade organizacional de ministérios recém-criados ou reestruturados revela, porém, déficits estruturais de servidores, incluindo posições que dependem de uma vasta experiência na operação direta da máquina pública. Além da mencionada defasagem de concursos públicos, cabe dizer que a alta rotatividade de cargos comissionados e as diversas reformas de carreiras demandadas setorialmente não são exatamente favoráveis à efetividade administrativa. Pelo contrário, tal comprometimento de capacidades permanentes coloca em risco progressos valiosos e inéditos para determinadas políticas, abrindo vácuos de elevados custos (não só financeiros) para o planejamento de médio e longo prazo do país.

Em meio à crise climática global e eventos extremos cada vez mais frequentes, uma profunda transformação ambiental da gestão pública brasileira terá de ir além da elaboração e aprovação de dotações orçamentárias dedicadas — um desafio por si só. É preciso garantir uma governança ampla e crível, onde competências institucionais e capacidades técnicas encontram-se bem definidas e empoderadas para executar e monitorar tal gasto, permitindo seu redesenho e aperfeiçoamento contínuo. Afinal, sendo o desafio climático relativamente novo e naturalmente incerto, a desejável liberdade para ajustes acaba conflitando com a conhecida rigidez dos gastos. Destaca-se, nesse sentido, uma questão ainda anterior para muitas das despesas da agenda ambiental atual: a sua execução orçamentária incompleta.

Desempenho orçamentário da Agenda Transversal Ambiental 2024

Um conceito ainda pouco compreendido em 2003, quando a ministra Marina Silva assumia o Ministério do Meio Ambiente pela primeira vez e defendia a atuação integrada da pauta ambiental, a transversalidade tornou-se lei com o PPA 2024-2027 do Governo Federal. As cinco agendas transversais trazidas na Lei nº 14.802/2024 (crianças e adolescentes; mulheres; igualdade racial; povos indígenas; e meio ambiente) derivam do entendimento de transversalidade como o "conjunto de atributos que encaminha problemas complexos de políticas públicas, podendo contemplar aquelas focalizadas em públicos-alvo ou temas específicos, que necessitam de uma abordagem multidimensional e integrada por parte do Estado para serem encaminhados de maneira eficaz e efetiva".

Afastando abordagens setoriais isoladas, a Agenda Transversal Ambiental traz um mapeamento geral de cinquenta dos 88 programas desse PPA, com 113 objetivos específicos, 372 entregas e 150 medidas institucionais e normativas para uma resposta integrada e multidimensional dos 25 órgãos federais envolvidos nos desafios ambientais e climáticos. Com tal inovação metodológica, cabe destacar não só os avanços de transparência e gestão das despesas relacionadas, como também os ganhos de eficiência possíveis para tais ações ambientais, cujos resultados são cada vez mais urgentes — seja no controle do desmatamento, na proteção da biodiversidade, nos incentivos à bioeconomia ou no enfrentamento da emergência climática, dentre outros compromissos.

O elo entre o PPA e os Orçamentos Anuais, estabelecido no nível do programa e de acesso público a partir do Painel de Agendas Transversais e Multissetoriais do Sistema Integrado de Planejamento e Orçamento do Governo Federal (SIOP), permite monitorar a execução e concretização de agendas transversais com atualização diária dos dados, desagregados em exclusivos e não exclusivos, conforme a finalidade principal das ações orçamentárias: uma ação cuja finalidade central é ambiental ou climática classifica-se como exclusiva; por outro lado, quando o meio ambiente ou o clima aparece apenas como finalidade secundária (isto é, integrado a outras finalidades de políticas públicas), essa despesa é classificada como não exclusiva. Tal distinção metodológica (Quadro 1) permite maior precisão orçamentária da agenda ambiental, facilitando a identificação do grau de priorização do tema nos diferentes programas e ações do orçamento federal. A Tabela 1 a seguir apresenta a execução orçamentária da Agenda Transversal Ambiental no exercício já encerrado de 2024 com tal desagregação.

Quadro 1: Gastos exclusivos, gastos não exclusivos e ação transversal

TIPO DE GASTO	DEFINIÇÃO
Gasto Exclusivo	Gasto cuja finalidade principal é a conservação dos recursos naturais; a melhoria da qualidade ambiental (ar, água e solos); o enfrentamento da emergência climática; e a transição para uma economia de baixo carbono, com processos produtivos sustentáveis e o desenvolvimento da bioeconomia.
Gasto Não Exclusivo	Gasto cuja finalidade secundária é a conservação dos recursos naturais; a melhoria da qualidade ambiental (ar, água e solos); o enfrentamento da emergência climática; e a transição para uma economia de baixo carbono, com processos produtivos sustentáveis e o desenvolvimento da bioeconomia.
Ação Transversal	Gasto Não Exclusivo associado a mais de uma Agenda Transversal.

Fonte: Relatório da Agenda Transversal Meio Ambiente 2025 — Ano base 2024.

Tabela 1: Execução orçamentária da Agenda Transversal Ambiental em 2024 (em R$ milhões correntes)[2]

AGENDA	SUBGRUPO	DOTAÇÃO AUTORIZADA (I)	PAGO (II)	% (I/II)
Ambiental	Exclusivo	15.845	11.062	69,8%
Ambiental	Não Exclusivo	12.773	4.320	33,8%
TOTAL AGENDA AMBIENTAL - PRINCIPAL		**28.618**	**15.382**	**53,8%**
Ambiental, Crianças e Adolescentes, Igualdade Racial, Mulheres	Transv. (Não Exclusivo)	112	104	**93,1%**
Ambiental, Crianças e Adolescentes, Igualdade Racial, Mulheres, Povos Indígenas	Transv. (Não Exclusivo)	45	15	**32,4%**
Ambiental, Crianças e Adolescentes, Mulheres	Transv. (Não Exclusivo)	1.586	636	**40,1%**
Ambiental, Crianças e Adolescentes, Mulheres, Povos Indígenas	Transv. (Não Exclusivo)	774	772	**99,7%**
Ambiental, Crianças e Adolescentes, Povos Indígenas	Transv. (Não Exclusivo)	255	110	**43,1%**
Ambiental, Igualdade Racial	Transv. (Não Exclusivo)	266	199	**74,8%**
Ambiental, Igualdade Racial, Mulheres	Transv. (Não Exclusivo)	782	188	**24,0%**
Ambiental, Igualdade Racial, Mulheres, Povos Indígenas	Transv. (Não Exclusivo)	306	214	**69,9%**
Ambiental, Igualdade Racial, Povos Indígenas	Transv. (Não Exclusivo)	294	188	**64,1%**
Ambiental, Mulheres	Transv. (Não Exclusivo)	8.731	4.311	**49,4%**
Ambiental, Povos Indígenas	Transv. (Não Exclusivo)	358	198	**55,3%**
TOTAL AGENDA AMBIENTAL - AÇÃO TRANSVERSAIS		**13.509**	**6.935**	**51,3%**
TOTAL AGENDA AMBIENTAL		**42.127**	**22.317**	**53,0%**

Fonte: SIOP — Painel de Agendas Transversais e Multissetoriais. Elaboração própria. Acesso em 8 abr. 2025.

2. A diferença entre estes valores e aqueles apresentados no Relatório da Agenda Transversal Meio Ambiente 2025 - Ano base 2024, elaborado pelo Ministério do Planejamento e Orçamento (MPO), explica-se pela contabilização deste último das demais "programações que, embora não incluídas inicialmente na LOA 2024, estivessem potencialmente relacionadas à Agenda", além dos volumosos "créditos extraordinários destinados a ações de resposta à calamidade pública no estado do Rio Grande do Sul, ao combate a incêndios e à seca na Amazônia e no Pantanal, além de outros gastos relacionados a eventos climáticos extremos na Agenda Transversal de Meio Ambiente".

Como mostra a tabela, pouco mais da metade (53%) da dotação total autorizada em 2024 para a Agenda Ambiental havia sido executada até o fim do ano. Tal proporção é ainda inferior (33,8%) quando considerado o subgrupo de despesas da Agenda Ambiental com caráter não exclusivo. Ainda que em melhor situação, as despesas de caráter exclusivo tiveram pagos R$ 11,1 bilhões dos R$ 15,8 bilhões autorizados, alcançando 69,8% de execução financeira. Observa-se ainda que, nas ações transversais compartilhadas com as demais agendas, o orçamento autorizado comum a todas as transversalidades (Ambiental, Crianças e Adolescentes, Igualdade Racial, Mulheres, Povos Indígenas) havia sido executado em apenas 32,4%. No conjunto mais restrito das transversalidades Ambiental, Igualdade Racial e Mulheres, chama atenção a execução de apenas R$ 188 milhões dos R$ 782 milhões autorizados, ou seja, somente 24% da dotação aprovada.

Nessa direção, o relatório semestral do Instituto de Estudos Socioeconômicos (INESC, 2024), publicado em agosto de 2024 com dados do primeiro semestre disponibilizados pelo SIGA Brasil, já revelava tal gargalo: passados seis meses daquele exercício fiscal, algumas ações orçamentárias do programa Gestão de Riscos e Desastres (2318), do Ministério da Integração e do Desenvolvimento Regional, tinham sua execução orçamentária zerada. Pouco tempo depois da tragédia do Rio Grande do Sul, rubricas dedicadas justamente ao apoio de estudos, projetos e obras para contenção de encostas, cheias e inundações encontravam-se com 0% do seu gasto realizado. Nesse mesmo programa, a rubrica de "Mapeamentos voltados para a prevenção de desastres" registrava apenas 27% da sua execução realizada àquela época, enquanto o percentual gasto na rubrica "Levantamentos, estudos, previsão e alerta de eventos hidrológicos críticos" não passava de 7,5%.

Diferente da transversalidade, o relatório do INESC se debruça sobre a execução semestral, tendo como objeto os programas e ações finalísticas de órgãos e fundos vinculados ao MMA. Tal recorte permitiu identificar exceções na limitada execução orçamentária descrita acima, como no caso da quase integral execução do Fundo Clima que, só no primeiro semestre de 2024, pagou cerca de R$ 10,2 bilhões dos R$ 10,4 bilhões autorizados (98%).

Conclusão e recomendações

A limitada execução orçamentária da agenda ambiental, evidenciada nas despesas federais de 2024, não é apenas uma barreira técnica: ela evidencia um Estado cuja estrutura e capacidade de entrega precisam ser aperfeiçoadas. Carecendo das engrenagens operacionais de uma administração pública eficiente, discurso político e compromisso global dificilmente se traduzirão no impacto almejado. É preciso, portanto, conectar as recentes iniciativas da agenda ambiental a uma arquitetura estatal responsiva e tecnicamente equipada, em que a tecnologia será uma aliada não só do tempo (cada vez mais escasso na crise climática), mas da eficiência e controle do gasto público. Tarefa que também passa pelo reconhecimento do funcionalismo público como agente estratégico na condução de uma inteligência institucional capaz de sustentar a transversalidade e se reconfigurar para atender ao novo. Adaptar o Estado brasileiro para além do planejamento e da legislação, sobretudo na sua dimensão funcional, requer mais do que boas intenções.

Nesse sentido, cabe listar alguns esforços prioritários, mas não exaustivos, no caminho de tal transição da capacidade estatal frente aos desafios da crise climática. Entre eles, destaca-se a necessidade de planejar o funcionalismo público em si, não só com concursos regulares e estratégicos, mas com a valorização de carreiras técnicas na gestão e o fortalecimento dos núcleos de execução orçamentária. Cabe ainda uma revisão do arcabouço fiscal vigente, de forma a conciliar responsabilidade fiscal e flexibilidade bem definida, permitindo gatilhos para lidar com a incerteza típica de eventos climáticos extremos sem comprometer o equilíbrio orçamentário intertemporal. Além de garantir recursos para estas despesas imprevisíveis pós-desastres naturais, importa destravar também o histórico de subexecução daquelas de caráter preventivo, evitando outras substancialmente mais custosas de caráter reparatório. Conectar e adaptar a agenda ambiental às práticas da gestão pública, internalizando essa transversalidade aos diferentes poderes e órgãos para além das áreas diretamente responsáveis — isto é, para outros órgãos que comandam gastos não exclusivos — também será promissor, principalmente a partir de uma articulação federativa que alcance todos os níveis de governo.

Emergências climáticas e a necessidade de uma reforma administrativa

RICARDO DE OLIVEIRA

18 de junho de 2024

Quando a sociedade enfrenta uma tragédia coletiva, os olhos se voltam para a capacidade do Estado de prevenir e enfrentar os problemas. Foi assim na pandemia de covid-19, no desastre ambiental de Mariana e Brumadinho e, agora, no Rio Grande do Sul, entre tantos outros.

Algumas vezes, a ação do Estado corresponde às expectativas da população, outras vezes, não. No caso da pandemia, a administração pública mostrou a importância de um Estado organizado para prestar serviços à população através do SUS, apesar de termos problemas de gestão e financiamento na saúde pública.

Na tragédia atual do Rio Grande do Sul, ficou evidenciado o quanto ainda temos que avançar na melhoria das capacidades de gestão da administração pública, particularmente nas de planejamento, prevenção, cooperação interfederativa, na colaboração entre os setores público e privado e nas regras de gestão e controle.

Apesar da repetição de tragédias humanitárias e ambientais e da persistência de graves problemas, como desigualdade, pobreza, violência, educação, saúde e mobilidade urbana, ainda não conseguimos priorizar na agenda política um debate aprofundado dos problemas que impedem um bom desempenho da administração pública.

A reforma administrativa passou a ser quase sinônimo de reorganizar as carreiras dos servidores públicos para reduzir o custo do Estado. Não se considera, nessa visão simplista, a importância dos ambientes político, institucional e normativo que condicionam o desempenho da administração pública.

A tragédia atual nos coloca, de novo, diante de uma oportunidade de aprendizado sobre como tratar os complexos problemas de ação coletiva que desafiam a sociedade brasileira. Ela nos permite identificar algumas características da nossa cultura política que condicionam o funcionamento da administração pública.

Uma prática recorrente da nossa cultura política é procurar, imediatamente, algum culpado pela tragédia em questão. Embora muitos dos problemas enfrentados pela sociedade já tenham ultrapassado vários governos de colorações partidárias diversas, gostamos de achar um culpado que, em geral, é o incumbente de plantão. É claro que devemos, sim, apurar responsabilidades, mas tal atitude, de maneira isolada, não resolverá os problemas atuais e futuros.

Ao insistir nesse tipo de comportamento, contribuímos para que os problemas da sociedade não sejam discutidos com a profundidade necessária, o que dificulta a elaboração de um diagnóstico consistente, que oriente as soluções possíveis. Assim, os problemas se prolongam no tempo, tendo como grave consequência a desqualificação do Estado aos olhos da população como provedor de serviços públicos que melhorem a sua qualidade de vida.

Também achamos mais fácil delegar a alguém a tomada de providências para resolver nossos problemas coletivos. Essa prática ocorre porque achamos que o Estado resolve todos os problemas e que é apenas uma questão de vontade política. Não é bem assim. O Estado pode muito, mas não pode tudo.

Infelizmente, essa expectativa da população em relação ao Estado se fortalece, pois encontra eco em discursos políticos de grupos que têm interesse em desgastar o governo de plantão para obter vantagens eleitorais nas eleições seguintes. Essa visão oportunista e de curto prazo nos leva ao grave problema da qualidade da nossa liderança política, que deveria promover um debate sério e aprofundado dos problemas da sociedade para apontar o melhor caminho para solucioná-los em vez de estimular uma disputa pelo protagonismo político na gestão das crises e o simplismo no diagnóstico.

Além disso, em todas as tragédias humanitárias por que passamos, a solidariedade da população foi fundamental, e, sem essa cooperação, não conseguiríamos superá-las. Todavia, não valorizamos a organização e a mobilização da população como práticas permanentes e necessárias para resolver vários problemas comunitários e evitar a postergação da resolução de questões coletivas por parte dos governantes.

Passada a crise, temos o hábito de esquecer o ocorrido e seguir em frente. Ocorre que, sem cobrança da sociedade, os governos não funcionam direito, e a classe política tende a seguir a demanda que seus eleitores estão fazendo no curto prazo.

Nossa classe política, por interesse eleitoral, não está conseguindo se orientar por uma visão de longo prazo necessária para superar os desafios coletivos da sociedade. Agindo assim, enfraquece seu papel de liderar a sociedade e desgasta a ação política junto à população, conforme nos mostram as pesquisas de opinião.

Outro traço cultural, com grande crescimento recente, é a negação da ciência como orientadora das decisões públicas e privadas. Esse tipo de pensamento se manifesta, por exemplo, nas questões relacionadas à saúde ou na crise ambiental. Alguns voltaram a pensar e agir como no período pré-iluminista.

Não há soluções simplistas nem "salvadores da pátria", embora sempre apareçam candidatos. Por isso, no processo eleitoral que se aproxima, a população tem a responsabilidade de dar uma contribuição relevante para a superação desses desafios, elegendo candidatos comprometidos com o interesse público, com o aperfeiçoamento da gestão pública, e que não ofereçam soluções fáceis para problemas complexos. Precisamos entender que a atividade política importa muito na vida cotidiana de todos nós.

Não há solução fora da boa política.

A orientação do atual debate sobre reforma administrativa no Brasil: um realinhamento da rota

SHEILA CRISTINA TOLENTINO BARBOSA

Um tema recorrente em tempos de crise fiscal é o de reforma administrativa. A impressão imediata e generalizada é de que se há crise dessa natureza o problema está apenas do lado do gasto, e assim é preciso reduzi-lo a todo custo. Com essa referência, as propostas de reformas administrativas são comumente orientadas ao mero corte de gastos, e em geral sob discurso de que a administração pública está inchada. Nada mais equivocado para a atualidade brasileira, em particular no serviço público federal, como se verá neste texto.

Para uma melhor compreensão do tamanho do setor público brasileiro, a comparação a seguir será bastante útil. Dados de relatório elaborado pela Organização para a Cooperação e Desenvolvimento Econômico (OCDE) indicam que a percentagem média de empregos públicos dos países da OCDE sobre o total de empregos em 2021 era de 18,6%.[1] No Brasil, essa média é de 12,1% para o ano de 2022,[2] bem abaixo da média dos países da OCDE. Esse percentual tem persistido no mesmo patamar na última década e, desse modo, em termos comparativos, os dados não permitem falar em inchaço do setor público.

---

1. Disponível na p. 180 de: <file:///D:/Users/r3777810/OneDrive%20-%20Instituto%20de%20Pesquisa%20Econ%C3%B4mica%20Aplicada/Documentos/Sheila/3d5c5d31-en.pdf>.

2. Disponível em: <https://www.ipea.gov.br/atlasestado/consulta/255>.

Em cenário de crise fiscal, temas como redução de estruturas, avaliação de desempenho para efeito de desligamento de servidores, revisão de estruturas de carreiras, modos de contratação de mão de obra e supersalários no setor público comumente tomam o espaço do debate. No entanto, tudo isso é lamentavelmente abordado com uma visão estreita que considera apenas a redução dos custos como a solução para a crise, desconsiderando perspectivas de aperfeiçoamento e efetividade necessários ao processo de contínuo desenvolvimento. A seguir serão abordados alguns desses temas com o objetivo de contribuir para um realinhamento da rota do debate.

De tempos em tempos, e em geral em contextos de crise fiscal, o setor público é negativamente atingido, limitando suas possibilidades de verdadeira transformação no sentido de garantir serviços públicos de qualidade no atendimento a demandas da sociedade, considerando que a orientação para o aperfeiçoamento está em último plano no debate mais amplo.

Sobre essa orientação pautada pelo corte de gastos, tomemos como exemplo a recente proposta de reforma administrativa em tramitação no congresso, a qual enseja o debate mais recente. A PEC 32/2020 que, ao menos no discurso oficial, visa a modernização da administração pública e eficiência, sem qualquer surpresa aborda com mais destaque os regimes de contratação de mão de obra no setor público, a estabilidade e a avaliação de desempenho.[3]

A respeito da proposta de diversificação de regimes de contratação com o intuito de flexibilizar o arranjo da mão de obra,

---

3. Ver: <https://www.camara.leg.br/internet/agencia/infograficos-html5/reforma-administrativa2021/index.html>.

o que tem íntima relação com a estabilidade, destaca-se que em geral o termo "estabilidade" é propositalmente descolado do seu verdadeiro sujeito. A referida estabilidade em um olhar mais superficial para muitos refere-se à estabilidade do servidor conforme prevê a Constituição Federal em seu artigo 41. No entanto, cabe questionarmos o porquê dessa previsão, pois não se trata obviamente de um privilégio individual na Constituição Federal. Com um histórico de contratações de mão de obra de caráter patrimonialista e de exonerações ao sabor de interesses políticos, o dispositivo na verdade trata de manter a estabilidade do próprio serviço público.

Do mesmo modo, verifica-se a previsão constitucional do instituto da livre nomeação e exoneração,[4] diga-se de passagem, sem exigência de processo seletivo, embora limitado aos chamados cargos de confiança de chefia e assessoramento. Significa dizer que nos termos constitucionais foi estabelecida uma composição que visa equilíbrio entre cargos efetivos (estáveis) e cargos de livre nomeação e exoneração (de contratação flexível), pois ao passo que os chamados cargos de confiança propiciam o alinhamento a projetos de governo legitimamente eleitos, os cargos efetivos, os quais exigem impessoalidade na contratação via concursos públicos, visam a estabilidade do serviço público.

De acordo com Heady,[5] um clássico da literatura sobre administração pública comparada, a estabilidade administrativa traduzida como serviço público estável é um termo comum nas administrações públicas de países desenvolvidos, significa dizer,

---

4. Vide inciso II do artigo 37 da Consituição Federal de 1988.

5. Heady, Ferrel. *Public Administration, A comparative perspective*. 6. ed. Londres: Routledge, 2001.

essencial aos projetos de desenvolvimento em particular nos períodos de instabilidade política.

Evidências recentes corroboram a previsão da Constituição Federal de 1988 quanto à necessidade de dispositivo que assegure a estabilidade do serviço público, ou seja, a estabilidade administrativa. Os recentes tratamentos dados aos cargos de livre nomeação e exoneração são o exemplo mais contundente disso, pois nos dois sucessivos governos a partir de 2019, houve, respectivamente, tanto significativo volume de demissões sucessivas nos primeiros meses de governo quanto a demissão em massa com milhares de exonerações em único ato no segundo dia do mandato, em ambos os casos, orientadas pela busca de alinhamento político nos escalões superiores e intermediários do serviço público federal. Novamente, nenhuma surpresa aqui, dado que há previsão legal que o permita.

Tais evidências sinalizam que, quando a gestão do cargo público é disponível ao corpo político (como é o caso dos cargos de livre nomeação e exoneração), este o administra com outras urgências, não vinculadas a objetivos de eficiência e efetividade, embora seja observado o princípio da legalidade ao fazê-lo. Desse contexto deriva a necessidade ainda presente da referida previsão constitucional.

Assim, se numa perspectiva de gestão o foco é produzir mais flexibilidade na composição do serviço público, cabe, anteriormente a uma reforma administrativa nos termos da PEC 32/2020, promover reformas de caráter cultural e institucional que garantam que, em um possível cenário de contratações flexíveis, o corpo político não oriente a gestão da mão de obra primordialmente com o interesse de garantir alinhamento político, dado que a própria existência de um estamento burocrático distinto do corpo político sinaliza a necessidade de institucionalidade que propicie um microssistema de freios e contrapesos no interior do serviço público.

Nesse sentido, veja por exemplo o caso da Nova Zelândia, em que parte do serviço público, mesmo no que seria equivalente à administração direta brasileira, é composto também de cargos projetados para ter uma certa autonomia e independência em relação ao governo em exercício, com contratos que ultrapassam um único governo. Para isso, cultura e institucionalidades distintas são necessárias. Uma institucionalidade específica no caso da Nova Zelândia estabelece que a gestão de cargos e contratações no serviço público é gerida por um órgão independente com o intuito de afastar o excesso de interferência de caráter político e não gerencial.[6]

Embora essencial ao processo de desenvolvimento, como mencionado anteriormente, essa estabilidade é recorrentemente o centro do debate sob o argumento de que é o mal a impedir bons desempenhos no serviço público. Nesse ponto, a miopia é ainda maior, pois as propostas que circulam supõem que a avaliação de desempenho rigorosa para efeito de desligamentos possa, além de cortar gastos, estimular desempenhos.

A falha nessa linha de raciocínio é surpreendentemente simples e em um exercício de hipóteses é possível examiná-lo melhor. Para efeito de um corte de gastos significativo é necessário supor que o objetivo seria obter um considerável volume de desligamentos como resultado. Pois bem, supondo que sejam aplicadas avaliações

---

6. Barbosa, Sheila C. T. "Government Coalitions in Distinct Political Systems and the Executive Branch Structure: An exploratory case of comparative study". In: *E-Legis*, n. 37, 2022, pp. 38-57.

de desempenho que levem a um processo de desligamento mais massificado a fim de produzir tal resultado, surgem duas questões: 1) que mecanismos poderiam garantir a continuidade dos serviços nesse cenário, em particular, como se daria a reposição da mão de obra com esse objetivo, já que seria um processo mais massificado; e mais importante ainda, 2) supondo que haja uma reposição da mão de obra, ainda que de modo progressivo, como se espera que ela produza desempenhos diferentes no mesmo contexto de trabalho, dado que as propostas nesse sentido nada mencionam sobre isso.

É preciso compreender que desempenhos individuais são resultados de contexto e que o mais valioso numa avaliação de desempenho bem elaborada não é a mera conclusão sobre se há ou não um bom desempenho, mas sim o diagnóstico de por que esses desempenhos resultam piores ou melhores. É esse diagnóstico que propicia aperfeiçoamentos reais, pois permite verificar fatores contextuais como, por exemplo, se o perfil é adequado à tarefa, se há a capacitação necessária, se os recursos de trabalho como equipamentos e instalações são adequados e até mesmo se a chefia exercida é capaz de conduzir a bons resultados, além de tantos outros aspectos. São essas as informações que propiciam ajustes necessários em diferentes pontos do sistema de modo a produzir melhores desempenhos e evitar o elevado *turnover*.

Adicionalmente, ainda que tomado argumento em favor da iniciativa privada como referência, como foi o caso da reforma proposta nos anos 1990, para além dos limites de comparação em razão dos propósitos distintos entre os setores público e privado, cabe ressaltar que até mesmo no setor privado o *turnover* é indesejável.

As organizações do setor privado em geral investem em capacitar e reter a mão de obra, dado que o custo de formação de mão de obra é considerável e que o capital humano específico (capacitado em atividade) contribui para aumento de produtividade.[7] Significa dizer que mesmo no universo de contratações do setor privado a estabilidade é o objetivo organizacional.

Assim, pensar reformas que impactem positivamente sobre desempenhos individuais e gerais requer elaborar formas e institucionalidades de suporte a diagnósticos que propiciem a melhor gestão da mão de obra, sua recuperação, aperfeiçoamento e estabilidade, sem prejuízo de punições a reiterados desempenhos insuficientes após medidas de recuperação, ou mesmo de desligamentos, casos os quais devemos supor sejam minoria. Imaginar o contrário apenas reforça a premissa de falha generalizada no sistema (contexto do setor público), o que tornaria inócua a lógica de desligamentos para incentivar melhores desempenhos.

Como mencionado de início, temas de estrutura de carreiras e de supersalários, por sua vez, são também temas populares em tempos de crise fiscal. Sobre isso, novamente, um bom diagnóstico é esclarecedor e pode orientar melhores proposições. Considerando o instituto da segurança jurídica, tratar estrutura de carreiras requer pensar em medidas incrementais que possam ao final de um dado período produzir ajustes sustentáveis visando equidade e mobilidade da mão de obra, bem como sua atratividade para todos os setores do serviço público. Medidas que apenas visem a redução de faixas remuneratórias, em particular na entrada, possuem efeito limitado sobre o corte de gastos e reduzido

7. Cavalcante, Daniel Góes et al. "O impacto da queda na rotatividade sobre a produtividade do trabalho no Brasil". In: *Anais do XLIII Encontro Nacional de Economia (Proceedings of the 43rd Brazilian Economics Meeting)*, ANPEC — Associação Nacional dos Centros de Pós-graduação em Economia (Brazilian Association of Graduate Programs in Economics), 2016.

efeito na efetiva gestão da mão de obra, dado que os problemas de desigualdade e de engessamento que impedem um melhor aproveitamento da mão de obra persistem ao longo do tempo.

Quanto a supersalários é importante localizar sua ocorrência, para medidas corretamente endereçadas. De acordo com dados do *Atlas do Estado Brasileiro*, plataforma do Instituto de Pesquisa Econômica Aplicada (IPEA),[8] as maiores remunerações por poder e esfera estão no poder Judiciário nas esferas federal e estadual, seguido do poder Legislativo nas esferas federal e estadual. Em último lugar neste ranking estão os poderes Executivo federal e municipal, que apresentam respectivamente médias salariais em torno de 5 mil e 3 mil reais (dados de 2019)[9].

Por fim, vale salientar que reformas administrativas abruptas impostas de cima para baixo pelo sistema político e descoladas de análise de evidências tendem a produzir efeitos deletérios e de difícil reparação, ao passo que reformas incrementais mediadas pela interação entre os diferentes níveis da burocracia pública, atores políticos e atores da sociedade civil tendem a produzir melhores efeitos e mais duradouros. Tal é o caso das sucessivas inovações em gestão pública experimentadas aos longos das décadas recentes para lidar com a crescente pressão da demanda. Isso porque esse processo, complexo em suas interações, considera a pluralidade na determinação do interesse púbico e as diferentes perspectivas dos problemas.

8. IPEA, *Atlas do Estado Brasileiro*. Participação do emprego no setor público, no emprego total do país (2011 a 2022). Disponível em: <https://www.ipea.gov.br/atlasestado/consulta/255>. Acesso em: 12 jun. 2025.

9. Silveira, Leonardo. "A definição salarial no poder público brasileiro: diferencial e composição dos vínculos empregatícios nos poderes e nas esferas entre 2004 e 2019", 2023.

Reforma da administração pública: por onde começar?

RICARDO DE OLIVEIRA

30 de abril de 2024

A complexidade e a amplitude de uma reforma administrativa nos colocam um problema: por onde começar esse processo? É possível abordar todos os temas que impactam a prestação de serviços públicos, ao mesmo tempo, no Congresso Nacional ou devemos definir prioridades? Este artigo pretende contribuir com esse debate.

Uma reforma administrativa deve alterar as regras de gestão e controle do setor público no sentido de propiciar mais eficiência, transparência e qualidade na prestação de serviços à população. No entanto, para definir quais alterações devem ser feitas, é preciso ter um diagnóstico amplo dos problemas que impactam o alcance desses resultados e clareza quanto ao seu objetivo principal. Esse passo inicial é importante para subsidiar a formulação de propostas consistentes e a definição da estratégia política de condução da reforma.

Infelizmente, o debate atual, pautado pela PEC-32, enviada ao Congresso pelo governo anterior, não conseguiu consolidar um diagnóstico capaz de apontar claramente o objetivo central e as principais causas dos problemas enfrentados pela gestão pública na sua provisão de serviços. Isso se deve, sobretudo, à falta de uma boa análise do tema nessa proposta de emenda constitucional — e essa é a grande fragilidade da proposta enviada ao Congresso.

O objetivo principal da reforma administrativa deve ser reduzir as desigualdades no país, como, por exemplo, no acesso aos serviços de saúde e educação de qualidade e na distribuição de renda. Além disso, também deve ter como meta reduzir os alarmantes níveis de violência no país. A efetividade na prestação desses serviços é fundamental para fortalecer a coesão social, a confiança nas instituições governamentais e a motivação do servidor.

Por isso, a definição do objetivo da reforma deve partir da expectativa da população em relação à prestação dos serviços, e não em função da redução de gastos. Uma boa gestão pública deve primar pela eficiência do gasto, ou seja, qualquer que seja o volume de recursos disponíveis, ele tem que ser bem gasto, mas esse não deve ser o principal objetivo da reforma.

A prestação dos serviços públicos depende das regras de gestão (pessoal, compras, planejamento, organização, orçamento e finanças, entre outros), das regras de controle (Judiciário, Tribunais de Contas, Ministérios Públicos) e do ambiente político que envolve o setor público (clientelismo, corporativismo, participação da sociedade, fisiologismo, interesses institucionais dos órgãos públicos e, ainda, interesses econômicos). Essas regras orientam a prestação dos serviços públicos em todos os poderes e níveis de governo, e o ambiente político impõe algumas restrições ao seu desempenho.

O diagnóstico deve, portanto, avaliar as questões políticas e técnicas que impactam o desempenho da administração pública. Por exemplo: é possível avançar na profissionalização sem enfrentar o clientelismo? Como aumentar a eficiência sem questionar o corporativismo e as regras de controle? Como motivar milhões de servidores em todo o país? Qual é o impacto em qualidade, eficiência e equidade de serviços públicos, considerando-se os desníveis de capacidade de organização e gestão entre os órgãos públicos espalhados pelo país? Como incentivar a colaboração entre poderes independentes e níveis de governo?

Portanto, a reforma implica uma profunda mudança cultural no setor público e deve impactar nas práticas sociais do relacionamento da classe política com o Estado, na relação institucional entre os poderes e entre os níveis de governo e, também, na sua cultura de controle e gestão. Sendo assim, ela precisa ser entendida como um processo contínuo, com mudanças graduais sendo implementadas ao longo do tempo, como fruto de uma ampla interlocução com a sociedade, Congresso e, especialmente, com os servidores públicos, uma vez que eles deverão implementá-la. Todavia, o diagnóstico deve ter uma visão ampla dos desafios a serem enfrentados no longo prazo.

Como sugestão ao debate, por conta de sua complexidade e amplitude, penso que a reforma deveria priorizar três pontos em uma primeira etapa: a implantação da gestão por resultados; a criação de uma organização no Congresso Nacional para promover estudos e debates sobre a gestão pública de forma permanente; e a aprovação de alguns dos projetos que já estão tramitando no Legislativo.

O objetivo do modelo de gestão por resultados é alinhar o interesse da organização e dos seus servidores aos da população por meio da definição de resultados, metas e indicadores a serem alcançados pelas organizações públicas de acordo com as necessidades da população. Todas as informações devem ser publicizadas para o devido acompanhamento pela sociedade.

Um bom exemplo da transparência de informações acerca das políticas públicas e que incentivam a participação da sociedade na cobrança de resultados é o Indicador do Desenvolvimento da Educação Básica (Ideb). Os incentivos, financeiros ou não, definidos para a organização e seus servidores, deverão estimular o alcance dos resultados estabelecidos em um contrato de gestão entre a organização pública e o governo.

A criação de uma organização, no âmbito do Congresso Nacional, nos moldes da Instituição Fiscal Independente (IFI), é necessária, pois o processo de reforma administrativa demanda uma atenção permanente do poder Legislativo, uma vez que ele é de longo curso, envolve todos os poderes e níveis de governo e não pode sofrer interrupção de continuidade. A principal finalidade do órgão aqui proposto é gerar e organizar informações que orientem o debate parlamentar sobre os problemas e desafios das políticas públicas de gestão, tendo por objetivo aprimorar a qualidade do gasto, aqui entendido como o alcance da função social ao menor custo possível.

O último ponto da primeira fase da reforma administrativa é a aprovação de alguns dos projetos de lei — que já estão em tramitação —, como os que tratam do teto salarial e dos concursos públicos. Esses projetos podem propiciar, em curto prazo, algumas alterações necessárias para adequar a legislação ao interesse público.

A pandemia da covid-19 nos mostrou a importância da qualidade dos governos para a vida em sociedade, sobretudo para os mais pobres. Não podemos perder tempo.

Construindo um Estado democrático e efetivo: o neoweberianismo e a estabilidade ágil na tranformação da gestão pública brasileira

ALEXANDRE GOMIDE
FELIX LOPEZ
GABRIELA LOTTA
LUCIANA PAPI

O Estado brasileiro enfrenta, hoje, o desafio de equilibrar duas exigências fundamentais: de um lado, preservar a estabilidade institucional, o respeito à legalidade e os princípios que sustentam o Estado democrático de direito; de outro, responder com agilidade às demandas sociais e às transformações cada vez mais aceleradas do ambiente econômico, político e tecnológico. Para dar conta dessa tensão, recuperam-se os conceitos de estabilidade ágil[1] e Estado neoweberiano[2] como chaves interpretativas e orientadoras de um novo paradigma de gestão pública.

A ideia de estabilidade ágil combina dois vetores aparentemente contraditórios, mas que precisam conviver no setor público: a estabilidade institucional, garantida por burocracias profissionais, regras claras, planejamento de longo prazo e salvaguardas democráticas; e a agilidade, entendida como a capacidade do Estado

---

1. Kattel, R.; Drechsler, W.; Karo, E. *How to Make an Entrepreneurial State: Why innovation needs bureaucracy.* New Haven: Yale University Press, 2022.

2. Bouckaert, G. "The Neo-Weberian State: From ideal type model to reality?". In: W. Drechsler; S. Whimster (Orgs.). *Max Weber Studies Special Issue: The Neo-Weberian State*, v. 23.1, 2023.

de aprender, inovar, experimentar e adaptar-se rapidamente a novos desafios e oportunidades. Em vez de apostar em rupturas ou em modelos exclusivamente voltados à eficiência econômica, essa proposta busca articular continuidade e mudança por meio de arranjos organizacionais híbridos e capacidades estatais flexíveis, ancoradas em valores democrático-republicanos.

A tese central deste texto é que os conceitos de Estado neoweberiano (NWS) e estabilidade ágil, revistos à luz do contexto político-institucional brasileiro, podem oferecer uma alternativa promissora para a reconstrução das capacidades estatais no Brasil. O NWS permite a valorização da burocracia de mérito, o fortalecimento da capacidade administrativa e a articulação com mecanismos contemporâneos de governança, inovação e participação social. A estabilidade ágil, por sua vez, oferece a condição para que esse modelo se torne efetivo em contextos complexos e em constante transformação.

Reconhecendo as limitações políticas e institucionais do contexto brasileiro, o trabalho não propõe um modelo fechado ou prescritivo. Ao contrário, aposta em um caminho incremental de reformas orientadas por valores públicos, adaptadas à realidade nacional e apoiadas em experiências concretas que já vêm sendo implementadas, ainda que de forma fragmentada. O objetivo é contribuir para uma agenda de transformação do Estado capaz de combinar solidez institucional com a capacidade de enfrentar os desafios contemporâneos com inteligência, legitimidade e responsabilidade.

Estabilidade ágil e Estado neoweberiano

O conceito de estabilidade ágil[3] busca equilibrar a necessidade de dinamismo e adaptação das organizações burocráticas às mudanças tecnológicas e socioeconômicas, sem comprometer a previsibilidade e a estabilidade necessárias para implementar políticas e entregar serviços públicos. A estabilidade ágil emerge da tensão entre inovação e continuidade, um dilema central enfrentado pelo setor público. As instituições governamentais devem aprender e adaptar-se continuamente, mas preservar uma estrutura robusta capaz de executar políticas públicas de forma coerente ao longo do tempo.

Para compreender melhor como a estabilidade ágil funciona, é preciso diferenciar os conceitos de capacidades dinâmicas e de capacidades estatais. Estas referem-se aos elementos estruturais das organizações burocráticas, como recursos financeiros, tecnológicos e humanos qualificados, sendo um conceito mais estático, relacionado à continuidade das funções governamentais. As capacidades dinâmicas, por sua vez, envolvem a habilidade das organizações públicas de reconfigurarem, adaptarem e transformarem seus processos para responder a desafios emergentes. Em outros termos, é a capacidade de aprendizado organizacional, experimentação e inovação dentro do setor público. As capacidades estatais garantem estabilidade ao funcionamento do Estado. As capacidades dinâmicas permitem que o aparato administrativo do Estado evolua e se adapte em um ambiente de incerteza e mudanças rápidas.

A estabilidade ágil prevê estruturas organizacionais híbridas: unidades mais tradicionais que coexistem com espaços experi-

3. Kattel, R.; Drechsler, W.; Karo, E., op. cit.

mentais dedicados à inovação. Isso exige a combinação de capacidades estatais (manutenção de corpos burocráticos altamente qualificados com carreiras estáveis, além da adoção de mecanismos robustos de planejamento de longo prazo para garantir coerência nas políticas públicas) com habilidades de aprendizado e adaptação (criação de espaços para experimentação e aprendizado dentro das burocracias). A governança deve ser experimentalista, adotando ciclos iterativos de formulação e ajuste de políticas com base em evidências concretas e participação de múltiplos atores. Além disso, é fundamental equilibrar incentivos para inovação sem comprometer a *accountability*, garantindo que o setor público mantenha sua capacidade de prover serviços eficazes enquanto responde a desafios emergentes. Contudo, um desafio para implementar os princípios da estabilidade ágil no Brasil é a percepção sobre a legitimidade da experimentação estatal. Enquanto no setor privado a inovação é celebrada, no setor público, a experimentação frequentemente é vista como desperdício de recursos.[4] Isso se deve, em parte, ao discurso neoliberal que enfatiza a eficiência e a redução do papel do Estado, além dos rígidos mecanismos de controle, tornando mais difícil implementar estratégias que envolvam aprendizado organizacional e adaptação dinâmica. Essa resistência também se manifesta na dificuldade de equilibrar diferentes horizontes temporais. Políticos e gestores públicos frequentemente enfrentam pressões para gerar resultados de curto prazo, enquanto a construção de capacidades estatais e a implementação de inovações muitas vezes requerem um pensamento e investimentos de longo prazo.

---

4. Mazzucato, Mariana. *O Estado empreendedor: desmascarando o mito do setor público vs. setor privado*. Trad. de Elvira Serapicos. São Paulo: Portfolio-Penguin, 2014.

Além disso, a estabilidade ágil exige um modelo de governança que integre os setores público e privado de maneira complementar. Isso significa que as burocracias de inovação não devem simplesmente replicar modelos de gestão do setor privado, mas sim desenvolver um ecossistema de inovação que integre atores públicos, privados e da sociedade civil para promover soluções de longo prazo para desafios complexos.

Já o modelo do Estado neoweberiano[5] surge como uma resposta às limitações da Nova Gestão Pública (NGP) e às demandas contemporâneas por uma administração pública eficaz, democrática e resiliente. As crises globais do século XXI — como o colapso financeiro de 2008, o desastre de Fukushima em 2011 e, mais recentemente, a pandemia de covid-19 — tornaram evidente que apenas os mecanismos de mercado e redes, valorizados pela NGP e pela Nova Governança Pública (NGP), são insuficientes para lidar com problemas complexos e de alta imprevisibilidade. Diante disso, o NWS propõe o fortalecimento das capacidades estatais e da coordenação governamental como condição para garantir bem-estar, segurança e crescimento sustentado.

Inspirado no tipo ideal weberiano de burocracia, o NWS reafirma os princípios do Estado de direito, da legalidade e da burocracia profissional como pilares de uma administração pública robusta. No entanto, atualiza essa base com práticas contemporâneas de gestão, como a transparência, a participação social e a orientação para resultados. O NWS apresenta-se como um modelo síntese que combina elementos da burocra-

---

5. Bouckaert, G., op. cit.; Pollitt, C.; Bouckaert, G. *Public Management Reform: A comparative analysis — into the Age of Austerity*. 4. ed. Oxford: Oxford University Press, 2017.

cia tradicional e ferramentas "positivas" dos demais modelos de gestão, como a participação, a transparência e a busca por desempenho. Para tanto propõe integrar mecanismos de hierarquia, mercados e redes.

Assim, o NWS não propõe um retorno à burocracia rígida, mas sim um Estado que conduz mercados e redes a partir de valores democráticos e inclusivos.[6] A hierarquia, nesse contexto, não é entendida como imposição autoritária, mas como uma estrutura de liderança pública adaptativa, capaz de mobilizar recursos, articular parcerias e garantir a entrega de políticas públicas de maneira legítima e eficaz. A democracia, nesse modelo, não é apenas o pano de fundo, mas a força orientadora do processo decisório e de formulação de políticas.

Uma das inovações do NWS em relação aos modelos anteriores está na forma como concebe desempenho. Em vez de focar apenas no cumprimento de metas quantificáveis, o desempenho é entendido como a capacidade de gerar impacto social positivo, a partir de políticas públicas que melhoram a vida das pessoas. Isso exige novos métodos de avaliação. A participação social, nesse sentido, não é um adorno, mas um componente essencial da legitimidade e da efetividade do Estado.

Outro ponto central do modelo é a revalorização do *ethos* diferenciado e próprio do serviço público, distinto daquele prevalente no setor privado. O NWS concebe os servidores públicos como guardiões do Estado democrático e das instituições, incentivando uma atuação que combina respeito às normas com sensibilidade ao contexto, diálogo com diferentes atores e abertura à inovação.

6. Bouckaert, G., op. cit.

Em síntese, a estabilidade ágil e o modelo do NWS se complementam ao propor uma administração pública que concilie solidez institucional com capacidade de experimentação e adaptação.[7] Enquanto a estabilidade ágil fornece as bases para integrar continuidade e inovação, o NWS oferece uma arquitetura normativa que articula hierarquia, mercado e redes com foco em entregas e valores democráticos.

Aplicação do NWS e da estabilidade ágil na administração pública brasileira

Há cinco dimensões centrais na construção de capacidades estatais compatíveis com o modelo do NWS e com o conceito de estabilidade ágil: organizações e experimentação, recrutamento, cargos de direção, controle e inovação, e *ethos* público. Cada um desses eixos representa uma dimensão crítica em que se manifesta, na prática, a tensão entre estabilidade e agilidade: a necessidade de preservar estruturas administrativas previsíveis e profissionais, ao mesmo tempo que se introduzem mecanismos de aprendizado, adaptação e inovação contínua. Ao abordar desde o desenho institucional até os valores que orientam a ação dos agentes públicos, os eixos propostos buscam integrar elementos clássicos da burocracia profissional com práticas contemporâneas de governança responsiva e experimentalista.

---

7. Gomide, A.; Lotta, G. "Building Resilience, Agility, and Trust: The Neo-weberian State as a referential model for Brazilian public administration". In: *Journal of Policy Studies*, v. 39, n. 3, 2024, pp. 45-55. Disponível em: <https://doi.org/10.52372/jps39304>.

Organizações, adaptabilidade e experimentação

A adoção da estabilidade ágil na administração pública brasileira requer uma reorganização institucional que preserve a previsibilidade e a segurança jurídica sem abrir mão da capacidade de inovação e adaptação. A estrutura administrativa vigente, em grande parte baseada no Decreto-Lei nº 200/1967, já não responde de forma adequada às complexidades contemporâneas. A Constituição de 1988, ao uniformizar o tratamento jurídico das autarquias e fundações, reduziu a autonomia dessas entidades, aproximando-as da rigidez da administração direta. A Emenda Constitucional nº 19, por sua vez, introduziu novos formatos organizacionais, como as organizações sociais e agências executivas, priorizando a flexibilidade, mas muitas vezes enfraquecendo a estabilidade institucional e as capacidades estatais de longo prazo.

O Estado brasileiro atual possui grande fragmentação organizacional, decorrente da proliferação de entidades com desenhos institucionais variados, frequentemente criados sem coerência sistêmica. Isso gera ineficiências administrativas, eleva custos de transação e dificulta a coordenação entre os órgãos públicos. A ausência de um modelo claro de organização leva a um desequilíbrio entre inovação e estabilidade, dificultando a implementação de políticas públicas estratégicas.

Nesse cenário, devem-se repensar os arranjos organizacionais à luz do conceito de estabilidade ágil. Isso significa criar estruturas híbridas, mas com coerência sistêmica, que combinem áreas responsáveis pela manutenção institucional com espaços dedicados à inovação, à experimentação e ao aprendizado ou diferentes tipos organizacionais, com organizações estáveis e previsíveis (do tipo "camelo"), focadas em entrega de resultados (do tipo "leão") e experimentalistas (do tipo "criança).[8] A administração pública precisa ser capaz de operar com flexibilidade, sem comprometer sua capacidade de planejamento, regulação e prestação de serviços. Para isso, deve ser orientada por objetivos estratégicos de longo prazo, capazes de articular atores diversos em torno de soluções para desafios públicos complexos. A governança deve promover coesão institucional, garantir capacidade adaptativa e estimular ciclos contínuos de avaliação e aprimoramento, ancorados em evidências e orientados ao interesse coletivo.

Recrutamento e contratação

A burocracia neoweberiana depende de um sistema de recrutamento capaz de selecionar profissionais tecnicamente competentes e vocacionados para o serviço público. O recrutamento é uma dimensão estratégica da construção das capacidades estatais, pois define não apenas quem ingressa no Estado, mas também os valores e competências que estruturam a burocracia. No entanto, os atuais modelos de seleção, centrados em provas teóricas altamente conteudistas, não avaliam habilidades práticas, sensibilidade ética ou capacidade de resolução de problemas complexos em contextos reais. Isso resulta em quadros desmotivados ou desalinhados com as necessidades reais da gestão pública.

A ausência de planejamento na reposição de servidores compromete a continuidade administrativa, especialmente em áreas

8. Kattel, R.; Mazzucato, M. "Mission-oriented Innovation Policy and Dynamic Capabilities in the Puclic Sector". In: *Industrial and Corporate Change*, v. 27, n. 5, 2018, pp. 787-801. Disponível em: <https://doi.org/10.1093/icc/dty034>.

estratégicas. A fragmentação de cargos e carreiras, somada à ampliação de contratações temporárias e celetistas, intensifica a precarização do serviço público e dificulta a formação de um corpo estável e profissional. É necessário estabelecer critérios objetivos e transparentes para a definição dos regimes de contratação — estatutário, celetista ou temporário — com base nas exigências específicas de cada função. Funções que demandam continuidade, imparcialidade e responsabilidade institucional devem contar com vínculos estáveis; já aquelas de natureza transitória ou de apoio podem admitir maior flexibilidade. A adoção indiscriminada de vínculos flexíveis, sem justificativa técnica consistente e baseada apenas em argumentos fiscalistas, compromete o profissionalismo, enfraquece a capacidade institucional do Estado e aumenta sua vulnerabilidade a interferências político-partidárias.

Nesse sentido, é necessário repensar os concursos públicos, incorporando metodologias mais inovadoras, como avaliação por competências, estudos de caso e provas interdisciplinares. O Concurso Nacional Unificado (CNU) é um passo importante para esse redesenho. No entanto, sua eficácia dependerá da vinculação com uma estratégia nacional de planejamento da força de trabalho. O recrutamento e desenvolvimento de competências deve estar inserido em uma política de gestão de pessoas de longo prazo, que articule seleção, capacitação, avaliação e valorização profissional, com foco na missão pública e na responsividade estatal.

Cargos de direção

A consolidação de um modelo neoweberiano de Estado passa pela qualificação da ocupação dos cargos de direção, com base em critérios que combinem legitimidade política, capacidade de liderança e compromisso com o interesse público. A profissionalização da alta e média gestão pública é essencial para garantir que as decisões administrativas sejam tomadas de forma técnica, democrática e orientada para resultados. No modelo do NWS, o gestor público não é apenas um executor de normas, mas um agente que interpreta, adapta e implementa políticas com sensibilidade ao contexto, dialogando com múltiplos atores e promovendo inovações dentro do aparato estatal.

Nesse sentido, é necessário redefinir os critérios de seleção e formação de lideranças públicas. O perfil ideal deve integrar competências técnicas — como conhecimento legal, domínio do setor de atuação e uso de dados —, competências políticas — como capacidade de negociação e articulação com diferentes níveis de governo — e competências relacionais — como escuta ativa, empatia e comunicação. O objetivo é construir uma burocracia dirigente capaz de liderar processos, coordenar equipes, tomar decisões estratégicas e gerar confiança social por meio da qualidade das entregas públicas.

Para tanto, é fundamental estruturar políticas de formação contínua, planos de carreira e incentivos institucionais que valorizem a inovação, a integridade e a entrega de resultados. A ocupação dos cargos comissionados deve se basear em critérios transparentes, com sistemas de responsabilização e *accountability*, além de "blindá-los" dos efeitos da instabilidade e da fragmentação do sistema partidário brasileiro, efeitos que são deletérios para quaisquer capacidades de planejamento que se queira fortalecer. Isso não significa eliminar a dimensão política da administração, mas estabelecer um equilíbrio funcional entre nomeações discricionárias e profissionais de carreira. O fortalecimento da gestão pública exige lideranças capacitadas, éticas e comprometidas, que atuem como pontes entre a estabilidade das instituições e a agilidade necessária para responder aos desafios da sociedade contemporânea.

Controle e inovação

A construção de um Estado responsivo e inovador exige o redesenho dos sistemas de controle, de modo que eles passem a atuar como promotores do aprendizado e da confiança institucional, e não apenas como instâncias de punição. No Brasil, a tradição legalista e procedimental dos órgãos de controle, aliada ao fortalecimento recente de suas capacidades técnicas, resultou em uma assimetria em relação ao Executivo. Essa disparidade gera o chamado "apagão das canetas", situação em que gestores evitam tomar decisões por medo de sanções, mesmo quando essas decisões são necessárias e legítimas.[9]

Essa cultura de risco zero, combinada com interpretações rigorosas e muitas vezes divergentes por parte dos órgãos de controle, compromete a inovação e a experimentação na gestão pública. Estudos recentes mostram que o medo do controle reduz a proatividade dos servidores e aumenta sintomas de *burnout*, afetando diretamente a capacidade estatal de produzir soluções criativas e adaptativas.

Para superar essa disfunção, é necessário avançar em uma agenda de reforma dos sistemas de controle, com foco na pre-

9. Lotta, G.; Monteiro, V. *Fenômeno do apagão das canetas*. Fundação Tide Setubal, 2024.

venção, no diálogo e na indução de boas práticas. O modelo de estabilidade ágil requer mecanismos de controle que orientem e capacitem, em vez de apenas sancionar. Isso envolve o desenvolvimento de diretrizes claras, espaços institucionais de mediação, capacitação dos gestores sobre os parâmetros de controle e mecanismos estruturados de *feedback* entre controladores e executores. Um controle orientado à aprendizagem favorece a inovação, fortalece a confiança dos gestores e amplia a legitimidade das decisões administrativas. Em vez de antagonismo, é preciso promover uma cultura de colaboração entre controle e gestão, baseada na transparência, na responsabilidade compartilhada e no compromisso com a melhoria contínua das políticas públicas.

Ethos democratico-republicano

A construção de uma administração pública sólida, eficaz e democrática depende do fortalecimento de um *ethos* burocrático orientado por valores republicanos e compromissado com o interesse público. No modelo neoweberiano, os servidores públicos não são meros cumpridores de regras, mas agentes responsáveis pela defesa do Estado de direito, pela universalização do acesso a direitos e pela garantia da imparcialidade e da legalidade na aplicação das políticas públicas.

Esse *ethos* envolve a adoção de uma ética profissional baseada em responsabilidade institucional, transparência, integridade e compromisso com os resultados. Ao contrário da visão reducionista que retrata os burocratas como maximizadores de interesses pessoais, o NWS resgata a vocação pública como traço distintivo da atuação no setor estatal. Essa motivação é fundamental para resistir a pressões políticas indevidas e proteger o Estado contra a captura por interesses particulares.

Para consolidar esse *ethos*, é preciso criar condições institucionais que favoreçam sua expressão. Isso inclui processos de recrutamento que identifiquem vocação pública, programas de formação ética e de capacitação permanente, e uma cultura organizacional que valorize a missão pública, o trabalho colaborativo e a busca por resultados socialmente relevantes. Também é necessário instituir mecanismos de avaliação que levem em conta não apenas a eficiência quantitativa, mas a qualidade das decisões, o impacto social das ações e o respeito aos princípios democráticos. A administração pública deve cultivar um espírito de serviço e reforçar continuamente a identidade profissional dos servidores como guardiões das instituições republicanas. Com isso, será possível avançar na construção de um Estado mais íntegro, confiável e legítimo, que responda de forma eficaz e ética às demandas da sociedade brasileira.

Considerações finais

A aplicação dos conceitos aqui discutidos sugere que a transformação da administração pública brasileira deve conciliar estabilidade institucional com capacidade de adaptação, aprendizado e inovação, sem abrir mão de pilares como legalidade, impessoalidade e previsibilidade. Adotar esses princípios pode tornar a gestão pública mais eficiente, eficaz e socialmente legítima, especialmente em um contexto de desconfiança nas instituições e descrédito democrático.

Como toda proposta conceitual, este trabalho apresenta limitações. A adaptação das ideias ao contexto brasileiro enfrenta barreiras jurídicas, políticas e culturais relevantes. Para avançar, será necessário aprofundar o debate sobre sua viabilidade política e desenvolver instrumentos institucionais que permitam sua implementação sem comprometer os fundamentos do Estado democrático de direito. Há condições propícias para avançar nessa direção. A existência de uma burocracia técnica relativamente qualificada em alguns setores, a crescente digitalização dos serviços públicos e o surgimento de experiências de inovação na gestão pública indicam ilhas de estabilidade e capacidade adaptativa. Esses pontos de apoio podem ser mobilizados para implementar gradualmente os princípios aqui defendidos, desde que sejam desenvolvidos instrumentos institucionais que permitam sua implementação sem comprometer os fundamentos do Estado democrático de direito.

TRANSPARÊNCIA DE DADOS E GOVERNO DIGITAL

Apresentação

GUILHERME ALBERTO ALMEIDA DE ALMEIDA

Inovação no setor público, paradoxalmente, não é algo novo. Com alguma frequência ao longo dos anos, e sob diferentes nomenclaturas, conversas sobre transformação do Estado — ou reforma, ou modernização, ou reconstrução, ou nova gestão, ou inovação, ou... — pautam o debate público sobre como as organizações públicas devem se estruturar, funcionar e atuar com o objetivo de cumprir suas missões institucionais. Felizmente, e apesar de idas e vindas, essa jornada tem muito de incremental, e alguns consensos vão sendo consolidados ao longo dos tempos.

Um desses consensos inescapáveis — embora nem sempre de fácil implementação — diz respeito ao uso de tecnologias para a gestão como mecanismo para aumento da eficiência e efetividade. Essa linha traz em si vários dilemas — como aqueles entre centralização e descentralização, definição de padrões comuns para interoperabilidade, respeito e proteção à privacidade e aos dados pessoais, cruzamento de informações para aumento da eficácia na implementação de políticas, dentre outros tantos. Traz também várias oportunidades, como o redesenho e a automação de processos, diminuindo esforços e custos; a validação automática de informações, aumentando segurança e celeridade; e o aumento da transparência pela disponibilização de dados e informações públicas.

Outro desses consensos diz respeito ao uso de evidências na gestão pública, por exemplo, para o desenvolvimento de políticas públicas baseadas em evidências — ou ao menos informadas ou cientes de tais evidências. Parece natural o estabelecimento de uma relação lógica na formulação e implementação de políticas públicas, e que os números, dados, fatos, conhecimentos científicos, situações de contexto sejam levados em consideração não apenas para o diagnóstico da situação atual, mas também para o desenho das soluções voltadas ao enfrentamento dos problemas identificados. O mínimo que se espera de governos é que busquem trabalhar para apoiar na resolução de problemas estruturais da sociedade — e que façam isso com base em dados da realidade (e não em meras impressões) e com as evidências científicas disponíveis (e não apenas guiados por convicções).

Um terceiro consenso, ao menos entre mentes democráticas, diz respeito a princípios de governo aberto — que incluem não apenas transparência pública, mas também participação social, integridade e colaboração. Ter a transparência pública como regra — e o sigilo, como exceção — é uma das diretrizes na gestão pública brasileira, desde a promulgação da Lei de Acesso à Informação, em 2011. Estabelecer novas formas de participação social, inclusive a cocriação com cidadãs e cidadãos e a participação ativa em processos de formulação, deliberação e implementação de políticas públicas é também uma abordagem que qualifica, aumenta a legitimidade e fortalece políticas públicas que a adotam.

Esses grandes temas norteiam o bloco "Transparência de dados e governo digital", neste segundo volume do *República em notas*, com vários dos artigos retratando a aplicação desses consensos (e os desafios a eles correspondentes). Alguns dos artigos demonstram como a transformação digital pode ser aplicada a práticas e atividades de gestão de pessoas, seja por meio de plataformas específicas cocriadas com os usuários (como no caso do Sou.gov), seja pela utilização de dados e evidências científicas como amadurecimento natural das práticas de gestão de pessoas no serviço público, fornecendo insumos para uma gestão estratégica que leve em consideração não só o uso de dados, mas também o desenvolvimento de capacidades, o alinhamento com visões estratégicas e a qualidade de vida das pessoas, por meio do chamado *People Analytics*. Boas experiências e boas práticas internacionais podem ser aplicadas, desde que devidamente adaptadas e contextualizadas às realidades locais, contribuindo para a evolução do tema e para a qualificação da gestão pública.

Por outro lado, alguns dos artigos demonstram que, apesar dos significativos esforços e dos variados resultados obtidos nas últimas décadas, ainda há muito o que fazer. Transparência e outros elementos de governo aberto são cada vez mais pilares de governos democráticos, e configuram-se cada vez mais como elementos necessários para uma gestão de qualidade, com participação e controle social. No entanto, se há consensos sobre sua importância, sua plena adesão ainda enfrenta uma série de desafios — em particular com relação ao desenvolvimento de capacidades estatais para essas finalidades. Também subsistem lacunas e pontos de atenção nas interfaces entre essas diferentes tendências. Tais desafios podem estar tanto nas interfaces entre tecnologia e transparência, seja por dilemas na interpretação de potenciais conflitos normativos entre a legislação de proteção de dados pessoais e a legislação de acesso à informação, seja no provimento de dados de forma estruturada, completa, transparente e compreensível para a população em geral.

De modo geral, os artigos trazem esperança (de ver que muito pode ser feito e vem, efetivamente, sendo implementado), mas são, também, um chamado para a ação, pela constatação de que o processo de desenvolvimento de capacidades estatais é um processo continuado — e imprescindível — para qualificar a gestão pública e reduzir as variadas desigualdades ainda existentes no âmbito do serviço público e da gestão pública. Um governo aberto, transparente, digital, participativo e baseado em evidências é certamente um governo que entende e atende às necessidades das pessoas e do país.

Boa leitura!

Governança de dados é caminho para melhorar gestão de pessoas no serviço público e entregas à população

EUCIANA AMANDA DE AZEVEDO FERREIRA
JOÃO PAULO MOTA

24 de setembro de 2024

Governos em geral e ao redor do mundo são conhecidos por serem detentores e produtores de dados dos mais diversos tipos. Entretanto, são pobres em informação. Coletam e armazenam diversos dados, um "material bruto", mas não os transformam em informação, ou seja, não os analisam para extrair evidências que sejam úteis. E, quando falamos de análise, tratamento, disponibilização e uso efetivo dessas informações no processo decisório, ainda há um longo caminho a ser percorrido.

No contexto das organizações públicas, o uso de dados é essencial para a formulação de políticas públicas mais efetivas e para a geração de valor público. Nos últimos anos, houve avanços significativos no Brasil, como o aumento do letramento em dados e a adoção de práticas sofisticadas de análise de dados (*data analytics*). No entanto, essas práticas ainda não são amplamente utilizadas e estão ainda mais longe de serem institucionalizadas nas estruturas e processos decisórios das organizações públicas.

Quando o foco é o uso de dados na gestão de pessoas no setor público brasileiro, a realidade é mais desafiadora. Há uma escassez significativa de dados sobre quem são as pessoas que compõem o Estado. Nos departamentos de pessoal de governos, as atividades muitas vezes são focadas na folha de pagamento, e as pessoas são frequentemente reduzidas a um número de matrícula. Conhecemos pouco sobre as características desses indivíduos, suas necessidades e como podem cada vez mais contribuir com a geração de valor público.

Embora o Governo Federal tenha feito progressos nesse campo, há uma necessidade urgente de expansão desses esforços nos níveis estadual e municipal. É fundamental avançar para uma compreensão mais profunda e multidimensional dos indivíduos que compõem a administração pública, pois são essas pessoas que têm o maior potencial de gerar resultados que de fato impactem positivamente a vida dos cidadãos.

Precisamos ir além da visão unidimensional e adotar uma abordagem pluridimensional que nos permita entender quem são essas pessoas, como são, em que condições se encontram, quais são suas necessidades, aspirações e contribuições. Ter evidências sobre essas questões é fundamental para a gestão efetiva e estratégica de pessoas no setor público.

Exemplos de dados que podem ser coletados, analisados e utilizados para a tomada de decisão sobre a gestão de pessoas nas organizações públicas são informações sobre o perfil dos servidores, lideranças e demais colaboradores públicos, tais como formação acadêmica, competências profissionais, forma de ingresso no cargo (concurso público, pré-seleção ou livre nomeação) e dados sociodemográficos (idade, raça, etnia, identidade de gênero, orientação sexual e deficiência).

Atrelados a outras informações da gestão de pessoas, tais como o perfil da vaga ocupada, tamanho da forma de trabalho, planos de desenvolvimento, programas de reconhecimento, avaliações de desempenho, orçamento e despesa com pessoal, pesquisas de satisfação, clima e cultura organizacional, registros de aposentadoria e mudanças de carreira, e detalhes sobre cargos de confiança, cargos temporários e cargos em extinção, podem trazer análises e conclusões significativas para a criação de uma agenda de melhorias da gestão de pessoas nas organizações públicas e a melhoria da tomada de decisão sobre pessoal.

Precisamos compreender lideranças, equipes de trabalho, servidores comissionados e efetivos e reconhecer suas particularidades. Somente assim poderemos desenvolver políticas de gestão de pessoas que sejam verdadeiramente orientadas para as necessidades e o desenvolvimento dessas pessoas, permitindo que elas, por sua vez, gerem resultados que impactem positivamente a sociedade brasileira.

Além disso, pautando-se pelo princípio da publicidade, as organizações públicas devem ser transparentes e disponibilizar os dados aos diversos grupos que compõem a sociedade para que possam conhecer os servidores que atuam na realização das mais diversas atividades públicas e contribuir com o debate em prol de melhorias na gestão desses servidores. Esses dados também podem ser utilizados para a geração de estudos e avanços na área de gestão de pessoas.

Para uma transição da visão unidimensional para a pluridimensional do uso estratégico de dados na gestão de pessoas no setor público, é imprescindível a implementação de uma robusta estrutura de governança de dados. Há diversas boas práticas disponíveis, como o DAMA (Data Management Association), entre outros *frameworks* internacionais de referência.

O que é e para que serve a governança de dados

A governança de dados é o conjunto de práticas de uma organização, expressas por meio de processos, normas, políticas e estruturas para organizar o uso e fazer o controle adequado dos dados que possui. É a governança que garante qualidade, segurança e gestão eficiente dos dados. Trata-se de planejamento, monitoramento e verificação do uso de dados nas organizações.[1]

Por meio dela, é possível definir papéis, procedimentos, mecanismos e operações apropriados para que se obtenham dados confiáveis e para que se gere segurança, tanto para os titulares de dados pessoais quanto para a organização. As práticas definidas auxiliam na minimização de consequências adversas advindas do uso de dados e auxilia a obter clareza sobre a responsabilidade e responsabilização pela proteção e pelo uso de dados.[2]

Ao lidar com dados, as organizações devem definir uma estrutura de governança que atue em avaliar o uso atual de dados e as possibilidades de usos futuros, atue em elaborar e implementar estratégias e políticas que atendam aos objetivos das organizações e as obrigações externas existentes, e atue, também, em observar a conformidade da organização com as políticas internas e obrigações externas, assim como o desempenho do uso de dados com relação aos objetivos organizacionais.

Essa governança deve estar presente em todas as atividades em que a organização lida com dados: coleta, armazenamento, tratamento, análise, geração de produtos de dados, divulgação

1. International, DAMA. *DAMA-DMBOK: Data Management Body of Knowledge*. 2. ed. Technics publications, 2017.

2. ABNT NBR ISO/IEC 38505-1:2020.

e uso para a tomada de decisão e descarte desses dados. E pode contar também com mecanismos de supervisão, tais como comitês e auditorias, para auxiliar na garantia do cumprimento das normas e recomendações definidas. Nesse contexto, é imprescindível que todos os atores envolvidos com dados, principalmente os envolvidos nos mecanismos de supervisão, conheçam claramente a importância dos dados para a organização, os usos que eles têm interna e externamente e a qual tipo de restrições e limites legais estão associados.

Por meio de uma boa governança de dados, as organizações públicas estarão mais bem preparadas para utilizar dados de maneira estratégica na gestão de pessoas, com segurança para todos os envolvidos e a possibilidade de que as decisões sobre pessoal sejam mais assertivas ao se basearem em evidências.

No entanto, a governança de dados é apenas o primeiro passo. Para que seja possível fazer o uso de dados para uma gestão estratégica de pessoas, é necessário possuir dados disponíveis, o que envolve coletas e análise dessas informações para geração de *insights* relevantes à tomada de decisão sobre pessoal. Para isso, identificar os possíveis usos desses dados na organização e a necessidade de informação dos principais atores que os utilizarão é algo importante, que deve ser realizado. Por meio do uso dos dados e informações geradas, decisões sobre pessoal podem ser tomadas com base em evidências e agendas de melhoria podem ser estruturadas para aprimorar cada vez mais a gestão de pessoas e os serviços prestados pelas organizações públicas.

Também é necessário que se atente aos demais aspectos que impactam essa utilização de dados: todo o trabalho realizado precisa estar de acordo com a legislação vigente, principalmente a Lei Geral de Proteção de Dados Pessoais (LGPD); os servidores que irão trabalhar na coleta, análise e disponibilização desses dados precisam possuir as ferramentas e as competências necessárias, o que pode significar a necessidade de possuir recursos disponíveis e a realização de capacitações.

Para avançarmos nessa direção, o compromisso político definitivo se torna a base, junto ao envolvimento das equipes técnicas e a definição e uma governança de dados sólida. Assim, avança-se na construção de organizações públicas que podem implementar novas estratégias de gestão de pessoas com base em dados e evidências. É o único caminho para podermos gerir melhor as pessoas, criar políticas de gestão de pessoas mais efetivas e, consequentemente, gerar um impacto positivo para as pessoas que compõem a sociedade de nosso país.

Referências internacionais para a transparência na gestão de pessoas

EMMANUEL GONÇALVES E SILVA
EUCIANA AMANDA DE AZEVEDO FERREIRA
JOÃO PAULO MOTA

21 de janeiro de 2025

Em um mundo cada vez mais conectado e informado, a transparência aplicada à gestão de pessoas se torna um diferencial estratégico para as organizações públicas. A capacidade de compartilhar dados de maneira clara e acessível não apenas fortalece a confiança entre líderes e colaboradores, mas também proporciona uma base sólida para decisões mais informadas e efetivas. O conceito de transparência vai além do cumprimento de normas: trata-se da criação de uma cultura de abertura e responsabilidade que promove a inovação, o desempenho, o desenvolvimento, a diversidade e o engajamento no local de trabalho.

A transparência na gestão pública refere-se à abertura e à acessibilidade das informações governamentais à população, permitindo que os cidadãos acompanhem e avaliem o contexto interno e as ações do Estado.[1] Essa prática é fundamental para a construção de uma administração pública confiável, eficiente

1. Possamai, Ana Júlia; De Souza, Vitoria Gonzatti. "Transparência e dados abertos governamentais: possibilidades e desafios a partir da lei de acesso à informação". In: *Administração Pública e Gestão Social*, 2020; Zuccolotto, Robson; Teixeira, Marco Antonio Carvalho. *Transparência: aspectos conceituais e avanços no contexto brasileiro*. Escola Nacional de Administração Pública (ENAP), 2019.

e responsiva às demandas da sociedade. A transparência ganha ainda mais relevância no âmbito da gestão de pessoas no setor público, pois impacta diretamente a confiança da população nas instituições e a eficiência dos serviços prestados.[2]

A disponibilização de informações claras e acessíveis sobre o quadro de servidores, como remuneração, cargos, desempenho e qualificações, contribui para:

- o aumento da responsabilização dos gestores públicos, uma vez que a população pode acompanhar a gestão das pessoas e identificar possíveis desvios;
- a promoção da justiça e da igualdade de oportunidades, garantindo que os processos de seleção, promoção e desenvolvimento profissional sejam acessíveis a todos os cidadãos;
- a gestão de pessoas também se torna mais estratégica, pois a análise dos dados do quadro de servidores permite identificar necessidades de capacitação, otimizar a alocação de pessoal e desenvolver políticas públicas com mais valor público.

Iniciativas de diversos países ao redor do mundo demonstram os impactos positivos da transparência ativa em governos. A transparência ativa refere-se à divulgação proativa de informações, sem a necessidade de solicitação prévia, em contraste com a transparência passiva, que responde a pedidos específicos de informação.[3] Nesse contexto, a Open Government Partner-

---

2. Cho, Wonhyuk; Choi, Seeyoung; Choi, Hemin. "Human Resources Analytics for Public Personnel Management: Concepts, cases, and caveats". In: *Administrative Sciences*, v. 13, n. 2, 2023, p. 41.

3. Samaha, Khaled; Dahawy, Khaled. "Factors Influencing Corporate Disclosure Transparency in the Active Share Trading Firms: An explanatory

ship (OGP) é uma iniciativa multilateral que incentiva a adoção de práticas de governo aberto, incluindo a transparência na gestão pública.

A OGP, fundada em 2011 por oito países, incluindo o Brasil, conta atualmente com a participação de 77 países e 150 instituições locais.[4] A iniciativa tem por objetivo fortalecer a governança democrática por meio do uso de tecnologias da informação e comunicação. Os países participantes se comprometem a elaborar e implementar Planos de Ação Nacionais, com metas e indicadores específicos para promover o governo aberto em áreas como transparência, prestação de contas e a participação cidadã na gestão pública.[5] No entanto, a efetiva implementação da transparência na gestão de pessoas no Brasil ainda enfrenta desafios, como a resistência cultural à transparência, a falta da governança de dados e a adoção de ferramentas adequadas para a disponibilização dessas informações.[6]

Aliada ao uso de dados na tomada de decisões, a transparência fortalece a administração pública ao torná-la mais efetiva, justa e confiável. No âmbito da gestão de pessoas, a transparência em processos como atração e seleção, gestão do desempenho, desenvolvimento, promoção e remuneração tem um papel fundamental. A divulgação de informações sobre cargos, critérios de

---

study". In: *Research in Accounting in Emerging Economies*. Leeds: Emerald Group Publishing, 2010, pp. 87-118.

4. Fonte: <https://www.opengovpartnership.org/about/>.

5. Tavares, António F.; Camões, Pedro J.; Martins, João. "Joining the Open Government Partnership Initiative: An empirical analysis of diffusion effects". In: *Government Information Quarterly*, v. 40, n. 2, 2023.

6. Moreira, Jessika et al. "Experiência de cocriação de um guia referencial de transparência e uso de dados de gestão de pessoas no setor público", 2024.

seleção e perfis da força de trabalho atrai colaboradores qualificados e permite identificar desigualdades sociais. Critérios claros de avaliação e promoção garantem justiça e combatem favoritismos e discriminações, enquanto a publicação de dados sobre pessoas (salários, benefícios, gênero, cor etc.) assegura isonomia e promove equidade.[7]

Nesse contexto, diversas experiências internacionais se destacam ao oferecer exemplos práticos de como a transparência pode ser implementada de maneira adequada na gestão de pessoas. A seguir, detalham-se as principais experiências para que possam ser utilizadas como *benchmarks*. São fontes relevantes de inspiração, que trazem boas práticas, já testadas e reconhecidas em diferentes partes do mundo. Tais experiências, validadas como exitosas, fornecem *insights* valiosos para gestores públicos que buscam inovação e melhorias em suas práticas.

No entanto, é essencial reconhecer que cada organização possui peculiaridades, idiossincrasias e desafios específicos que demandam uma adaptação cuidadosa dessas práticas à sua própria realidade. Assim, customizar os elementos-chave dessas experiências para que possam ser aplicados em outros contextos é essencial. Esse processo de adaptação exige não apenas um conhecimento mínimo sobre as boas práticas, mas também a habilidade de alinhá-las às necessidades e características do ambiente organizacional de destino.

O objetivo é criar um ponto de partida para que as organizações explorem novas soluções em gestão de pessoas, ampliando seu repertório e garantindo a flexibilidade necessária para adaptar essas práticas de maneira efetiva. Além disso, visa incenti-

7. Cho, Wonhyuk; Choi, Seeyoung; Choi, Hemin, op. cit.

var que essas sejam adotadas, combinadas e customizadas para atender aos desafios específicos de cada contexto organizacional.

Aprendendo com experiências internacionais (*benchmarks*)

Para o levantamento de *benchmarks* internacionais com foco em gestão de pessoas no setor público, destacam-se estudos realizados com servidores públicos federais, que servem como insumos para subsidiar a formulação de políticas de gestão de pessoas. As cinco principais experiências utilizadas como referência são:

Austrália (2022)[8]

Em 2021, o governo federal da Austrália integrou o censo dos servidores federais à estratégia Delivering for Tomorrow: APS Workforce Strategy 2025 [Preparando o amanhã: estratégia para a força de trabalho da APS 2025], com o objetivo de transformar o serviço público australiano (APS) em uma força de trabalho moderna, flexível e de alto desempenho. A estratégia foi fundamentada em um diagnóstico com base nos dados do censo dos servidores federais, publicado anteriormente, e está estruturada em três pilares principais: atrair, desenvolver e reter talentos; adotar dados, tecnologia e modelos de trabalho flexíveis; e fortalecer a integridade e a liderança no setor público. A estratégia

8. APS Workforce Strategy. Disponível em: <https://www.apsc.gov.au/sites/default/files/2021-03/APS_Workforce_strategy.pdf>. Acesso em: 15 out. 2024.

gerou iniciativas concretas para alcançar os objetivos definidos. Entre as principais ações práticas destacam-se:

- Criação da APS Academy: um centro de aprendizado contínuo para os servidores, com programas voltados para o desenvolvimento de competências essenciais, como liderança, uso estratégico de dados e habilidades digitais. A academia busca fortalecer a capacidade do APS de responder a desafios futuros.
- Programas de recrutamento com diversidade: implementação de iniciativas específicas para atrair candidatos de grupos sub-representados, como aborígenes e ilhéus do estreito de Torres (Torres Strait), além de pessoas com deficiência, promovendo maior inclusão no serviço público. Esses programas também incluem ações voltadas à retenção desses talentos.
- Iniciativas para mobilidade e retenção de talentos: para responder a demandas emergentes, foram adotadas práticas de mobilidade interna estratégica, que permitem a transferência de servidores entre departamentos. Essas medidas visam tanto a retenção de profissionais quanto o desenvolvimento de novas competências.
- Foco em liderança e integridade: desenvolvimento de programas específicos para aprimorar a capacidade de liderança e reforçar a ética no serviço público. Líderes do APS têm recebido treinamento em práticas baseadas em dados e em alinhamento com prioridades governamentais, promovendo decisões mais estratégicas e eficientes.

Os resultados derivados da estratégia Delivering for Tomorrow geraram impactos positivos no serviço público australiano, incluindo: i) aumento no interesse por parte de profissionais jovens e qualificados, atraídos pelas novas oportunidades de aprendizado e pela flexibilidade no trabalho como APS; ii) ampliação da representatividade de grupos minoritários, como o de indígenas australianos, que teve um aumento significativo devido aos programas de recrutamento diversificados; iii) redução de lacunas de competências em áreas estratégicas, tais como tecnologia e liderança. A estratégia Delivering for Tomorrow posicionou o serviço público australiano como um modelo de transformação organizacional baseada em dados e evidências. Suas ações e resultados destacam o compromisso do governo em construir um setor público ágil, inclusivo e alinhado às demandas do século XXI.

Canadá (2023)[9]

O governo federal do Canadá realizou a Civil Service Employee Engagement Survey [Pesquisa de engajamento do funcionário público], em 2023, como parte de um esforço contínuo para aprimorar a qualidade do ambiente de trabalho no setor público federal. A pesquisa foi uma ferramenta estratégica para identificar percepções dos servidores públicos federais em áreas-chave, como bem-estar no trabalho, liderança, diversidade, e experiências de assédio e discriminação, visando fundamentar ações governamentais e práticas de gestão mais inclusivas e eficazes.

9. 2022 Public Service Employee Survey Highlights. Disponível em: <https://www.canada.ca/en/treasury-board-secretariat/services/innovation/public-service-employee-survey/2022-23/2022-public-service-employee-survey-highlights.html>. Acesso em: 16 out. 2024.

Os resultados destacaram que 68% dos servidores consideraram o ambiente de trabalho psicologicamente saudável. No entanto, observou-se uma queda no reconhecimento da saúde mental, que passou de 81% em 2020 para 72% em 2023. Essa diminuição levou à intensificação de programas de suporte psicológico, como acesso ampliado a serviços de assistência ao servidor (Employee Assistance Programs — EAPs) e campanhas de conscientização sobre saúde mental. Além disso, muitos departamentos federais passaram a incluir metas relacionadas ao bem-estar mental nos planos de desempenho das lideranças, incentivando a criação de ambientes mais saudáveis e acolhedores.

Em relação aos fatores de estresse identificados — como falta de pessoal (31%), carga de trabalho pesada (27%) e questões de remuneração (23%) — algumas ações práticas foram implementadas para mitigar os problemas. Por exemplo:

- redistribuição de tarefas e priorização de projetos críticos em departamentos mais afetados;
- contratações direcionadas em áreas com maior escassez de pessoal, com foco na aceleração dos processos seletivos;
- lançamento de campanhas informativas sobre como os servidores podem buscar suporte ou relatar sobrecarga de trabalho.

Quanto ao racismo, os dados mostraram que, embora 77% dos servidores relatem se sentir seguros para discutir o tema, metade declarou que o racismo impactou negativamente sua saúde mental. Como resposta, o governo implementou treinamentos obrigatórios de antirracismo e ampliou a oferta de espaços de diálogo seguros (*safe spaces*) dentro dos departamentos. Também foi intensificada a análise de representatividade nos processos de contratação e promoção, resultando na adoção de metas de diversidade em setores com baixa representação de grupos étnico-raciais.

Na questão de liderança, os resultados mostraram que a confiança na alta administração caiu para 64%. Em resposta, o governo federal priorizou estratégias de comunicação para aumentar a transparência e a confiança nas lideranças, incluindo:

- realização de *town halls*[10] virtuais e presenciais para fomentar o diálogo direto entre os servidores e gestores seniores;
- implementação de políticas de *feedback* 360° para monitorar a eficácia e o impacto das lideranças nas equipes.

Além disso, a mobilidade foi destacada como uma preocupação, já que 38% dos servidores planejam deixar suas funções nos próximos dois anos. Para mitigar essa tendência, foram desenvolvidos planos de retenção, incluindo:

- programas de crescimento de carreira interna com mentorias e capacitações;
- reforço de políticas de flexibilidade, como o trabalho híbrido, que já é valorizado por 89% dos servidores como um fator positivo para o equilíbrio entre vida pessoal e profissional.

10. Também chamadas de *all-hands*, as *town halls* são reuniões gerais que reúnem as lideranças e os colaboradores para discutir a organização, seus objetivos e resultados. Nesses encontros é possível abordar também a cultura organizacional, manter os colaboradores informados e engajados, reconhecer as conquistas, assim como fornecer e receber *feedbacks*.

Essas iniciativas refletem o compromisso do governo do Canadá em utilizar os *insights* da pesquisa para criar um ambiente de trabalho mais inclusivo, saudável e eficiente, alinhado às necessidades e expectativas dos servidores públicos federais.

Estados Unidos da América (2023)[11]

O Escritório de Gestão de Pessoal do Governo dos Estados Unidos (Office of Personnel Management — OPM), em 2023, conduziu o Federal Employee Viewpoint Survey (FEVS) [Pesquisa de opinião dos funcionários federais], uma pesquisa anual que coleta informações e dados dos servidores federais sobre o ambiente de trabalho, engajamento, satisfação, desempenho no trabalho, prioridades de governo, entre outros. A partir da edição de 2022, foram incorporados os temas de Diversidade, Equidade, Inclusão e Acessibilidade (DEIA), além de avaliação da resiliência e inovação dos servidores no contexto pós-pandemia.

A pesquisa registrou uma taxa de resposta de 39%, com 625.568 servidores participando, um aumento em relação aos 35% de 2022. Os resultados destacaram que o Índice de Engajamento (Employee Engagement Index — EEI) aumentou de 71% em 2022 para 72% em 2023, representando aproximadamente 6.300 respondentes compartilhando uma perspectiva mais positiva em 2023. Além disso, o índice DEIA aumentou de 69% em 2022 para 71% em 2023, refletindo uma melhoria nas percepções

11. 2022 Employee Survey Results. Disponível em: <https://www.opm.gov/policy-data-oversight/data-analysis-documentation/employee-surveys/results/2022-employee-survey-results/#content>. Acesso em: 15 out. 2024.

positivas sobre as práticas de diversidade, equidade, inclusão e acessibilidade nas organizações públicas.

No geral, vale destacar que 87% dos funcionários concordaram que são responsabilizados pela qualidade do trabalho que produzem, 86% afirmaram que seus gestores os tratam com respeito, e 85% compreendem que contribuem positivamente para o desempenho da organização em que trabalham. No entanto, apenas 48% dos entrevistados expressaram que os resultados da pesquisa serão usados para tornar a organização um lugar melhor para trabalhar, indicando um tema para melhoria.

Em resposta aos resultados do FEVS, o OPM implementou, desde 2022, ações práticas para abordar as áreas de preocupação identificadas:

- Fortalecimento da comunicação e transparência: foram realizadas reuniões com a liderança sênior para revisar os resultados do FEVS, e cada diretor, coordenador e chefe de unidade recebeu os resultados específicos de suas organizações. Além disso, foram compartilhados os principais achados com toda a força de trabalho do OPM para promover a transparência, diálogo aberto e o aprendizado transversal a partir do compartilhamento de boas práticas.
- Planos de engajamento e melhoria contínua: foi implementando um plano de engajamento em toda a agência para abordar áreas de foco identificadas na pesquisa, incentivando a liderança a analisar os dados e desenvolver planos de ação. Esses planos focaram em áreas de desafio, tais como: desenvolvimento de carreira, reconhecimento de desempenho, gestão da carga de trabalho e participação na tomada de decisões e comunicações. As lideranças seniores analisaram os

resultados de 2023 e atualizaram os planos de engajamento para reforçar pontos fortes e abordar desafios identificados.

Essas iniciativas refletem o compromisso do governo dos Estados Unidos em utilizar os *insights* do FEVS para criar um ambiente de trabalho mais inclusivo, transparente e responsivo às necessidades dos servidores federais, visando aprimorar a eficiência e a eficácia das organizações públicas.

Reino Unido (2023)[12]

Em 2023, o governo do Reino Unido realizou a Civil Service People Survey [Pesquisa de pessoas do serviço civil] para levantar dados e informações sobre temáticas como: engajamento dos servidores; discriminação, intimidação e assédio; bem-estar; modernização, reforma, produtividade e eficiência; e intensões futuras. Este levantamento anual coleta dados abrangentes sobre o ambiente de trabalho, com foco em compreender sentimentos dos servidores em relação aos seus papéis, suporte recebido e oportunidades de desenvolvimento, além de identificar áreas para melhorias. Os desafios incluíram alcançar alta participação em um cenário de trabalho híbrido e garantir acessibilidade da pesquisa a todos os funcionários, independentemente de localização ou função.

A pesquisa contou com a participação de 356.715 servidores de 103 organizações, resultando em uma taxa de resposta de 65%,

12. Public Service Employee Engagement Survey Report. Disponível em: <https://www.gov.ie/pdf/?file=https://assets.gov.ie/301158/8f6dd662-7ac-9-4293-9cda-32c48ec2499a.pdf#page=null>. Acesso em: 16 out. 2024.

mantendo-se estável em relação ao ano anterior. O índice de engajamento dos funcionários registrou uma leve queda, atingindo 64%, uma diminuição de 1 ponto percentual em comparação a 2022. Os relatos de discriminação mantiveram-se em 7%, o menor índice desde o início da pesquisa em 2009, mas casos de *bullying* e assédio aumentaram para 8%, um aumento de 1 ponto percentual em comparação ao ano anterior. A saúde mental autoavaliada melhorou, com 72% dos funcionários relatando boa saúde mental. Além disso, 22% dos servidores indicaram intenção de deixar suas organizações, principalmente em busca de melhores salários.

Em resposta aos dados apurados pela pesquisa, o governo implementou ações práticas para abordar as áreas de preocupação identificadas:

- Revisão das estruturas salariais: foram iniciadas análises para ajustar as faixas salariais, visando reduzir a intenção de saída relacionada à busca por melhores remunerações.
- Programas de bem-estar e saúde mental: ampliação dos programas de apoio ao bem-estar e saúde mental, oferecendo suporte e promovendo campanhas de conscientização para manter e melhorar o bem-estar dos servidores.
- Fortalecimento de políticas de inclusão: treinamentos e a criação de canais para reportar casos de discriminação, *bullying* e assédio, visando reduzir esses índices nos próximos ciclos da pesquisa.
- Desenvolvimento de lideranças: implementação de programas de capacitação para líderes, focados em gestão de mudanças e comunicação, com o objetivo de melhorar as percepções sobre liderança dentro das organizações públicas.

Há um esforço do governo do Reino Unido em utilizar cada vez mais os *insights* da Civil Service People Survey para criar um ambiente de trabalho com maior satisfação, inclusão e orientado para resultados, endereçando ações alinhadas às necessidades e expectativas dos servidores públicos.

Irlanda (2023)[13]

O Civil Service Renewal Plan [Plano de renovação do serviço público] da Irlanda, lançado em 2014, é um exemplo de uma iniciativa de grande escala para reformar e melhorar a administração pública. O objetivo foi transformar o serviço público irlandês em uma instituição moderna, eficiente e responsiva. Esse plano foi alimentado por dados e percepções coletados através da Employee Engagement Survey (CSEES) [Pesquisa de engajamento de funcionário], uma pesquisa que coleta dados e percepções dos servidores públicos sobre diversos aspectos do trabalho e do ambiente organizacional. A primeira pesquisa foi realizada em 2015 e, desde então, se tornou um instrumento-chave para monitorar o progresso e orientar ações de melhoria.

A edição de 2023 alcançou a maior participação até o momento, com 26.862 servidores respondendo à pesquisa, de 57 diferentes organizações. Com base nos resultados da pesquisa, o governo irlandês implementou uma série de ações práticas:

13. Civil Service People Survey 2023 Results. Disponível em: <https://www.gov.uk/government/publications/civil-service-people-survey-2023-results/civil-service-people-survey-2023-results-highlights>. Acesso em: 17 out. 2024.

- Revisão dos processos de recrutamento e seleção com o objetivo de tornar os processos mais transparentes e inclusivos, permitindo uma maior participação de diferentes grupos da sociedade e aumentando a diversidade dentro do serviço público.
- Desenvolvimento de liderança: capacitação de líderes por meio de programas que desenvolvam competências em áreas como digital, análise de dados, formulação de políticas, inovação e gestão de megaprojeto.
- Implantação de um programa de mobilidade dos servidores: estratégias voltadas para a troca de conhecimentos e experiências entre diferentes áreas e organizações, visando o fortalecimento de habilidades e a melhor alocação de talentos em todo o governo.

Como resultado dessas iniciativas, o engajamento dos funcionários aumentou, com a melhoria na percepção sobre as oportunidades de desenvolvimento e carreira. A pesquisa também apontou que houve avanços em termos de identificação com os valores do serviço público, resultando em maior motivação e satisfação entre os servidores.

Essas mudanças refletem que o governo irlandês está utilizando dados para promover a transparência, eficiência, eficácia e inovação no âmbito da administração pública, adotando uma abordagem de gestão mais estratégica e orientada para resultados.

Em síntese, a análise dos modelos pesquisados permitiu identificar a estrutura de levantamento de dados adotada por cada país, bem como a comparabilidade em relação a outros levantamentos.

Quadro 1: *Benchmarking* internacional de modelos de levantamento e disseminação de dados em gestão de pessoas

 **AUSTRÁLIA** **Dados de funcionários públicos (2022)**	Sobre você Impressões gerais – trabalho atual Impressões gerais – equipe imediata Impressões gerais – supervisor imediato	Impressões gerais – executivo sênior Impressões gerais – órgão em que trabalha Produtividade e meios de trabalho	Desenvolvimento de capacidades Bem-estar Recrutamento e retenção Mobilidade	Inovação Código de conduta Perguntas finais
 **ESTADOS UNIDOS** **Dados de funcionários públicos (2023)**	Dados demográficos do empregado Dados demográficos pessoais	Minha experiência de trabalho Minha unidade Minha organização Meu supervisor Minha liderança – executivo sênior	Diversidade, igualdade, inclusão e acessibilidade Experiência do empregado Pandemia, trabalho flexível	
 **CANADÁ** **Dados de funcionários públicos (2023)**	Informações gerais Meu trabalho Minha unidade Meu supervisor imediato Executivo sênior	Minha organização – departamento ou órgão Mobilidade e retenção Assédio	Discriminação Estresse e bem-estar Dever de acomodar – eliminar diferenças Compensação	
 **REINO UNIDO** **Dados de funcionários públicos (2023)**	Meu trabalho Propósito e objetivos da organização Meu gestor Meu time	Aprendizagem e desenvolvimento Inclusão e tratamento justo Recursos e carga de trabalho	Pagamento e benefícios Liderança e gestão da mudança	
 **IRLANDA** **Dados de funcionários públicos (2023)**	Minha organização Meu trabalho Meu suporte	Meu ambiente Minha visão sobre o serviço público		

Fonte: Elaboração própria.

Ao explorar essas boas práticas, os gestores públicos têm a oportunidade de refletir sobre a aplicabilidade e adequação de cada uma delas dentro do seu próprio contexto. Além disso, a capacidade de mesclar diferentes abordagens e adaptar soluções inovadoras às suas realidades pode gerar ganhos substanciais em transparência e efetividade na gestão de pessoas no âmbito do setor público.

O valor dos *benchmarks* não está apenas na replicação das boas práticas, mas na reflexão crítica sobre como essas experiências podem ser ajustadas e aplicadas de maneira efetiva em novos ambientes. A verdadeira inovação nasce da combinação de inspiração externa com a sensibilidade para as particularidades locais, criando assim modelos que sejam tanto funcionais quanto sustentáveis.

Dessa forma, a transparência não apenas promove uma gestão mais ética e responsável, mas também fortalece o controle social ao permitir a fiscalização das práticas de gestão e a geração de informações sobre possíveis irregularidades. Ao garantir o acesso à informação, a transparência incentiva a participação cidadã, capacitando os indivíduos para monitorar as ações do governo e contribuir para políticas públicas mais efetivas e responsivas às demandas da sociedade.[14]

---

14. Machado, S. M. O.; Moreira, J.; Pinheiro, Y.; Mota, J. P. "Uso de *People Analytics* para gestão de líderes públicos no estado do Ceará". In: *Governança em Ação*, v. 10, ed. Publix Conhecimento, 2024; Cho, Wonhyuk; Choi, Seeyoung; Choi, Hemin, op. cit.; Zuccolotto, Robson; Teixeira, Marco Antonio Carvalho. Idem.

Transparência de dados de gestão de pessoas no setor público: um desafio estratégico de desenvolvimento de competências

EMMANUEL GONÇALVES E SILVA
EUCIANA AMANDA DE AZEVEDO FERREIRA
JOÃO PAULO MOTA

Inédito

Transparência ativa é o princípio que consiste na divulgação de informações públicas de forma proativa, contínua e acessível, sem que seja necessário que os cidadãos solicitem essas informações às organizações públicas. É uma prática de suma importância para a prestação de contas, o fortalecimento da confiança da sociedade na administração pública e para a promoção da participação cidadã. No contexto da gestão de pessoas nas organizações públicas, ser ativamente transparente corresponde a ter a inciativa de disponibilizar dados sobre a composição de pessoal das organizações públicas.

O processo de transparência ativa deve ser estabelecido a partir de uma perspectiva estratégica da organização, sendo desdobrado em diretrizes institucionais e políticas específicas no âmbito da gestão de pessoas. Com base nesse direcionamento, torna-se possível estruturar iniciativas formativas que atuem em dois níveis complementares: no individual, com o incentivo à busca autônoma por aprendizado e identificação de materiais de referência; e no coletivo, por meio da oferta de programas abrangentes de capacitação voltados ao desenvolvimento de gestores e servidores públicos de diferentes órgãos e esferas de governo (federal, estadual e municipal).

Embora possa parecer simples, para que essa transparência seja efetivamente incorporada nas organizações públicas, além do direcionamento estratégico e patrocínio de uma alta gestão comprometida com a transparência, é necessário que os servidores desenvolvam conhecimentos, habilidades e atitudes voltados para a transparência. Ou seja, que fortaleçam as competências-chave necessárias para a coleta, tratamento, análise e divulgação dos dados sobre a gestão de pessoas no setor público.

Em linhas gerais, essas competências correspondem aos conhecimentos técnicos sobre legislação e padrões de dados abertos vigentes no Brasil; às habilidades no uso de ferramentas de tecnologia da informação necessárias para lidar com dados e informações; às capacidades de comunicação e design para tornar as informações compreensíveis e acessíveis; à aptidão para organização, padronização e análise de dados; e ao compromisso com a ética, transparência e engajamento cidadão.

Para além disso, quando o assunto é impulsionar a transparência ativa, em especial sobre dados de gestão de pessoas no setor público, faz-se necessário compreender, primeiramente, o caminho a ser trilhado para possuir dados e poder divulgá-los ativamente. E isso envolve, em um momento inicial, garantir que as equipes envolvidas compreendam claramente as legislações e diretrizes estratégicas relacionadas, os princípios de dados abertos a serem seguidos e as especificidades e boas práticas da gestão de pessoas no setor público. Além disso, é importante definir como se dará a governança de dados, por meio de diretrizes, políticas, definição de papéis e responsabilidades. Esses fundamentos propiciam a base para a continuidade do caminho a ser trilhado.

Em seguida, é necessário verificar a disponibilidade de dados na organização, catalogando dados existentes e buscando meios de coletar novos dados necessários e mantê-los atualizados. Esses dados devem ser organizados, tratados, anonimizados e ter sua segurança garantida para então serem utilizados na geração de análises e materiais de divulgação, tais como painéis interativos, relatórios com análises, infográficos, boletins informativos ou até mesmo a base de dados pronta para ser utilizada na geração de outras análises específicas que o usuário/cidadão desejar.

Nesse cenário, o desenvolvimento de competências requer a estruturação de um percurso formativo consistente — uma jornada de aprendizagem planejada por meio de trilhas otimizadas — que vá além dos limites da teoria e avance para a prática. O objetivo é favorecer que conceitos e ideias sejam, de fato, convertidos em melhorias tangíveis e mensuráveis para o setor público. As propostas de estruturação dessa jornada são apresentadas a seguir.

Figura 1: Jornada para a promoção da transparência ativa em gestão de pessoas no setor público

Fonte: Elaboração própria.

Quadro 1: Seis etapas essenciais para a implementação da transparência ativa em dados de gestão de pessoas

1. FUNDAMENTOS	
Legislação e normas relacionadas	• Lei de Acesso à Informação (Lei nº 12.527/2011): definição de quais informações devem ser publicadas e limites para dados sensíveis. • Lei Geral de Proteção de Dados (LGPD – Lei nº 13.709/2018): aplicação específica para proteção de dados de servidores. • Decretos e portarias locais: normativas específicas sobre transparência e gestão de pessoas (variam por ente federativo). • Lei nº 8.112/1990: regime jurídico dos servidores públicos federais (para órgãos federais) e legislações estaduais/municipais equivalentes.
Princípios de dados abertos	• Os oito princípios fundamentais de dados abertos e como aplicá-los: completos, primários, atuais, acessíveis, processáveis por máquina, acesso não discriminatório, formatos não proprietários e livres de licenças. • Importância dos dados abertos para a sociedade e para a gestão pública.
Alinhamento estratégico e governança de dados	• Alinhamento com os referenciais estratégicos institucionais. • Definição de atores, papéis e responsabilidades na gestão de informações dentro de cada etapa da utilização dos dados. • Definição de padrões de coleta, tratamento, análise, divulgação, armazenamento e descarte de dados. • Organização e gestão de bases de dados. • Ética no uso de dados.
Conhecimentos específicos sobre gestão de pessoas	• Indicadores: – definição e monitoramento de KPIs de gestão de pessoas; – uso de dados para planejar treinamentos e estratégias de retenção. • Planejamento de força de trabalho: – métodos para prever aposentadorias, lacunas de competências e necessidades de contratação; – planejamento estratégico de pessoal baseado em dados. • Promoção da diversidade e inclusão: – monitoramento e divulgação de indicadores de diversidade no quadro de servidores; – uso de dados para promover políticas inclusivas e equitativas. • Compliance em gestão de pessoas: – como garantir a conformidade com leis e regulamentos internos. – auditorias e controle interno em dados de pessoal.

2. COLETA	
Mapeamento e catalogação de dados existentes e coleta de novos dados	• Identificação das fontes de dados e dados disponíveis na organização, por exemplo: - estrutura organizacional: organogramas e divisões de cargos e funções; - dados de pessoal: número de servidores, cargos ocupados, vagas em aberto, aposentadorias e contratações temporárias; - dados financeiros: despesas com folha de pagamento, benefícios e encargos; - diversidade e inclusão: perfis demográficos de servidores (respeitando a LGPD); - indicadores de desempenho: absenteísmo, *turnover* e avaliações de desempenho. • Catalogação de dados primários e sua relevância para o interesse público. • Identificação da necessidade de coletas de novos dados.
Ferramentas tecnológicas	• Sistemas de recursos humanos utilizados no setor público. • Sistemas de informação para coleta e armazenamento de dados. • Ferramentas para integrar dados de diferentes setores. • Conhecimentos sobre o uso das ferramentas de tratamento de dados como Excel, Power BI, SQL.

3. PADRONIZAÇÃO E TRATAMENTO	
Padronização	• Noções de como estruturar dados para facilitar a comparação entre períodos ou com outras organizações públicas. • Criação de tabelas e relatórios que atendam a padrões abertos (CSV, JSON, XML).
Qualidade e limpeza dos dados	• Verificação de consistência e precisão. • Técnicas de limpeza e tratamento de dados para evitar redundâncias e erros. • Validação e verificação de informações, como cruzamento de dados de folha de pagamento e benefícios.
Anonimização e segurança da informação	• Métodos de anonimização de dados sensíveis. • Técnicas para proteger informações pessoais e sigilosas.

4. ANÁLISE E VISUALIZAÇÃO	
Ferramentas	• Ferramentas para visualização (Tableau, Power BI, Looker Studio). • Criação de gráficos e tabelas claras e acessíveis.
Análise de dados	• Introdução a estatística básica para análise de dados. • Interpretação de dados e identificação de padrões relevantes.
Design da informação	• Apresentação de dados de forma compreensível para públicos variados. • Técnicas de *storytelling* para dados. • Boas práticas para portais de transparência e relatórios públicos.

5. DIVULGAÇÃO	
Estratégias de comunicação	• Compreensão dos públicos que irão consumir a informação e como atendê-los (linguagem, formatos etc.). • Geração de produtos de dados que atendam às necessidades desses diferentes públicos: painéis de dados interativos, relatórios, infográficos, newsletters, bases de dados. • Técnicas de comunicação clara e objetiva. • Uso de plataformas digitais e redes sociais para ampliação do alcance. • Criação e manutenção de portais de transparência.
Acessibilidade	• Conhecimento das diretrizes de acessibilidade (WCAG). • Adaptação de informações para públicos com necessidades especiais.

6. MONITORAMENTO	
Acompanhamento (*feedback*)	• Definição e monitoramento de KPIs para transparência e acesso à informação. • Avaliação da efetividade das políticas de transparência. • Medição da utilização e impacto dos dados divulgados. • Coleta de *feedback* sobre a usabilidade dos dados e informações públicas. • Ferramentas para monitorar o uso de dados abertos.
Melhoria contínua	• Monitoramento de inovações tecnológicas e melhores práticas. • Participação em cursos e eventos sobre transparência e governança. • Atualizações periódicas sobre novas legislações e tecnologias. • Compartilhamento de aprendizados intraorganizacional e com organizações similares.

Fonte: Elaboração própria.

A realização desse trabalho exige que as equipes envolvidas possuam as competências necessárias. Entretanto, um servidor pode ficar responsável por apenas parte das atividades envolvidas nesse processo de geração, análise e divulgação de dados, não sendo obrigatório dominar todas essas competências. Para abordar as principais competências que podem ser desenvolvidas, considere três perfis distintos que podem se envolver nessas atividades:

A. Equipes técnicas que atuam na operacionalização: semelhantes aos engenheiros e cientistas de dados, são profissionais com visão técnica aprofundada, principalmente de elementos mais próximos da Tecnologia da Informação (TI), focados no uso de ferramentas mais complexas, programação, segurança da informação, entre outros.
B. Equipes técnicas que auxiliam na análise dos dados com a visão de negócio: são profissionais que trazem para os dados uma visão estratégica da gestão de pessoas, aprofundando a compreensão dos dados com base nas melhores práticas de gestão de pessoas e no contexto organizacional.
C. Gestores e servidores que consomem os dados: profissionais que compõem principalmente a alta gestão, mas não se limitando apenas a esse grupo, que observam os dados e análises com vistas a subsidiar uma tomada de decisão organizacional mais assertiva e para a formulação de melhoria da gestão de pessoas do órgão.

Considerando que o objetivo no uso dos dados para cada um desses perfis é diferente, da mesma maneira são distintas as competências a serem desenvolvidas por cada um deles para alcançar esses objetivos.

Quadro 2: Três perfis profissionais que atuam em diferentes momentos da cadeia de transparência ativa: equipes técnicas, analistas com visão de negócio e gestores/consumidores de dados

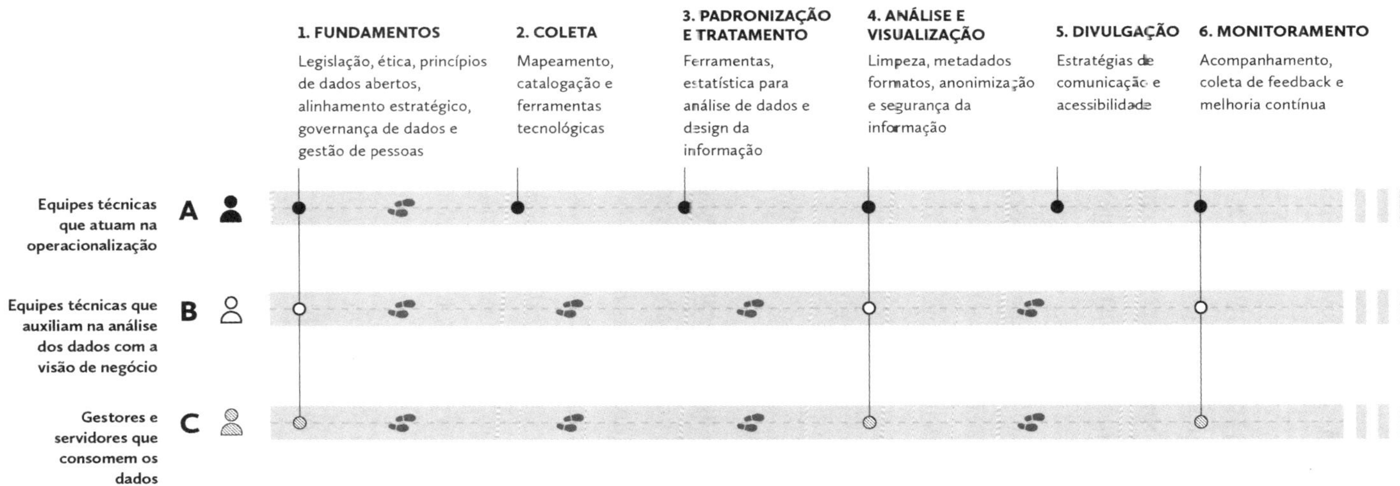

Fonte: Elaboração própria.

A promoção do desenvolvimento de competências voltadas à transparência ativa configura-se como uma agenda de grande relevância, cuja efetiva implementação demanda preparo técnico, visão estratégica e fortalecimento institucional. Trata-se de um processo que requer direcionamento claro para a formação de pessoas, com foco na construção de capacidades internas alinhadas aos desafios presentes e futuros.

Nesse contexto, o propósito é orientar as organizações públicas a refletir estrategicamente sobre como gerar e fortalecer capacidades institucionais, capazes de fomentar soluções sustentáveis e efetivas. A partir da proposta de trilhas de desenvolvimento apresentada, é fundamental traduzir as competências-chave identificadas em ações concretas que garantam o aproveitamento pleno das formações.

As trilhas sugeridas, estruturadas conforme diferentes perfis profissionais, possibilitam o enfrentamento de desafios atuais — respondendo às necessidades imediatas —, ao mesmo tempo que preparam os indivíduos e as instituições para lidar com cenários futuros. Esse enfoque contribui para a construção de uma cultura organizacional orientada à aprendizagem contínua e à antecipação de demandas. A certeza de que estamos permanentemente fortalecendo competências é, sem dúvida, um aliado essencial para o desenvolvimento institucional.

A seguir, apresentam-se cinco etapas fundamentais para a aplicação do desenvolvimento de competências com foco na geração de resultados:

1) Definir os temas prioritários: identificar os assuntos que merecem atenção imediata.

II) Estabelecer os conteúdos essenciais: compreender os fundamentos indispensáveis para atuação qualificada.
III) Construir uma trilha formativa customizada: adaptar os percursos de aprendizagem conforme o perfil e a necessidade mais prementes.
IV) Aprofundar os estudos com foco na aplicação prática: transformar conceitos em ações concretas no dia a dia organizacional.
V) Integrar a capacitação às atividades do trabalho: planejar a formação de forma conciliadora com as atividades profissionais.

Como proposta complementar, sugere-se a criação de um checklist prático, que permita às organizações testarem, de forma ágil e simples, os aprendizados adquiridos nas capacitações. Esses testes devem ser aplicados preferencialmente antes de iniciar novos conteúdos ou etapas formativas, funcionando como instrumento de consolidação do conhecimento. É fundamental que essa lista de verificação seja seletiva, enxuta, acessível e evolutiva, priorizando ações de alto valor agregado e impacto real no desempenho institucional.

Em síntese, a simplicidade é um fator determinante para a efetividade na implementação das trilhas de desenvolvimento e, por conseguinte, a aplicação dos aprendizados. Seguindo essa lógica, ao adotar uma jornada formativa estruturada — ou personalizá-la conforme as necessidades da organização —, caminhamos rumo a instituições públicas mais transparentes, efetivas e orientadas por evidências.

People Analytics: rumo a uma abordagem estratégica da gestão de pessoas para o serviço público brasileiro

JOSÉ CELSO CARDOSO JR.
JULIANA ALMEIDA
MIRIAN BITTENCOURT

6 de agosto de 2024

Pessoas são o recurso mais valioso, raro, difícil de imitar e de substituir em uma organização. Por mais que tradicionalmente as organizações tenham maior facilidade de investir em tecnologias, processos e infraestrutura, o que garante resultados corporativos diferenciados é o investimento multinível em pessoas. Essa lógica se aplica levando em consideração, principalmente, a natureza do vínculo dos servidores com o serviço público, já que a imensa maioria tem estabilidade e que o investimento nessas pessoas tem potencial escalável em termos de aprendizados e resultados.

Entretanto, historicamente, a gestão de pessoas, por ter baixa maturidade estratégica e analítica, implementa ações que são fragmentadas em amplitude e em profundidade: as práticas de gestão de pessoas no Brasil ainda estão defasadas quando consideramos os avanços mundiais na área. Majoritariamente, as unidades de recursos humanos no nosso país dedicam-se às atividades de manutenção de funções básicas de pessoal, tais como pagamento, aposentadoria, contratação, férias e outros direitos trabalhistas. Mas, infelizmente, esse foco estritamente operacional negligencia demandas tão importantes quanto a saúde mental, a realização profissional, a retenção de talentos e a segurança psicológica.

No cenário mundial, o RH estratégico já se encontra ultrapassado, e a gestão de pessoas vem sendo orientada por evidências científicas por meio da implementação da moderna abordagem de *People Analytics*.[1] Essa abordagem tem sido adotada porque comprova que investir em pessoas traz resultados sustentáveis às organizações e alavanca a promoção de uma cultura organizacional que toma decisões com base em evidências, centrada nas vocações e necessidades das pessoas.

Assim, a organização se torna, ao mesmo tempo, mais analítica e mais humana. O aumento do interesse em *People Analytics* marca um ponto de amadurecimento da gestão de pessoas para além do RH estratégico, na medida em que trabalha para aumentar os resultados finalísticos das organizações ao mesmo tempo que promove a qualidade de vida no trabalho dos seus servidores. Desse modo, a abordagem *People Analytics* fundamenta-se no desenvolvimento de uma mentalidade sistêmica, integrada, estratégica e analítica que propulsiona mudanças culturais e organizacionais intencionais nos locais de trabalho.

---

1. *People Analytics* é a utilização de dados para melhorar a gestão de recursos humanos e a tomada de decisões relacionadas ao capital humano das organizações. Em resumo, é a aplicação de análise de dados para entender o desempenho, comportamento e necessidades dos colaboradores, com o objetivo de otimizar a gestão de pessoas. Desse modo, esta abordagem busca transformar dados brutos em *insights* valiosos para a tomada de decisões em áreas como recrutamento, treinamento, desenvolvimento, retenção de talentos, clima organizacional e desempenho individual e de equipe. Com isso, o *People Analytics* permite que as decisões sejam embasadas em dados concretos e análises, levando a uma gestão de pessoas mais estratégica e eficiente.

Figura 1: Capital humano, tipos de vínculo, relacionamentos e configurações de RH

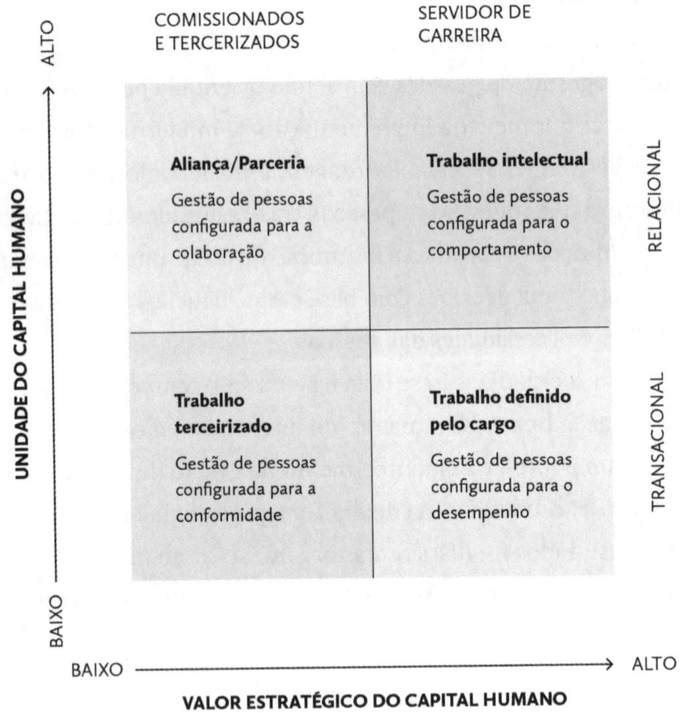

Fonte: Lepak e Snell, 1999, adaptado.

Essa é uma abordagem científica aplicada, que reconhece o valor único dos empregados e seu valor estratégico, adotando uma lógica relacional e uma orientação de gestão de pessoas que se compromete, simultaneamente, com os servidores e com os resultados organizacionais.

Dessa maneira, uma das contribuições da abordagem centrada em *People Analytics*, quando aplicada transversalmente na organização, é o aumento da maturidade analítica e um fortalecimento da cultura organizacional orientada para pessoas a partir de uma visão que considera todas as fases do ciclo de vida laboral do empregado e sua conexão integrada com os diversos níveis que com ele se conectam e que o influenciam. A aplicação dessa abordagem de maneira ampliada permite diminuir a fragmentação vertical e a fragmentação horizontal comumente observadas na gestão de pessoas tradicional. A partir de uma visão sistêmica e integrada podemos entender que cada função da gestão de pessoas está associada a uma parte do ciclo de vida laboral do servidor.

Para tanto, *People Analytics* tem por base o uso sistemático de dados coletados por meio de metodologias científicas em modelos de análise que relacionam indicadores de pessoas (engajamento, saúde mental, liderança) e indicadores oriundos de uma variedade de dados coletados e arquivados por organizações. Fornece subsídio estratégico para a tomada de decisões e para a implementação de planos de ação de alto impacto e de alto valor para servidores, líderes e a própria sociedade. Com a implementação da abordagem *People Analytics*, a maturidade da gestão de pessoas apresenta um salto significativo e rompe a barreira que a mantinha presa a ações meramente burocráticas ou rotineiras com baixo impacto percebido por pares, líderes e servidores. O amadurecimento contínuo, colaborativo e cumulativo da mentalidade analítica permite o desenvolvimento mais robusto de medidas e de análises, propiciando impacto estratégico, mudança cultural organizacional, identificação e acompanhamento de indicadores-chave para a proposição mais assertiva de ações de melhoria no ambiente de trabalho e na própria gestão de pessoas.

Mas quais são os pilares para atingir esse resultado?

1. Desenvolvimento de mentalidade orientada por evidências e centrada nas pessoas;
2. uso do método científico para indicadores e análise dos dados;
3. desenho de estratégias alinhadas à cultura;
4. tornar acessível os resultados a todos os *stakeholders* independentemente do nível hierárquico e função de atuação; e
5. implementação continuada com monitoramento de resultados das ações.

É importante frisar a relevância de centrar em pessoas para respeitar a ética, a confidencialidade e o bem-estar, porque a abordagem que propomos aqui se opõe veementemente ao uso mercadológico direcionado ao monitoramento detalhado de empregados (quantidade de cliques no teclado, tempo de bloqueio de tela, tempo no cafezinho, quantidade de e-mails enviados), estratégias essas que na verdade suprimem a autonomia das pessoas e impactam negativamente no aumento de adoecimento e *turnover*.

De modo oposto, a abordagem *People Analytics* se tornou ainda mais relevante principalmente no pós-pandemia, pois as questões mais desafiadoras do contexto organizacional estão relacionadas às pessoas, por exemplo: como responder ao aumento de casos de *burnout*? Qual o melhor modelo e como gerir o trabalho remoto? A liderança que temos hoje está adequada para promover resultados sustentáveis, ou seja, servidores sãos, saudáveis e produtivos? A força de trabalho está adequada para os desafios atuais e vindouros? Como trabalhar os valores para promover uma cultura no serviço público que seja sustentável para o servidor e efetiva para gestores e na percepção da sociedade?

Por um lado, a gestão de pessoas que temos hoje não está preparada para responder a esses desafios de maneira efetiva. Assim, faz-se necessária uma compreensão mais acurada acerca das variáveis centradas nas pessoas, assim como a melhor forma de medi-las. Por mais que pensemos que fenômenos como liderança ou clima organizacional sejam autoevidentes, basta ver uma discussão sobre como liderar ou o que é clima organizacional para entender que não o são.

Por outro lado, é importante desenvolver líderes estrategicamente com *People Analytics*. Bons técnicos são alçados à liderança com pouco ou nenhum desenvolvimento de suas competências com pessoas (*soft skills*). E líderes formam a cultura, pois na alta liderança decidem quais as prioridades organizacionais, guiando a percepção de quais comportamentos são desejáveis e premiados e quais não são. Além disso, junto à equipe, determinam a orientação do que é visto como relevante e qual a forma de atingir os resultados desejados.

Assim, *People Analytics* lança mão de conhecimentos e métodos científicos que promovem o alinhamento do entendimento que temos dos fenômenos organizacionais, como mensurá-los e que ações podemos implementar a partir das análises realizadas e do acompanhamento dos dados. A mensuração de fenômenos psicológicos deve ocorrer por meio de questionários desenvolvidos e validados psicometricamente para garantir precisão e confiabilidade. Quanto aos dados, eles devem ser analisados de maneira agregada para identificar tendências e padrões relevantes, e nunca para apontar respostas ou análises individualizadas, cuja consequência seria a promoção do monitoramento e do controle bio/psíquico/social, que na realidade faz diminuir as capacidades das pessoas e afeta a sua segurança psicológica, autonomia, bem-estar, confiança, engajamento, aumentando efeitos indesejados como *turnover*, *burnout* etc.

Em suma, a abordagem *People Analytics* fornece orientações para estruturar políticas e práticas confiáveis, para conectar e alinhar diferentes projetos estratégicos, garantindo sustentabilidade e maior retorno sobre os investimentos públicos, com métricas para acompanhar seus resultados com indicadores e para gerar resultados duradouros — tanto corporativos como de bem-estar laboral e psíquico-social aos servidores. Assim, é possível conectar ações para alcançar um impacto mais profundo e é possível também ter um elemento de conexão comum para diferentes projetos, conferindo maiores chances de continuidade e mudança permanente no amadurecimento da mentalidade e engajamento das pessoas.

Esse futuro já chegou, mas não está homogeneamente distribuído. Além disso, o mercado se aproveita dessa inovação para oferecer ferramentas rasas (como *dashboards*, cursos de linguagens de programação e inteligência artificial). Investir em ações a partir da lógica da fragmentação (que aqui propomos superar com educação, aplicação sistêmica de amadurecimento de mentalidade e cultura, e desenho de uma visão sistêmica, integrada e estratégica de gestão de pessoas para a organização como um todo) está fadada a repetir erros estratégicos ao acreditar que modismos gerencialistas vão consolidar as mudanças de modo rápido, fácil ou barato. São novos tempos que precisam de um alinhamento profundo e ações consistentes em multiáreas para se estabelecer com excelência.

Transformação digital pública na gestão de pessoas: o caso SouGov.br

ANTONIO FIUZA DE SOUSA LANDIM
GRAZIELLE SEABRA DURÃES AGUIAR
ILKA MASSUE SABINO KAWASHITA
JOSÉ CELSO CARDOSO JR.
VALDEVINO SIQUEIRA CAMPOS NETO

10 de setembro de 2024

Em um mundo cada vez mais digital, a plataforma SouGov.br surge como modelo de referência para modernizar a gestão de pessoas no setor público, que pode ser usado por outros países, bem como governos estaduais, distritais, regionais e municipais. A plataforma unifica os canais de atendimento, oferecendo serviços eficientes, modernos, transparentes e de fácil acesso em diversos dispositivos tecnológicos. Também promove um melhor relacionamento entre a administração pública do poder Executivo Federal e seus servidores ativos, aposentados, pensionistas e dirigentes. Esse modelo reflete décadas de experiência brasileira na sistematização de soluções digitais na gestão de pessoas e avanços significativos nos últimos anos em governo digital. Diante dessa e outras iniciativas, o Brasil ficou recentemente em segundo lugar no Índice de Maturidade GovTech do Banco Mundial.

Um breve histórico mostra que, na década de 1990, o governo federal criou o Sistema Integrado de Administração de Recursos Humanos (SIAPE) por meio do Decreto nº 99.328/1990 para controlar a administração, as finanças e o orçamento dos órgãos e instituições públicas. Ao longo dos anos, outras funcionalidades foram desenvolvidas, como férias, provimento, aposentadoria, pensões e um extrator de dados. Em 2009, o Decreto nº 6.833/2009 instituiu o Subsistema Integrado de Atenção à Saúde do Servidor Público (SIASS) para melhorar o gerenciamento dessa importante interface dos servidores do poder Executivo federal com o seu mundo laboral.

Em 2013, por sua vez, o Sistema de Gestão de Pessoas (SIGEPE) foi lançado para substituir o SIAPE gradativamente. Assim, foram desenvolvidos novos módulos do SIGEPE para gestão de ações judiciais, avaliação de desempenho, publicação de atos de pessoal, consignação, gestão de folha de pagamento e aplicação.

Depois disso, foram instituídos pelo Decreto nº 10.715/2021 os Sistemas Estruturantes da Administração Pública Federal para a gestão de pessoas. São sistemas de informação que centralizam em plataformas tecnológicas a execução das atividades de gestão de pessoas geridas por um órgão central, atualmente o Ministério da Gestão e Inovação em Serviços Públicos (MGI). Eles fornecem à administração federal ferramentas modernas de gestão de pessoas com foco na integração sistêmica para auxiliar o MGI nas suas atividades junto a entidades da administração direta e indireta, empresas autônomas e estatais.

Desde então, o governo federal tem investido em tecnologia e capacitação de servidores, impulsionado pela necessidade de simplificar processos, melhorar a eficiência e a transparência, oferecer serviços acessíveis ao público e transformar digitalmente seus sistemas de gestão de pessoal. É, portanto, nesse contexto de inovação e transformação digital em curso, que surgiu, em 2021, a plataforma SouGov.br. O objetivo é simplificar e melhorar a interação entre a administração pública e suas pessoas (servidores ativos e aposentados, pensionistas, ex-funcionários, estagiários, anistiados políticos), líderes e gestores de recursos humanos. A iniciativa inclui acúmulos e experiências de trabalho que, crescentemente, aproximam a gestão de pessoas de avanços significativos no governo digital.

O modelo é baseado em três pilares: pessoas, liderança e gestores de pessoal. Assim, os módulos e funcionalidades da plataforma SouGov.br foram desenvolvidos para atender às necessidades específicas de cada grupo que presta serviços no âmbito da gestão de pessoas.

O pilar Pessoas inclui servidores públicos, aposentados, ex-servidores, pensionistas, estagiários e anistiados políticos. Diversos serviços já foram desenvolvidos e entregues em SouGov.br, como domicílio (área inicial), contendo serviços de autoatendimento (holerites, férias, consignações, prova de vida por biometria facial); promoção da saúde; consulta de benefícios a pensionistas; serviços para estagiários; solicitações dos gestores; pedidos de ex-funcionários; reconsideração de avaliação de desempenho e recursos; simulador de aposentadoria; entre outros.

O pilar Liderança é composto por gerentes e supervisores. Eles utilizam no SouGov.br os serviços e funcionalidades do líder para gerenciar equipes imediatas e subordinadas, aprovar férias e assiduidade, monitorar atendimentos, realizar avaliações, entre outras atividades. A plataforma simplifica a gestão de equipes, promove autonomia para o desempenho de funções de liderança, agiliza o atendimento das solicitações das equipes e descentraliza as responsabilidades para os gestores, reduzindo a necessidade de as unidades de gestão de pessoas gerenciarem as atividades da equipe, como aprovações de férias.

Figura 1: SouGov.br: Padrões de identidade e interface visual

SouGov.br Leader

VÍNCULO E FUNÇÃO

STATUS DA MINHA EQUIPE
Exibe o número de pessoas por situação (ativo, de férias, afastado) e permite visualizar os dados dos colaboradores com um clique

VALIDAÇÃO DE CADASTRO DA EQUIPE

SELETOR DE EQUIPE

SERVIÇOS DO GESTOR
Gestão da equipe, busca e aprovação de férias, horários, entre outros

APROVAR FÉRIAS
Funcionalidade para aprovação de férias

Os gestores de pessoas executam atividades e processos para gerenciar a vida funcional dos servidores públicos, incluindo a disponibilidade de vagas para concursos públicos, gerenciando ainda todas as etapas de provimento, movimentação, serviços de saúde, licenças, diversos tipos de solicitações e disponibilidade de folhas de pagamento até a concessão de aposentadorias ou pensões. No governo federal, mais de 14 mil servidores atuam nas unidades de gestão de pessoas distribuídas entre os mais de duzentos órgãos setoriais. Antes do SouGov.br, a maioria das atividades era manual e não padronizada, utilizando diferentes sistemas, canais e ferramentas.

De 2021 a 2024, a plataforma SouGov.br já prestou mais de 160 serviços a mais de 1,26 milhão de pessoas e as conectou a mais de duzentos órgãos e instituições. Em 2023, recebeu mais de 150 milhões de consultas e operações. Oferece serviços eficientes, modernos e transparentes, que são facilmente acessíveis a qualquer momento em dispositivos móveis ou web (responsivos), seguindo padrões de identidade e interface visual.

A implementação tecnológica é terceirizada para uma empresa pública de capital aberto (Serpro), que adota práticas ágeis baseadas em Scrum e Kanban, tecnologias *low-code*, interoperabilidade entre sistemas, prototipagem, abordagem centrada no usuário e *design thinking* para reformular e simplificar processos de ponta a ponta. Para o desenvolvimento e manutenção desses sistemas, o SouGov.br segue um processo metodológico que inclui boas práticas, como a adoção do Padrão Brasileiro de Governo Digital e o Ciclo de Vida de Desenvolvimento de Software, que privilegia a análise de negócios, a integração contínua e o gerenciamento, o monitoramento e a garantia de qualidade da entrega contínua.

Tudo somado, com base na experiência brasileira, alguns desafios devem ser considerados e enfrentados para prover serviços, informações e soluções digitais que possibilitem a governança, a gestão, o monitoramento e a implementação de políticas de gestão de pessoas de instituições e órgãos públicos. Por exemplo, uma variedade de atores, funcionários públicos e relações e regimes de trabalho; múltiplos canais de atendimento que oferecem serviços fora do padrão; burocracia excessiva para solicitação de serviços; falta de padronização ou automação de processos, dependência de processos manuais ou atividades operacionais; necessidade de solicitar serviços no local; resistência dos funcionários à mudança; sistemas legados e migração de dados históricos.

Enfrentados esses desafios, pesquisas futuras em gestão de pessoas poderão aplicar o modelo SouGov.br a outros níveis da administração pública estrangeira e brasileira e comparar seus resultados com os do governo federal. A integração de novas tecnologias, como a inteligência artificial, pode melhorar a qualidade da informação, diminuir os custos de desenvolvimento e oferecer melhores serviços.

Dessa maneira, introduz-se no seio da administração pública brasileira um vetor ativo de transformação digital que estará na base da própria transformação qualitativa do Estado nessa próxima quadra do desenvolvimento nacional. É a reforma administrativa do governo federal em ação.

Do sol à luz digital: avanços e desafios da transparência na administração pública brasileira

ELISA CECIN ROHENKOHL

Inédito

A importância da transparência na administração pública

A transparência na gestão pública é um princípio fundamental para a democracia e a eficiência administrativa. Trata-se de um mecanismo que possibilita o controle social, permitindo que os cidadãos acompanhem e fiscalizem a atuação dos gestores públicos. Assim, a transparência não é um fim em si mesma, mas um meio de efetivar o princípio democrático e um instrumento essencial para a boa gestão.

Como destaca Bento,[1] a expansão das atribuições do Estado ao longo dos anos, motivada por demandas sociais e ideologias intervencionistas, resultou em um aparato burocrático complexo. Esse crescimento desproporcional do Executivo, sem que os órgãos fiscalizadores acompanhassem essa expansão, tornou a transparência um desafio constante. Ainda de acordo com o autor, o aumento da discricionariedade governamental, necessária à execução de políticas públicas, dificulta o acesso aos critérios e motivações das decisões governamentais.

Nesse sentido, a sociedade passou a exigir mais acesso às informações públicas, não apenas para garantir a legitimidade

---

1. Bento, Leonardo Valles. *Acesso a informações públicas: princípios internacionais e o Direito brasileiro*. Curitiba: Juruá, 2015, pp. 49-51.

democrática, mas também para assegurar uma gestão pública eficiente. Conforme destaca Ohlweiler,[2] a boa administração deve ser estruturante da cidadania, garantindo que o cidadão seja protagonista na relação com o Estado. Jaime Rodríguez-Arana Muñoz[3] reforça que o bom governo deve colocar a pessoa e seus direitos fundamentais no centro do sistema, sendo a participação cidadã um elemento essencial para a democracia e para a boa gestão (direito à boa administração pública).

Assim, a transparência se apresenta como um mecanismo essencial de *accountability*, permitindo que a sociedade e os órgãos de controle previnam e combatam práticas lesivas à administração pública, como corrupção, clientelismo e captura do Estado.

Bento ressalta que, em sociedades complexas e dinâmicas, a exposição ao debate aberto amplia a probabilidade de revelar e corrigir falhas na regulação estatal. É por meio do voto e da pressão social que a sociedade exerce controle democrático e social. Nesse contexto, a assimetria informacional é circunstância que tolhe dos cidadãos a possibilidade de selecionar os melhores políticos e conservá-los fiéis ao interesse público.[4]

Ainda sobre o que se convencionou chamar de social, tem-se também o engajamento cívico dos cidadãos na formulação de políticas públicas, inclusive sob a forma de reivindicações, pressão,

---

2. Ohlweiler, Leonel Pires. "A efetividade do acesso à informação e o direito à boa administração pública: questões hermenêuticas sobre a transparência na administração pública e a Lei 12.527/2011." In: Ingo Wolfgang Sarlet, José Antônio Montilla Martos e Regina Linden Ruaro (Coords.). *Acesso à informação como direito fundamental e dever estatal.* Porto Alegre: Livraria do Advogado, 2016, p. 38.

3. Muñoz, Jaime Rodríguez-Arana. *Direito fundamental à boa administração pública.* Belo Horizonte: Fórum, 2012, pp. 34 e 38.

4. Bento, Leonardo Valles. Idem, pp. 54-61.

protestos e denúncias. Bento[5] destaca a atuação de três grupos de atores, a qual igualmente não subsiste sem o acesso à informação: as associações civis, os movimentos sociais e o jornalismo investigativo e de denúncia.

Por outro lado, como destacado por Márcio Tadeu Guimarães Nunes,[6] partindo da premissa de que os recursos são finitos e as demandas são infinitas, é essencial que haja transparência para justificar prioridades e buscar compreensão social. Nessa perspectiva, o acesso à informação pode servir como um aliado do "bom administrador" que, premido de recursos, se vê na posição de priorizar algumas demandas em detrimento de outras. Por meio da transparência, pode justificar suas escolhas e buscar a compreensão da sociedade quanto aos direitos cujas implementações ficaram em segundo plano.

No âmbito do controle externo, os Tribunais de Contas desempenham papel essencial na fiscalização da gestão pública. Como aponta Ohlweiler, mesmo atos administrativos de natureza discricionária podem e devem ser controlados sob os aspectos da constitucionalidade, competência e legalidade procedimental.

A decisão do Ministro Celso de Mello no Mandado de Segurança nº 27.141 (2008) bem sintetiza as premissas até aqui delineadas: "No Estado democrático de direito, não se pode privilegiar o mistério, porque a supressão do regime visível de governo compromete a própria legitimidade material do exercício do poder." Há aproximadamente um século, Louis Brandeis, juiz

5. Bento, Leonardo Valles, op. cit., p. 62.

6. Nunes, Márcio Tadeu Guimarães. *Lei de Acesso à Informação: reconstrução da verdade histórica, ambientes regulatórios e o direito à intimidade.* São Paulo: Quartier Latin, 2013, pp. 60 e 61.

da Suprema Corte dos Estados Unidos, já dizia que a luz do sol é o melhor desinfetante.[7]

Diante disso, o governo digital emerge como ferramenta indispensável para viabilizar uma gestão transparente e participativa. O uso de tecnologias inovadoras possibilita maior acessibilidade às informações, facilita a participação cidadã, desburocratiza a administração pública e aprimora os mecanismos de controle social. Ao transformar dados públicos em conhecimento acessível e compreensível, o governo digital não apenas fortalece a democracia, mas também contribui para uma gestão mais eficiente e responsável.

O Programa Nacional de Transparência Pública: análise da transparência e do governo digital no Brasil[8]

Um dos esforços mais recentes e significativos para fortalecer a transparência governamental no Brasil é o Programa Nacional de Transparência Pública (PNTP).[9] Lançado pela Associação dos Tribunais de Contas (ATRICON), Tribunal de Contas do Mato Grosso e Tribunal de Contas da União, em parceria com outras

7. Brandeis, Louis D. *Other People's Money and How to Use It.* Nova York: Frederick A. Stokes, 1914.

8. Radar da Transparência: ATRICON. *Radar da Transparência.* Disponível em: <https://radardatransparencia.atricon.org.br/panel.html>. Acesso em: 30 mar. 2025.

9. Cartilha PNTP 2024: ATRICON. *Cartilha do Programa Nacional de Transparência Pública (PNTP) 2024.* Disponível em: <https://radardatransparencia.atricon.org.br/pdf/cartilha-PNTP-2024.pdf>. Acesso em: 30 mar. 2025.

entidades do sistema de fiscalização, o programa visa a aprimorar a publicidade e o acesso às informações públicas produzidas ou custodiadas, em todos os níveis federativos, pelos três poderes, pelas Defensorias, pelos Ministérios Públicos e pelos próprios Tribunais de Contas.

Trata-se de uma avaliação anual, que culmina na premiação dos portais que atingirem as pontuações mais elevadas, classificando-os nas categorias prata, ouro e diamante. Por meio de sanções premiais, busca-se estimular a transparência e o aprimoramento contínuo. A critério de cada Tribunal de Contas, instituições por meio das quais são aplicados os questionários, os dados coletados podem subsidiar os processos de fiscalização dos poderes e órgãos avaliados, o que pode implicar a aplicação de multa e a repercussão nas respectivas contas, nos casos de insuficiência de transparência.

Quanto ao conteúdo da avaliação, a cartilha do PNTP estabelece um rol mínimo de informações a serem disponibilizadas: informações prioritárias (sobre a existência do próprio sítio institucional), informações institucionais (estrutura, competências, responsáveis, contatos etc.), receitas, despesas, convênios e transferências, recursos humanos, diárias, licitações, contratos, obras, planejamento e prestação de contas, serviço de informação ao cidadão, acessibilidade, ouvidoria, Lei Geral de Proteção de Dados e governo digital.

Além disso, o programa prevê padrões para a publicação de dados, garantindo que as informações sejam apresentadas de forma clara, acessível e tempestiva. Assim, em relação a cada quesito, são também analisadas a forma de disponibilização da informação e sua atualidade. Ainda, é verificado se o ente público publica histórico dessas mesmas informações referentes a, pelo menos, os últimos três anos. Também se exige a possibilidade de se gravar os dados em, no mínimo, um formato editável. Por fim, com o objetivo de facilitar a localização do dado desejado, o PNTP impõe a disponibilização de "ferramentas de pesquisa", isto é, instrumentos que permitem inscrir ou escolher textos, filtrando ou direcionando as opções de dados dentro dos conjuntos específicos de informações.

Assim, a iniciativa avalia a transparência, sobretudo a ativa, de poderes e órgãos da União, estados, Distrito Federal e municípios, promovendo, entre outros, a padronização da divulgação de informações públicas; a ampliação de acesso a dados; a melhoria contínua em relação à sua forma de acesso; o fortalecimento da participação cidadã na fiscalização da gestão pública e o incentivo à adoção de tecnologias que facilitem o controle social e a prestação de serviços públicos.

O projeto piloto do PNTP foi realizado em 2022, tendo sido consolidada a sua metodologia e os seus critérios de avaliação em 2023. No ano seguinte, foi aplicado questionário bem semelhante ao de 2023, sendo, portanto, comparáveis os resultados obtidos nos dois últimos exercícios (2023 e 2024). A pesquisa relativa a 2025 está em andamento.

Nesse contexto, observou-se que, de modo geral, os portais públicos brasileiros apresentaram uma melhoria nos resultados. Seu nível médio de transparência passou de 58,15% (2023) para 63,94% (2024). Houve um aumento de 141,42% em relação aos portais que atingiram o nível máximo — diamante. Nos níveis ouro e prata, houve, respectivamente, uma ampliação de 38,72% e uma queda de 3,63%. Na outra ponta, tem-se as classificações mais baixas (inexistente, inicial e básico): 5,75%; 25,30% e 26,49%, respectivamente. Tais dados, por si, demonstram a adoção de providências pelos poderes e órgãos em relação ao tema da transparência, o que também robora a efetividade do programa para os fins que se propôs.

Em 2024, os maiores níveis de transparência concentraram-se nas esferas distrital (92,59%) e estadual (84,42%). No âmbito federal, a pontuação chegou a 79,99% e, nos municípios, a 63,39%. Ainda sobre os entes locais, é possível verificar uma correlação entre o porte populacional e o nível de transparência: o percentual médio de atendimento aos critérios de avaliação é de 80,82% nos municípios que têm população com mais de 500 mil habitantes; já naqueles com até 5 mil habitantes, o percentual, em média, é o de 60,25%.

Assim como nos anos anteriores, os Tribunais de Contas lideraram o ranking de transparência, atingindo, em 2024, o percentual de 92,12%. Em sequência, tem-se: Ministério Público (88,24%), Judiciário (87,77%), Defensoria Pública (79,14%), Executivo (65,33%) e Legislativo (61,52%). Vale lembrar que, em razão de quantidade de recursos, volume de competências e, consequentemente, da dimensão dos serviços públicos prestados, os quesitos de avaliação dos poderes Executivos são bastante superiores em relação aos dos demais poderes e órgãos avaliados.

Em relação aos temas submetidos a exame, os mais fáceis de serem implementados estão entre os mais atendidos: Informações Prioritárias (94,76%), Acessibilidade (85,84%) e Informações Institucionais (82,03%). Na sequência, para além da dimensão Ouvidoria (77,35%), os melhores níveis referem-se às informações cuja não disponibilização implica grave ônus para a administração, sobretudo em razão do que dispõe a Lei de Responsabilidade Fiscal (Lei Complementar nº 101/2000). São eles: Despesa (77,57%); Receita (67,64%); Planejamento e Prestação de Contas (58,85%). Entre os dados menos publicados estão os temas das

Emendas Parlamentares (34,34%) e das Renúncias de Receitas (31,85%), o que pode ser explicado tanto por fatores culturais quanto pelo fato de que passaram a ser exigidos nas avaliações de transparência há menos tempo.

Especificamente quanto ao governo digital, a sua dimensão também engloba quesitos da Lei Geral de Proteção de Dados, e o percentual médio de atendimento desse conjunto de informações ficou, no ano de 2023, em 32,15%. No exercício seguinte, houve um aumento de 16,16 pontos percentuais (48,31% em 2024), o que demonstra uma evolução nesse particular.

Aqui, vale destacar o quesito 15.3, por meio do qual se questiona se o portal possibilita a demanda e o acesso a serviços públicos por meio digital, sem necessidade de solicitação presencial (fundamentação: artigo 3º, incisos II, III e X, e 14 da Lei nº 14.129/2021). A cartilha do PNTP fornece os seguintes exemplos e sugestões para os entes avaliados:

- Executivo: matrícula em escolas públicas, delegacia online, solicitação de medicamentos, emissão de segunda via de documento de licenciamento de veículo, emissão de guias de impostos, marcação de consultas no SUS.
- Legislativo: envio de sugestões de propostas legislativas, acompanhamento do trâmite de propostas legislativas, votação em enquetes.
- Judiciário e Tribunais de Contas: transmissão de sessões de julgamento, protocolo virtual de documentos e acompanhamento processual.
- Defensoria: agendamento de horários para atendimento.
- Ministério Público: atendimento virtual, protocolo de denúncias virtuais.

Em 2023, o percentual médio de atendimento ficou em 53,65%. No ano de 2024, o percentual aumentou para 67,17%, mantendo-se, contudo, abaixo de um nível ideal.

Por meio do critério 15.4, exige-se que os dados divulgados nos portais públicos sejam legíveis por máquina e em formato aberto, disponibilizados por meio de uma Interface de Programa de Aplicativos (do inglês, Application Programming Interface, API). De acordo com a cartilha, a página também deve conter as regras de como utilizar a API com seções detalhadas e exemplos. É considerado atendido esse critério quando o avaliado tem pelo menos um caso de dados legível por máquina. Em relação a esse item o percentual de atendimento passou de 38,45% para 50,99% (2023-2024).

Por fim, no item 15.5, questiona-se se o Poder ou o órgão regulamenta a Lei nº 14.129/2021, que dispõe sobre os princípios, regras e instrumentos para o governo digital. Esse foi, em 2023, o critério menos atendido entre todos eles, recebendo o percentual médio de 16%. Em 2024, houve um aumento significativo, ficando em 30,56%.

Fora da dimensão específica do governo digital, mas ainda sobre o tema dos serviços públicos acessíveis por meio dos portais públicos, a matriz de avaliação do poder Executivo conta com as dimensões "saúde" e "educação". Em relação à primeira, o quesito 18.2 exige a divulgação de informações relacionadas aos serviços de saúde, indicando os horários, os profissionais prestadores de serviços, as especialidades e local, atingindo o percentual de 43,93% em 2024. Já o item 18.3 questiona se o ente divulga lista dos medicamentos a serem fornecidos pelo SUS e informações de como obter medicamentos, incluindo os de alto custo, e conta com o nível médio de atendimento em 39,86%. Quanto ao tema da educação, o tópico 19.2 requer a publicação da lista de espera em creches públicas e os critérios de priorização de acesso a elas, com pontuação média equivalente a 38,61%. No geral, as dimensões saúde e educação apresentaram os seguintes resultados, respectivamente: 44,69% e 39,94%.

Nas matrizes de avaliação específicas dos poderes Legislativo e Judiciário e dos órgãos Tribunais de Contas, Defensoria e Ministério Públicos, há outros tantos critérios de avaliação referentes às suas atividades-fim.

Para o Legislativo, exige-se, por exemplo, divulgação de projetos de leis, leis e atos infralegais, pautas e atas de sessões, lista de votação e transmissão de sessões, audiências públicas, consultas públicas ou outras formas de participação popular via meios de comunicação como rádio, TV, internet, entre outros. Em 2024, o atendimento ficou em 51,78%.

Em relação ao poder Judiciário, é cobrada a publicação de pauta e de ata de sessões, decisões, informativos de jurisprudência e transmissão dos julgamentos por rádio, TV e internet. O percentual de transparência nessa dimensão foi de 90,23% em 2024.

Na matriz dos Tribunais de Contas, encontram-se quesitos semelhantes, cobrando-se, para além daqueles citados em relação ao Judiciário, a disponibilização dos seus processos em trâmite a partir do exercício da defesa dos gestores, catálogo de informações técnicas de cunho orientativo, valores da condenação a ressarcimento aos cofres públicos e multa, lista de responsáveis que tiveram suas contas julgadas irregulares ou que receberam parecer desfavorável para sua aprovação e outros. As Cortes de Contas atingiram o percentual de 85,02% nesse ponto.

Quanto aos Ministérios Públicos, a pesquisa demanda a divulgação dos registros de procedimentos preparatórios e de seus respectivos andamentos. A transparência em relação às suas atividades finalísticas ficou em 95,60%.

Por fim, para as Defensorias Públicas questiona-se a publicização de material informativo e dados sobre os atendimentos. Conquistaram a pontuação de 90,91% no particular.

Os critérios de avaliação referentes às atividades finalísticas tiveram por objetivo aproximar o cidadão dos portais públicos brasileiros. Por meio deles, o PNTP buscou estimular as consultas aos sítios institucionais, aproximar as pessoas dos assuntos relacionados à gestão pública e contribuir para o acesso a serviços e para a desburocratização da administração pública.

Conclusão

A transparência e o governo digital são elementos fundamentais para o fortalecimento da democracia e da boa gestão pública. Conforme discutido no início do texto, a transparência não se trata apenas de um princípio, mas de um instrumento essencial para a *accountability* e o controle social. A evolução das demandas sociais e a complexidade crescente da administração pública impõem a necessidade de mecanismos que assegurem o acesso à informação de forma clara e acessível. Nesse contexto, o governo digital se consolida como um meio indispensável para ampliar a participação cidadã e garantir a eficiência administrativa, possibilitando a disseminação de dados públicos de maneira estruturada e compreensível.

A análise dos dados extraídos do PNTP evidencia avanços significativos, mas também desafios persistentes. A melhoria geral no índice de transparência dos portais públicos entre 2023 e 2024, passando de 58,15% para 63,94%, indica um progresso na divulgação de informações pelos órgãos e poderes avaliados. No entanto, observa-se que ainda há disparidades expressivas entre os diferentes entes federativos, especialmente no nível municipal, onde os pequenos entes apresentam dificuldades em atingir padrões elevados de transparência. Além disso, embora tenha havido um crescimento significativo na classificação diamante, os níveis mais baixos de transparência continuam a representar um percentual relevante, demonstrando que há espaço para aperfeiçoamentos na implementação de boas práticas de acesso à informação.

No entanto, os dados referentes ao governo digital indicam que ainda há um longo caminho a percorrer. A baixa adesão a critérios como a oferta de serviços digitais e a publicação de dados em formatos abertos sinaliza a necessidade de investimentos e esforços contínuos para aprimorar a digitalização da gestão pública.

Especificamente, no que concerne ao governo digital, a pesquisa do PNTP demonstrou um avanço de 32,15% em 2023, para 48,31% em 2024, no índice médio de atendimento aos quesitos relacionados ao tema, o que demonstra uma evolução tímida nesse particular e a existência de espaço para avanços. Quanto aos serviços digitais propriamente ditos, os índices de atendimento encontram-se em 67,17%. A existência de dados legíveis por máquina e em formato aberto, em média, atingiram o percentual de 50,99%. Por fim, a regulamentação da Lei nº 14.129/2021, que trata do governo digital, ainda é baixa, de 30,56%.

O Poder Judiciário, o Tribunal de Contas, o Ministério Público e a Defensoria apresentaram índices altos de atendimento aos critérios relacionados a suas atividades-fim que, ao fim e ao cabo, consistem em prestação de serviços públicos (90,23%, 85,02%,

95,60%, 90,91%, respectivamente). Por outro lado, os desempenhos dos poderes Executivo e Legislativo merecem especial atenção: enquanto o Executivo obteve o percentual de transparência de 44,69% para a saúde e 39,94% para a educação, o Legislativo apresentou atendimento de 51,78%, ambos bastante inferiores em relação aos patamares desejáveis.

Em conclusão, é possível afirmar que Programa Nacional de Transparência Pública tem se revelado uma importante ferramenta voltada ao fortalecimento da transparência e no fomento ao controle no Brasil, incentivando, de um lado, os órgãos públicos a adotarem boas práticas e a atenderem aos critérios de acessibilidade da informação e, de outro, estimulando o acesso e a fiscalização por parte da sociedade. Em tempos de disseminação de *fake news*, a informação proveniente de fontes confiáveis, como os órgãos governamentais, adquire um valor ainda mais significativo do ponto de vista da democracia, pois fortalece a confiança pública e assegura que a população tenha acesso a dados verificados, fundamentais para o exercício pleno da cidadania e para a tomada de decisões informadas.

De outro lado, apesar dos avanços na disponibilização de dados, a oferta de serviços públicos por meio digital ainda é incipiente. A digitalização das operações governamentais, que poderia transformar a experiência do cidadão com a administração pública, ainda apresenta desafios significativos. Há um amplo espaço para aprimoramento, especialmente na adoção de plataformas digitais que executem serviços de forma ágil e desburocratizada, o que pressupõe investimentos contínuos em infraestrutura tecnológica e treinamento dos gestores públicos.

Transparência, dados abertos e governo digital: uma simbiose ainda incompleta

JULIANA SAKAI

MARINA IEMINI ATOJI

Inédito

Na primeira década dos anos 2000, o Brasil já experimentava progressos pontuais na transparência pública, com o lançamento do Portal da Transparência do governo federal[1] em 2004 e a aprovação da Lei da Transparência (LCP nº 131/2009).[2] Ambas as iniciativas, focadas na divulgação de informações financeiro-orçamentárias da administração pública, prenunciaram o marco histórico que viria em 2011: a aprovação da Lei de Acesso à Informação (LAI).[3]

A regra produziu uma ampliação exponencial da disponibilidade de informações públicas no ambiente digital em curto espaço de tempo, ao impor a todos os poderes e órgãos em todos os níveis a obrigatoriedade de atender a pedidos de informação

1. Brasil. Portal da Transparência. Disponível em: <https://portaldatransparencia.gov.br/>.

2. Brasil. Lei Complementar nº 131, de 27 de maio de 2009. Acrescenta dispositivos à Lei Complementar nº 101, de 4 de maio de 2000. Brasília, DF, 2000. Disponível em: <https://www.planalto.gov.br/ccivil_03/leis/lcp/lcp131.htm>.

3. Brasil. Lei nº 12.527, de 18 de novembro de 2011. Regula o acesso a informações previsto no inciso XXXIII do artigo 5º, no inciso II do parágrafo 3º do artigo 37 e no parágrafo 2º do artigo 216 da Constituição Federal. Brasília, DF, 2011. Disponível em: <https://www.planalto.gov.br/ccivil_03/_ato2011-2014/2011/lei/l12527.htm>.

e de cumprir itens mínimos de transparência ativa. Esse movimento de maior abertura do Estado, entretanto, negligenciou aspectos inovadores que a LAI trouxe vinculados aos deveres que impõe.

Em primeiro lugar, o artigo 5º do texto estabelece as condições nas quais deve se dar o acesso à informação: "Mediante procedimentos objetivos e ágeis, de forma transparente, clara e em linguagem de fácil compreensão." Ou seja, a LAI reconhece a diferença entre transparência e publicidade: a primeira pressupõe que a informação esteja adequada a ser apropriada pelo cidadão, enquanto a segunda pode se restringir ao ato de tornar algo público sem que isso signifique, necessariamente, que esteja ao alcance ou à compreensão de todos.

Em segundo lugar, os incisos II a IV do artigo 8º, parágrafo 3º incorporam conceitos relacionados a dados abertos às diretrizes específicas para a transparência ativa. A disponibilização do conjunto de informações obrigatórias deve ser feita em meio digital que possibilite "a gravação de relatórios em diversos formatos eletrônicos, inclusive abertos e não proprietários, tais como planilhas e texto, de modo a facilitar a análise das informações" e "o acesso automatizado por sistemas externos em formatos abertos, estruturados e legíveis por máquina". Os órgãos públicos devem, ainda, "divulgar em detalhes os formatos utilizados para estruturação da informação".

Esse diálogo entre acesso à informação e dados abertos não é obra do acaso. Em paralelo ao desenvolvimento dos passos mais significativos da transparência pública mencionados no início deste texto, o tema do governo eletrônico também ganhava corpo no Executivo federal, incluindo debates sobre a priorização do uso de formatos abertos e não proprietários.[4] Mais proximamente à aprovação da LAI, o Brasil lançou em 2011, com outros países, a Open Government Partnership [parceria para governo aberto].

Paulatinamente, o e-gov, centrado no uso de ferramentas tecnológicas para fornecimento de serviços públicos, abriu espaço para o governo digital,[5] cujo objetivo, conforme definido na Lei nº 14.129/2021,[6] é mais amplo do que a simples digitalização: "Aumentar a eficiência da administração pública por meio da desburocratização, da inovação, da transformação digital e da participação do cidadão".

Os princípios e diretrizes do governo digital estabelecidos no artigo 3º da legislação consolidam sua relação simbiótica com a transparência e dados abertos. Os incisos IV, V e VII englobam disposições da LAI, como "a transparência na execução dos serviços públicos e o monitoramento da qualidade desses serviços", "o incentivo à participação social no controle e na fiscalização da administração pública" e "o uso de linguagem clara e compreen-

---

4. Carabetta, João; Bakonyi, Erica; Belli, Luca; Franqueira, Bruna; Gaspar, Walter B.; Magalhães, Larissa; Nunes, José Luiz; Vasconcellos, Ana Paula. *Governança de dados no setor público. Parte I — Open Data: a evolução da abertura de dados no Brasil*. Rio de Janeiro: Lumen Juris, 2024. Disponível em: <https://www.mpsp.mp.br/portal/page/portal/documentacao_e_divulgacao/doc_biblioteca/bib li_servicos_produtos/BibliotecaDigital/BibDigitalLivros/TodosOsLivros/Governanca-de-dados-no-setor-publico_abertura-de-dados-governamentais.pdf>.

5. Ministério da Gestão e da Inovação em Serviços Públicos. Governo digital: linha do tempo. Brasília, DF, 2019. Disponível em: <https://www.gov.br/governodigital/pt-br/estrategia-de-governanca-digital/do-eletronico-ao-digital>.

6. Brasil. Lei nº 14.129, de 29 de março de 2021. Dispõe sobre princípios, regras e instrumentos para o governo digital e para o aumento da eficiência pública. Brasília, DF, 2021. Disponível em: <https://www.planalto.gov.br/ccivil_03/_ato2019-2022/2021/lei/l14129.htm>.

sível a qualquer cidadão". Os incisos XIV e XXIII, por sua vez, tratam da abertura de dados e a relacionam ao aperfeiçoamento da gestão: "a interoperabilidade de sistemas e a promoção de dados abertos" e "a implantação do governo como plataforma e a promoção do uso de dados, preferencialmente anonimizados, por pessoas físicas e jurídicas de diferentes setores da sociedade [...] com vistas, especialmente, à formulação de políticas públicas, de pesquisas científicas, de geração de negócios e de controle social".

Entretanto, observa-se que na prática os três ramos ainda são tratados de forma apartada. O acesso à informação de forma objetiva, ágil e clara é abordado como uma total antítese da disponibilização de dados em formato aberto. Ambas as premissas, por sua vez, continuam sendo vistas como acessórias, e assim não integram o desenho das ferramentas e sistemas de governo digital.

Políticas públicas de cunho nacional cuja execução é descentralizada, como a Política Nacional de Alimentação Escolar (PNAE), ilustram bem essa realidade. Atualmente, acompanhar a implementação do programa nos 5.568 municípios e 27 unidades federativas do país é virtualmente impossível, pois dependeria da coleta de dados disponibilizados (quando muito) em distintos formatos e padrões em mais de 5 mil portais de transparência diferentes. A sociedade e até mesmo os entes públicos não conseguem saber a resposta a perguntas como quanto está se comprando de litro de leite por aluno matriculado ou quanto está se pagando por esse litro de leite pelo país.

As emendas parlamentares federais individuais, tanto na modalidade tradicional (de transferência com finalidade definida) quanto na pix (transferência especial), são outro exemplo. O Portal da Transparência do governo federal tem apenas parte dos dados relativos a elas: a classificação funcional programática da despesa, os montantes totais em cada fase da despesa e a autoria da emenda, por exemplo. Os planos de trabalho, relatórios de gestão e documentos de prestação de contas da execução dos recursos, por sua vez, ficam na plataforma Transferegov.br, usada para operacionalizar os repasses.

Até outubro de 2024, não havia nenhuma conexão entre os dois sistemas. Portanto, para verificar os detalhes da execução de uma emenda específica, era necessário navegar por ambos. A condição só se alterou após determinação do Supremo Tribunal Federal para que a Controladoria-Geral da União (CGU) aprimorasse o Portal da Transparência, o que levou à inclusão de links diretos nas páginas com os detalhes de cada emenda no Transferegov.br. Obter um panorama global, entretanto, ainda exige grau avançado de conhecimento técnico para cruzar bases de dados distintas.

Em um cenário como esse, há uma limitação concreta e inadmissível a avaliações da qualidade do gasto público e da efetividade de políticas públicas, principalmente para a composição de um retrato nacional. Não à toa, há uma percepção por parte do poder público de que os resultados do processo de abertura de dados e informações ficaram aquém do esperado, com relativa baixa utilização desse vasto material pela sociedade.

A criação de bases de dados nacionais, guiadas pelos princípios de governo aberto (transparência, digitalização e participação pública) se mostra uma solução interessante para casos como os mencionados.

Nacionalização de bases de dados: Portal Nacional de Contratações Públicas como referência legal

A Lei nº 14.133/2021 (Nova Lei de Licitações) inovou ao criar o Portal Nacional de Contratações Públicas (PNCP) e obrigar todos os entes da administração pública direta do país em todos os níveis federativos a publicar nele seus contratos. Com isso, criou uma base centralizada de contratos públicos no país (que movimentam centenas de bilhões de reais ao ano) capaz de oferecer respostas a perguntas como o custo do litro de leite adquirido por municípios com recursos do PNAE.

Ou seja, o PNCP tem o potencial de:

1. aprimorar a qualidade do gasto público no país, por meio do fortalecimento do controle social;
2. melhorar a eficiência de contratações em todas as áreas, ajudando gestores a aumentar a oferta e inclusão de serviços públicos; e
3. servir de dados para o desenho e implementação de uma política nacional de contratações públicas, alinhada com o desenvolvimento sustentável do país, com a promoção de equidade e diversidade entre fornecedores públicos.

É claro que criar uma base de dados nacional não é uma tarefa trivial: é necessário investimento adequado e governança para garantir que os dados inseridos por milhares de agentes públicos pelo país sejam íntegros e padronizados para que possam ser úteis. É nessa frente que a Transparência Brasil e a Open Contracting Partnership, organizações da sociedade civil nacional e internacional, têm atuado em colaboração com o Ministério da Gestão e Inovação em Serviços Públicos (MGI), responsável pela coordenação do PNCP, e a CGU há dois anos.

Buscando apoiar e fortalecer o processo de construção do portal e incrementar a qualidade de dados das contratações, as entidades identificaram pontos críticos que devem ser aperfeiçoados para dar efetividade ao PNCP tanto como ferramenta de governo digital quanto de transparência. O recorte escolhido foi a aquisição de medicamentos pelos órgãos públicos, considerando seu alto impacto sobre um direito fundamental da população.

Das contratações de medicamentos hoje disponíveis no PNCP, só é possível especificar o custo unitário de 5% usando o Catálogo de Materiais (CATMAT), a base de informações com padronização de identificação e descrição dos materiais que podem ser licitados e comprados pela administração pública federal. Isso ocorre porque a grande maioria das contratações não identifica o produto adquirido usando seu código, que é o que permite comparar bananas com bananas de uma mesma espécie, qualidade e quantidade.

Nesse contexto, além da atuação da sociedade civil em cooperação com a administração pública, é crucial que o Comitê Gestor da Rede Nacional de Contratações Públicas, responsável pela gestão do PNCP, assuma o protagonismo da governança dos dados da plataforma. Sua composição e estrutura favorecem essa função, por ser liderado por um ente da União (o MGI), e ser composto por entes subnacionais e de todos os poderes. A integração da sociedade civil ao colegiado ainda depende de aprovação de proposta de lei em tramitação no Congresso Nacional.

E, apesar do grande desafio que carrega consigo, o PNCP ainda não tem uma linha de orçamento própria que cubra suas necessidades em termos de recursos humanos e de desenvolvimento tecnológico. Desse modo, a concretização de seu benefício potencial sofre atrasos e bloqueios.

Papel da sociedade civil quando o Estado falta

Ainda que o ideal seja que o Estado, com a sua estrutura, recursos e poder, fosse o agente central na coleta, padronização e abertura de dados de qualidade, a sociedade civil tem tomado para si esse papel em áreas críticas em que o poder público não consegue ou não quer facilitar a transparência. Um caso notável disso são os contracheques do Judiciário e do Ministério Público.

Desde 2017, o Conselho Nacional de Justiça (CNJ) disponibiliza os contracheques dos magistrados de tribunais de todo o país, com exceção do STF, em um painel online de consulta pública.[7] Entre os motivos para essa ação está, inclusive, a dificuldade identificada pela própria presidência do colegiado — então exercida pela ministra Cármen Lúcia — de acessar os dados até então disseminados em cada tribunal. Segundo nota publicada no site da Corte Suprema, a ministra testou páginas eletrônicas dos tribunais e "ficou 'horrorizada' quando teve que passar por 18 cliques em um dos sites".[8]

O painel do CNJ é, desde então, uma fonte para que jornalistas, acadêmicos e demais membros da sociedade civil se debrucem sobre os pagamentos a juízes e desembargadores e façam análises do pagamento de penduricalhos e supersalários. Uma iniciativa que contrasta radicalmente, cabe destacar, com o ob-

7. Brasil. Conselho Nacional de Justiça. Portaria nº 63, de 17 de agosto de 2017. Brasília, DF, 2017. Disponível em: <https://atos.cnj.jus.br/atos/detalhar/2456>.

8. "Ministra Cármen Lúcia cobra dos tribunais planilhas com salários de juízes". Supremo Tribunal Federal, Brasília, 4 dez. 2017. Disponível em: <https://noticias.stf.jus.br/postsnoticias/ministra-carmen-lucia-cobra-dos-tribunais-planilhas-com-salari os-de-juizes/>.

servado em relação ao Conselho Nacional do Ministério Público (CNMP), cuja atuação nessa seara é marcada não apenas pela omissão na unificação de fontes de dados mas também pela aprovação de medidas que reduzem a transparência dos contracheques dos MPs, como a exigência de identificação de cidadãos para que acessem os dados em cada um dos sites dos MPs.[9]

Há, entretanto, uma fragilidade no painel do CNJ. Ao analisar os dados no âmbito do projeto DadosJusBr, a Transparência Brasil identificou mais de cinco mil rubricas diferentes que identificam benefícios e indenizações pagos a magistrados. Ainda que a criatividade para a criação de penduricalhos não seja modesta, não se chega a esse nível de sortimento. Aqui se trata principalmente de um problema na padronização dos dados.

Um mesmo benefício pode ter dezenas de nomes distintos, pois cada tribunal tem liberdade total para definir suas rubricas nos contracheques. As rubricas, por sua vez, não estão vinculadas a categorias que identifiquem a natureza do pagamento (se remuneratória ou indenizatória) ou do benefício (se pessoal ou eventual). Dessa forma, há uma grande barreira à comparação dos gastos dos órgãos do Judiciário com cada tipo de benefício, e à aferição das despesas com cada categoria de vantagem paga.

Assim como os dados de contratação deveriam seguir padrões estabelecidos em catálogos de compras de forma a tornar a base do PNCP coesa e útil, é fundamental que os contracheques do Judiciário sejam discriminados de acordo com especificações objetivas. Falta ao CNJ dar mais esse passo em sua atuação na governança dos dados das remunerações: o de implementar uma

9. Brasil. Conselho Nacional do Ministério Público. Resolução nº 281, de 12 de dezembro de 2023, art. 172. Brasília, DF, 2023. Disponível em: <https://www.cnmp.mp.br/portal/atos-e-normas-busca/norma/10515.>

regulação que limite e padronize as categorias de rubricas, elevando a transparência efetiva sobre o gasto dos tribunais com pessoal, em especial os membros.

Enquanto isso não acontece, a Transparência Brasil e a República.org esquadrinharam as milhares de rubricas e estabeleceram uma agregação-padrão para pagamentos de mesmo tipo, além de categorizá-los. A metodologia agrupou o quantitativo de 5 mil nomenclaturas distintas do Judiciário em 62 rubricas, relativas a 34 categorias.

O trabalho quase hercúleo é indispensável para qualificar o debate sobre os pagamentos acima do teto constitucional para remuneração no setor público. Os problemas na qualidade dos dados de contracheques comprometem a realização de análises sobre o custo dos supersalários aos cofres públicos e a proposição de soluções que impeçam de fato a persistência de elites do funcionalismo público.

Conclusão

A produção e disponibilização de dados públicos de qualidade é indispensável, como se vê, para a concretização da transparência e a eficácia do governo digital. Essa demanda tem sua urgência intensificada na medida em que o uso de inteligência artificial (IA) se apresenta como a nova fronteira do governo digital, para tornar o governo mais eficiente em suas tarefas administrativas e mais capacitado para melhorar e controlar políticas e serviços públicos. Como se sabe, os insumos usados para alimentar e treinar IAs são tão cruciais para os seus resultados quanto a própria tecnologia aplicada.

Dois caminhos de curto prazo podem contribuir para reduzir a distância atual entre transparência, abertura de dados e governo digital. Um deles é a criação de uma Política Nacional de Governo Digital que promova o desenvolvimento mais uniforme do governo digital em todos os níveis e poderes do país, estabelecendo parâmetros mais claros e comuns a todos os entes de modo a facilitar a integração de dados e informações. Ao mesmo tempo, o governo federal deve liderar e coordenar um movimento para a construção de bases de dados nacionais de qualidade relativos a políticas públicas nacionais, tendo seu papel de promover igualdade regional e desenvolvimento pelo país como fundamento.

DIVERSIDADE NO SETOR PÚBLICO

Apresentação

CIBELE FRANZESE

O conjunto de textos que compõem este bloco trata de diversidade racial e de gênero sob diferentes aspectos. Sua leitura é de grande relevância porque apresenta, além de conceitos fundamentais, um balanço da situação brasileira que, infelizmente, é bastante desanimador. A compreensão dos conceitos pode nos levar a ressignificar nosso olhar sobre a realidade, qualificando nossa percepção sobre violações cotidianas que estão naturalizadas, convertendo-nos, também, em agentes transformadores deste cenário tão bem descrito pelas várias autoras e autores que aqui contribuíram.

Um primeiro ponto que fica evidente é que as garantias legais, alcançadas na última década, não foram suficientes para que tivéssemos conquistado avanços reais em termos de diversidade racial na administração pública. Ana Luisa Araujo de Oliveira, Edmilson Santos dos Santos e Alisson Gomes dos Santos, do Observatório das Políticas Afirmativas Raciais (Opará) demonstram que a implementação da Lei nº 12.990/2014 — a chamada Lei de Cotas no Serviço Público, que estabelece a obrigatoriedade de que 20% das vagas oferecidas nos concursos públicos para o provimento de cargos na administração pública direta e indireta sejam reservadas a pessoas negras — não tem sido implementada, uma vez que alguns editais federais de concurso público não chegam nem mesmo a mencionar a legislação e prever o percentual de reserva de vagas exigido. E, se o edital não prevê, a reserva de vagas não se efetiva. Além disso, a regra tem sido ignorada para processos seletivos simplificados, apesar de já haver decisão judicial estabelecendo o contrário. Ou seja, depois de toda a luta para conquistar o direito, não há implementação porque, nas palavras dos autores, "as instituições públicas federais sequestraram esse direito".

O resultado dessa ausência de implementação é ratificado pelos dados apresentados por Pedro Masson Sesconetto Souza e César Augusto Galvão. Apenas 5,9% dos novos ingressantes no poder Executivo federal se inscreveram por cotas raciais — sendo 1,6% na carreira de professor do magistério superior e 7,2% nas demais carreiras. Apear disso, os autores mostram que há cerca de 40% de negros no serviço público federal, embora, pelo que se percebe, esse percentual não se deve à implementação da Lei de Cotas.

Quando o assunto é gênero, o panorama não melhora. Se a questão da inclusão racial passa, dentre outros fatores, pela falta de implementação da legislação, ao falarmos da inclusão de mulheres nos cargos de direção, os textos apontam que não há lei e nem espaço para as mulheres em posições de poder na administração federal. Ao analisar os postos de ministro, Laura Angélica Moreira Silva mostra não apenas um prazo de quase cem anos para alcançarmos equidade de gênero no primeiro escalão do governo federal, mas também menciona que, segundo dados do Banco Interamericano de Desenvolvimento (BID), o Brasil está na pior posição no que diz respeito ao percentual de mulheres em cargos de liderança. Segundo a autora, analisando-se desde a redemocratização, apenas 9,2% das posições de ministro foram ocupadas por mulheres, concentrando-se principalmente nas pastas de Mulheres e Assistência Social. A gestão que mais teve mulheres como ministras foi da presidente Dilma, com 14 nomeadas.

Parte das consequências da ausência de mulheres nos postos de liderança, apontada por Silva, pode ser mais bem compreendida no texto escrito por Michelle Fernandes e Ananda Marques. No *survey* realizado pelas autoras com gestoras do serviço público federal, a falta de mulheres em cargos de liderança apareceu de forma bastante clara: 70% das respondentes considerou que a experiência de ter uma chefe imediata foi minoritária ao longo de sua carreira. E por que será que tão poucas mulheres chegam a postos de liderança? O texto mostra que, na visão de boa parte das respondentes, a dificuldade de ascensão a um cargo de chefia está ligada à discriminação por gênero (40,8%), à conciliação do trabalho com a maternidade (38,3%) e à sobrecarga do trabalho doméstico (28%).

O que será que essa escassez de mulheres na liderança pode provocar em termos de cultura organizacional? As autoras não apontam qualquer relação de causalidade — e nem poderiam —, mas apresentam dados que são alarmantes: ao responderem sobre os desafios que enfrentaram no ambiente de trabalho por serem mulheres, mais da metade mencionou discriminação por gênero (55,1%); quase metade relatou assédio moral (48,4%); e pouco menos de um quarto (21%) identificou assédio sexual.

Esses dados revelam um cotidiano violento e hostil ao desenvolvimento profissional das mulheres. Segundo afirma Myrelle Jacob Gonçalves, o primeiro passo para compreender o assédio em sua dimensão estrutural é nomeá-lo como violência. A autora sugere que a omissão, a ausência de canais de denúncia confiáveis e a naturalização de comportamentos violentos fazem com que o assédio seja aceito como parte do ambiente organizacional. Segundo a autora, no poder Judiciário, estima-se que mais de 77% das vítimas de assédio não formalizaram denúncia, pela falta de confiança nos mecanismos de apuração ou pelo receio de prejudicar a própria carreira.

Os dados trazidos pela autora para o poder Judiciário vão no mesmo sentido dos dados levantados por Fernandez e Marques para o Executivo federal. Segundo as autoras, uma pesquisa nacional do Conselho Nacional de Justiça (2023) revelou que mais da metade (56,4%) dos servidores respondentes já haviam vivenciado situações de assédio ou discriminação no ambiente de trabalho, sendo as mulheres as mais atingidas.

O que é ainda mais grave é que após a denúncia, o processo de apuração é lento — entre a apresentação da queixa e a eventual abertura de processo administrativo decorrem, em média, quinhentos dias — e apenas 12,3% das pessoas acusadas de assédio moral são efetivamente punidas, sendo menos de 2% delas demitidas.

Esse conjunto de dados revela que há um volume de violências que não está sendo denunciado e que aquelas que o são não recebem um devido processo de *accountability*. Dessa forma, novas denúncias passam a ser cada vez mais desestimuladas e, em um serviço público onde vigora a estabilidade e cujas carreiras ainda são pensadas para um período de 20-30 anos, acaba-se fomentando a convivência permanente entre vítimas e agressores.

Se você chegou até aqui, espero que tenha sido convencido(a) de que vale a pena prosseguir e aprofundar-se em cada um dos textos deste bloco. A pauta da diversidade é necessária para transformar nossas organizações públicas em espaços melhores, com oportunidades para o desenvolvimento de todas as pessoas. Mas, como vimos, não é uma agenda fácil. Exige redistribuição de espaços de poder e muito comprometimento, em vez de omissão. De todas as pessoas, sem exceção.

Brasil levará 88 anos para conseguir equidade de gênero em ministérios

LAURA ANGÉLICA MOREIRA SILVA

19 de dezembro de 2023

Existe um aparente consenso entre pesquisas[1] que analisam a importância de mulheres ocuparem cargos de liderança: elas são capazes de se implicar em problemas com uma perspectiva distinta da dos homens, sem se tornar, necessariamente, refratárias a eles. No entanto, também há consenso na literatura[2] sobre os desafios de se construir, na prática, uma sociedade mais equitativa, superando o chamado teto de vidro, as barreiras invisíveis para que uma mulher ocupe cargos de liderança, seja no setor público, seja no privado.

Se entendemos que a qualidade democrática passa pela diversidade, a presença de mulheres no alto escalão de governos deveria ser rotina. Entretanto, dados apresentados pelo Banco Interamericano de Desenvolvimento (BID) mostram que o Bra-

1. Naranjo, Sandra; Chudnovsky, Mariana; Strazza, Luciano; Mosqueira, Edgardo; Castaneda, Carmen. "Mulheres líderes no setor público da América Latina e do Caribe: lacunas e oportunidades". BID, 2022; França, Michael; Nascimento, Fillipi. "Equidade e representatividade: síntese de evidências sobre a presença de mulheres e pessoas negras em cargos de liderança e autoridade". Insper, 2023.

2. Hymowitz, C.; Schellardt, T. D. "The Glass Ceiling: Why women can't seem to break the invisible barrier that blocks them from the top jobs". In: *Wall Street Journal Section*, v. 4, n. 1, 1986, pp. 4-5; Adams, R. B.; Funk, P. "Beyond the Glass Ceiling: Does gender matter?". In: *Management Science*, v. 58, n. 2, 2012, pp. 219-35.

sil ocupa a última posição no que diz respeito ao percentual de mulheres em cargos de liderança: 19,8%, sendo que valores satisfatórios são tabulados acima de 30%.

Assim, este texto é motivado por um debate que nos parece pendular: ora afirma-se a importância da equidade de raça e gênero, ora afirma-se existir algum tipo de desafio para compor espaços de liderança considerando esses marcadores. É importante ressaltar que esse movimento é, algumas vezes, justificado em razão das dinâmicas políticas que envolvem a manutenção ou ampliação da diversidade em postos-chave do alto escalão.

Para compreender como se dá a presença numérica de mulheres nos ministérios, um levantamento foi realizado com base no registro de nomeações e exonerações existentes no Portal da Presidência da República[3] desde 1985, com o início do governo Sarney, até 2023, com o início do governo Lula. Para realizar a análise, um banco de dados[4] foi elaborado com informações sobre 670 ministras e ministros indicados, dos quais 57 foram mulheres — com, pelo menos, uma nomeação. Buscou-se identificar padrões, destacar ministérios com maior e menor quantitativo de mulheres e observar como essa (baixa) representatividade apresenta variação ao longo dos diferentes mandatos presidenciais. Além disso, esteve em destaque a seguinte pergunta: mantendo-se algumas premissas, quando seria possível alcançar um governo federal com equidade ministerial? A resposta é chocante caso continuemos sem atuar pela equidade.

---

3. Biblioteca da Presidência da República. Disponível em: <http://www.biblioteca.presidencia.gov.br/presidencia/ex-presidentes>.

4. A partir dos registros disponibilizados pela biblioteca da Presidência da República foi criada uma base de dados com todos os(as) ministros(as) que ocuparam cargos no governo brasileiro desde a redemocratização. Foram considerados apenas os ministros efetivos, excluindo-se os interinos.

A seguir os dados encontrados serão apresentados. Primeiro, apresentamos o cenário de indicações de homens e mulheres de 1985 até 2023. Na sequência, apresentamos a presença de mulheres por presidência, por mandato presencial e os tempos médios de permanência no cargo. Ao final do estudo, um cálculo estatístico é apresentado com o intuito de provocar o debate sobre a ausência de políticas de nomeação para cargos de liderança a partir de uma lógica de equidade.

Mulheres e homens em ministérios: de 1985 até 2023

Uma primeira análise a se fazer é um olhar para toda a série histórica. De 1985 até os dias atuais, somente 57 nomeações foram vinculadas a mulheres e 613 nomeações vinculadas a homens. O início da redemocratização apresenta o saldo de apenas uma mulher ministra: Dorothea Werneck, nomeada por José Sarney para o Ministério do Trabalho. Tal qual Sarney, Fernando Henrique Cardoso e Michel Temer e tiveram uma única nomeação feminina para seus ministérios. No mandato único de Fernando Collor, foi possível observar a nomeação de uma mulher na pasta de Fazenda, a então ministra Zélia Cardoso de Mello. Os mandatos somados de Luiz Inácio Lula da Silva e Dilma Rousseff possuem uma diferença de apenas uma indicação para seus ministérios, Lula com um total de 23 nomeações e Dilma com um total de 22 nomeações, sendo que algumas dessas nomeações se repetem entre um e outro mandato.

Das 57 nomeações registradas, 42 são distintas frente a 445 ministros homens. Isso significa que 15 nomeações foram repetidas entre as mulheres aptas a este cargo. Por mais que tenha-

Gráfico 1: Total de indicações ministeriais por Presidência da República

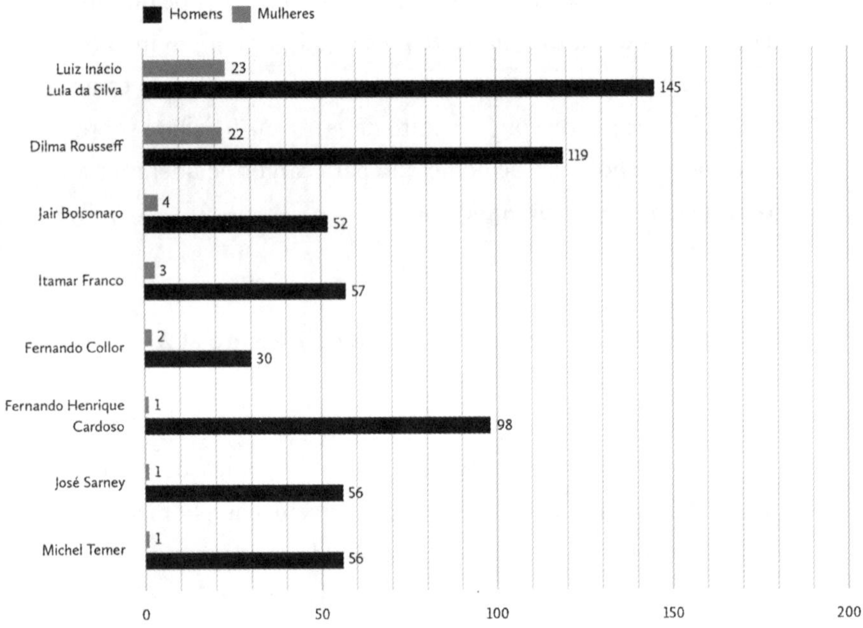

Fonte: Elaboração própria.

mos mulheres que estiveram mais de uma vez nesta posição, os resultados são pífios: menos de 10% das pessoas que ocuparam o cargo mais importante em termos de políticas públicas no Brasil (9,2%) eram mulheres[5].

5. Vale citar que a ex-deputada Cristiane Brasil, possível ministra do Trabalho no governo Temer, não compõe essa estatística em razão da sua posse ter sofrido suspensão pela Justiça Federal.

Mulheres e homens em ministérios: análise por mandato

Observando os dados desagregados, a distribuição de mulheres entre mandatos não é, nem de perto, equânime. O primeiro mandato da presidente Dilma Rousseff foi o que mais contou com ministras, com um total de 14 mulheres nomeadas, diante de 61 homens nomeados. Em seguida, o terceiro mandato do presidente Lula conta com a segunda maior presença de mulheres, 11 ministras indicadas enquanto 26 homens compõem a alta liderança. Por outro lado, o segundo mandato do presidente Fernando Henrique Cardoso não contou com nenhuma mulher no cargo de ministra e o primeiro mandato contou com apenas uma mulher nomeada. Nos demais mandatos presidenciais, pelo menos uma mulher foi indicada para o cargo.

A distribuição percentual das ministras em relação ao total de pessoas nomeadas não apresenta padrões. Em 1985, o percentual foi aproximadamente 1%. Entre 2010 e 2011 tivemos um pico de nomeações entre mulheres alcançando aproximadamente 17%. Já em 2015 e 2016 retomamos aos valores de 1985.

Conforme mencionado anteriormente, um aspecto importante é que a representatividade de gênero é, além de baixa, repetitiva. Do total de 57 mulheres nomeadas que ocuparam cargos ministeriais no governo brasileiro, somente 42 são indicações distintas e 15 mulheres foram nomeadas mais de uma vez.

A ministra Ideli Salvati é um exemplo notável, tendo ocupado o cargo de ministra quatro vezes em diferentes pastas: Direitos Humanos (duas vezes), Pesca e Agricultura e Relações Institucionais. Já o Ministério do Meio Ambiente contou com duas mulheres ocupando cargos em momentos distintos: Marina Silva e

Gráfico 2: Indicações de homens e mulheres para ministérios por mandato

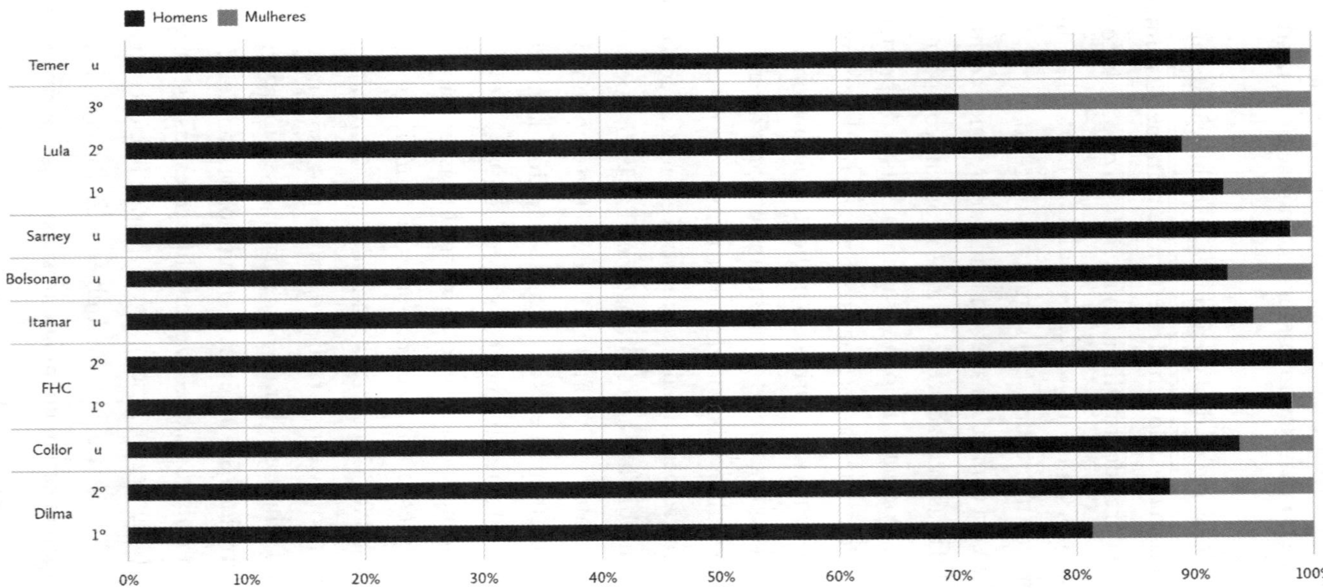

	Dilma		Collor	FHC		Itamar	Bolsonaro	Sarney	Lula			Temer
	1º	2º	u	1º	2º	u	u	u	1º	2º	3º	u
Homens	61	58	30	40	58	57	52	56	62	57	26	56
Mulheres	14	8	2	1		3	4	5	5	7	11	1

Fonte: Elaboração própria.

Gráfico 3: Percentual de ministras em relação ao total de pessoas ministras

Fonte: Elaboração própria.

Isabella Teixeira com atuação nos governos Lula e Dilma, ambas com mais de uma nomeação.

As pastas relacionadas à política de mulheres e assistência social compilam a maior representação de nomeações femininas. Como esses ministérios possuem a pauta de mulheres como política em comum, esta é uma hipótese que pode explicar o quantitativo de maior representatividade institucional de gênero. As mulheres que estiveram comandando ministérios com tema mulheres foram: Nilcéa Freire no governo Lula; Iriny Nicolau Corres Lopes, Eleonora Menicucci de Oliveira e Nilma Lino Gomes no governo Dilma; Damares Alves e Cristiane Brito no governo Bolsonaro; e Cida Gonçalves no terceiro mandato de Lula.

Já na agenda da assistência social temos: Margarida Maria Maia Procópio atuou com esta agenda no mandato único de Fernando Collor; Marcia Lopes e Benedita da Silva no primeiro e no segundo mandatos de Lula; e Tereza Campello no primeiro e no segundo mandatos de Dilma Rousseff.

Ministras ou ministros: quem passa mais tempo no cargo?

Em média, as mulheres permanecem mais tempo no cargo em comparação com os homens, embora, em geral, não completem um mandato, o que pode comprometer as decisões vinculadas às políticas públicas. A média de tempo no cargo ministerial é de 1,5 ano. No primeiro mandato, a média é de dois anos; no segundo, 1,4. De todos os homens e mulheres que foram nomeados para cargos ministeriais, as mulheres passaram mais tempo trabalhando que os homens: ministras ficam 1,8 ano no cargo, enquanto ministros ficam 1,5 ano.

Ao separarmos por mandato, as mulheres trabalham por mais tempo no primeiro mandato que os homens: 2,5 anos e dois anos, respectivamente. A temporalidade no cargo cai no segundo mandato: mulheres trabalham por 1,2 ano, enquanto homens trabalham 1,4 ano.

Em relação aos mandatos concluídos, mais da metade (60,87%) da totalidade de mulheres ocuparam o cargo por menos de dois anos. Essa mesma comparação, no caso de homens, registra que 73,42% da totalidade dos ministros ocupou o cargo por menos de dois anos.

Gráfico 4:[6] Distribuições de ministros e ministras em relação ao tempo de cargo

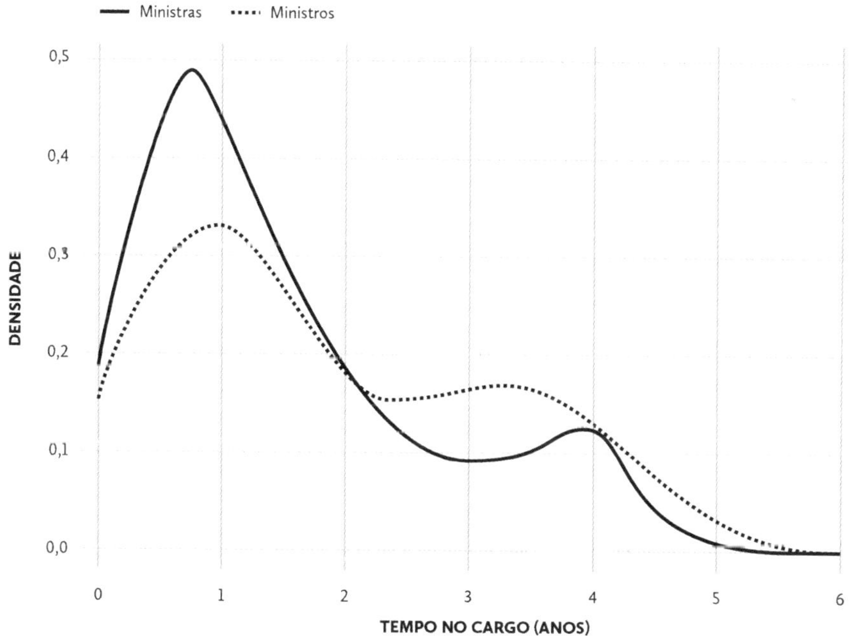

Fonte: Elaboração própria.

6. Em estatística, a densidade é como um mapa que nos mostra como o tempo está distribuído. É uma maneira de visualizar os dados e quais valores são os mais típicos. Nesse caso, se a visualização do gráfico é alta e com uma ponta, significa que a maioria dos ocupantes de cargos permanece por um período semelhante. Se o gráfico possui visualização distribuída, isso indica que as pessoas podem ocupar o cargo por períodos variados. A densidade nos ajuda a entender se os cargos têm ocupantes de longo prazo ou se há uma rotatividade mais alta, oferecendo *insights* sobre a estabilidade nas posições ao longo do tempo.

Por meio de regressão linear,[7] foi possível estimar que a sociedade brasileira precisará de 88 anos para alcançar um primeiro governo com equidade de gênero em seus ministérios. Na ausência de uma legislação ou instrumento que estimule a equidade de gênero em espaços de livre nomeação e exoneração, bem como de um diagnóstico ou planejamento que estabeleça metas de médio prazo com objetivos claros sobre nomeações de mulheres, o teste estatístico reforça a importância do debate sobre mulheres em espaços de poder e com garantias de que poderão influenciar políticas públicas.

Entende-se que o esforço de levantamento, consolidação e organização dos dados apresentados não deve se restringir a este ensaio. Este início de diagnóstico reforça quão distantes estamos de uma lógica de equidade — considerando o marcador

7. Para realizar essa estimativa, os percentuais de ministras em relação à quantidade total de ministros foram agrupados por mandatos de forma cronológica. É preciso considerar que a realização da análise pelo período de início dos cargos ministeriais, considerando entradas/nomeações — saídas/exonerações, pode gerar resultados falsos-positivos, produzindo uma falsa sensação de equidade. Por exemplo, nos últimos anos de mandato, um presidente resolve fazer uma reforma ministerial, exclui alguns ministérios e por coincidência, durante poucos meses, ocorre essa paridade de gênero nos cargos ministeriais. Não parece justo considerar nesse exemplo que há equidade, sendo que em mais de três décadas de democracia nunca houve essa paridade. Por esse motivo, a metodologia empregada considerou todas as nomeações durante os mandatos, ou seja, a totalidade de pessoas nomeadas para todos os ministérios. Importante registrar que para realizar as estimativas no modelo estatístico foram considerados mandatos com quatro anos completos, ou seja, excluem-se situações como *impeachments* futuros, desistência/morte do governante etc. Do ponto de vista estatístico, é importante ressaltar que tanto a série histórica do percentual de ministras por ano quanto por mandato não evidenciou relações de sazonalidade, isto é, trata-se de séries temporais sem repetições de padrões; além disso, as séries

de gênero. É importante reforçar que o marcador de raça gera uma fotografia das desigualdades em cargos de liderança ainda maior e mais complexa. Sugere-se levar em conta as lógicas de planejamento com foco em metas claras de curto e médio prazo na composição dos gabinetes, assim como as lógicas de representatividade democrática, para que se possa vislumbrar maior representatividade.

O Brasil aparenta abertura para um debate sobre representação equitativa de gênero, assim como sobre diversidade. Contudo, entende-se que há certa resistência às mulheres onde tem-se como hipótese que posições de liderança carecem de diálogo técnico e político. Se a variável política é historicamente um campo disputado por homens, o resultado é claro: a narrativa de que há "ausência do perfil" acaba normalizada, o que constitui uma amostra do preconceito institucional que reflete o cenário ministerial atual.

Um outro desafio institucional é garantir uma renovação dos quadros femininos indicados a cargos ministeriais. Os dados

---

abordadas não são estacionárias. Com intuito de transformá-las em séries estacionárias, aplicaram-se testes de estacionariedade, em conjunto com a técnica de diferenciação, análises gráficas (autocorrelação total e parcial e decomposição da série temporal) e avaliações de métricas estatísticas. Segundo o teste Dickey-Fuller aumentado considerando o P-valor menor ou igual a 0,05, a série em tese seria estacionária com cinco diferenciações; entretanto, os gráficos de autocorrelação parcial e total não apresentaram resultados satisfatórios. Devido às características dessas séries temporais, a aplicação de modelagem computacional ficou limitada, principalmente no caso de previsões longas. Em virtude dos motivos mencionados, não foi possível aplicar modelos que considerem a sazonalidade, por exemplo, modelos da classe Box-Jenkins, tampouco modelos de aprendizagem profunda, como redes neurais artificiais. Adiciona-se que, no caso da série que considera o percentual de ministras por mandato existem apenas doze observações em toda a série temporal.

apresentam um quantitativo alto de mesmas mulheres nomeadas em momentos distintos, o que nos faz refletir sobre o viés de disponibilidade de quem está à frente do poder Executivo e como aparenta ser desafiador sair da inércia e sermos mais intencionais nas análises de perfil. Outro ponto de atenção é a constante descontinuidade de mulheres e homens no meio do mandato. Entende-se que tal situação pode ser prejudicial para a condução e a continuidade das políticas públicas.

Apesar de a sistematização dos dados nos permitir observar aumento da representação feminina em diferentes mandatos e para diferentes partidos, destaca-se que, em toda a série histórica, ainda existem pastas ministeriais que nunca foram comandadas por mulheres. Ademais, o campo de debate da administração pública se coloca como espaço instrumental e com foco nas ferramentas, mas também como *locus* da política, restando às mulheres um espaço de baixo poder de articulação, convencimento e consenso. Esse funcionamento não é razoável e muito menos perene no tempo diante de uma sociedade diversa (e desigual) como o Brasil.

Gráfico 5: Estimativa de equidade ministerial[8]

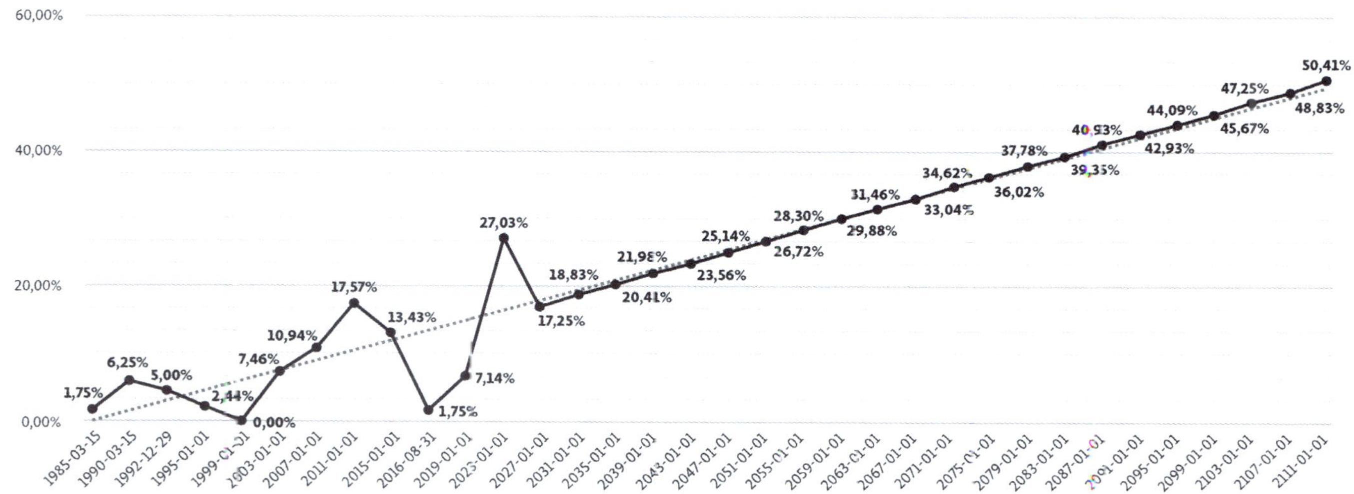

Fonte: Elaboração própria.

8. Este ensaio não é uma meta-análise, ou seja, não temos aqui um estudo estatístico que integra dois ou mais resultados de estudos distintos. Os dados devem ser lidos com cautela para auxiliar na construção de uma agenda pró-diversidade.

Mulheres na liderança da burocracia federal: desafios e dificuldades para ascensão na carreira

ANANDA MARQUES

MICHELLE FERNANDEZ

14 de maio de 2024

A falta de representação tem como consequência o não pertencimento ao espaço de poder.[1] A paridade de gênero em carreiras estratégicas do Estado e a ocupação de posições de liderança por mulheres são fatores decisivos para a representação burocrática, dimensão importante da própria democracia e determinante para a qualidade da atuação estatal. Sendo assim, alcançar a igualdade de gênero no serviço público é fundamental para a produção de políticas públicas mais justas e eficientes para todas as pessoas.[2]

Nos últimos anos, foram registrados esforços empreendidos pelo setor público em diversos países para a ampliação da diversidade de gênero na administração pública.[3] No entanto, as

1. Alves, Iara. "Representação simbólica: os efeitos da presença massiva de homens na alta burocracia". In: *República em notas*. Rio de Janeiro: Cobogó, 2023, pp. 233-8.

2. "Por que é urgente para o Brasil ter mulheres em cargos de liderança". Disponível em: <https://republica.org/emnotas/conteudo/por-que-e-urgente-para-o-brasil-ter-mulheres-em-cargos-de-lideranca/?fbclid=PAAabG-d1fZ-3MxkMnyr2Nh_clK3Hoa3J08_PAEoX8-c8fqrhNhIYrF3KyBnUo_aem_Ac8NJDvPDd8o8m10SarzL_d61YMc8Adw8opp-nGr_f_Li7Zt5PiHb19n8X-gltQbWPjM>.

3. Naranjo Bautista, Sandra et al. "Mulheres líderes no setor público da América Latina e do Caribe: lacunas e oportunidades". Nova York: BID,

mulheres no serviço público ainda enfrentam dificuldades para ocupar posições de liderança. Nesse sentido, realizamos a pesquisa "Mulheres e liderança na burocracia federal".

Com o objetivo de analisar o perfil das mulheres em cargos de liderança no governo federal e identificar os principais fatores que incidem em suas trajetórias, entre 14 de novembro e 14 de dezembro de 2023, coletamos respostas de 282 mulheres a um questionário online. As perguntas do questionário estavam organizadas em dois blocos. O primeiro, referente ao perfil sociodemográfico, tratando sobre a posição dessas mulheres no seu lugar de trabalho e identificando se as pesquisadas ocupavam um cargo de chefia, além de questões que tratavam de caracterizar socialmente essas mulheres (faixa etária, raça/cor, escolaridade, estado civil, renda e maternidade). O segundo bloco de perguntas trazia questões sobre as experiências das mulheres no serviço público federal com relação aos desafios vivenciados em decorrência do gênero, as atividades exercidas por elas cotidianamente no ambiente de trabalho e as dificuldades enfrentadas ao longo de suas carreiras.

Ao avaliar as respostas do bloco sociodemográfico, é possível estabelecer o perfil médio das respondentes da pesquisa: são mulheres que ocupam um cargo de chefia (64,1%), têm entre 31 e 50 anos (76,1%), são brancas (69,4%), casadas (57,1%) e mães ou madrastas (73,9%). Além disso, têm especialização ou mestrado (71,4%), renda acima de dez salários mínimos (77,1%) e são a principal provedora de suas famílias (67,3%).

2022. Disponível em: <https://publications.iadb.org/pt/publications/portuguese/viewer/Mulheres-lideres-no-setor-publico-da-America-Latina-e--do-Caribe-lacunas-e-opportunidades.pdf>.

Tentando entender os desafios dessas mulheres no ambiente de trabalho a partir do mapeamento de suas experiências no serviço público federal, identificamos algumas questões centrais. A maioria das respondentes teve uma chefe imediata mulher (87,4%), porém, 70% dessas considerou que a experiência de ter uma chefe imediata foi minoritária ao longo da carreira. Além disso, 10% do total de respondentes nunca teve uma chefe mulher.

Quando perguntadas sobre violência de gênero no ambiente de trabalho, temos uma alta frequência de assédios: seis em cada dez respondentes vivenciaram assédio moral; 28,3% dessas mulheres vivenciou assédio sexual; 30% delas sofreram com violência psicológica; e 15,5% relatam ter sofrido violência política. Em

Gráfico 1: Desafios no ambiente de trabalho

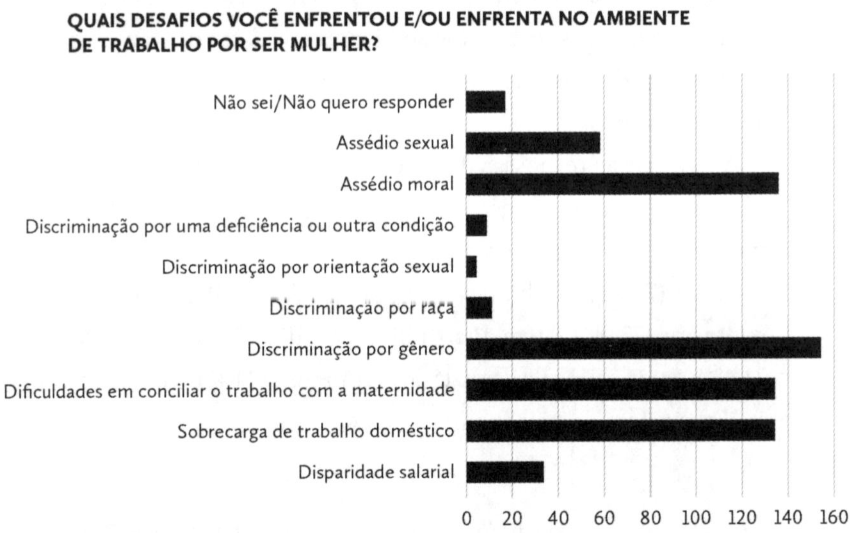

Fonte: Elaboração própria.

Gráfico 2: Dificuldades para ascensão na carreira

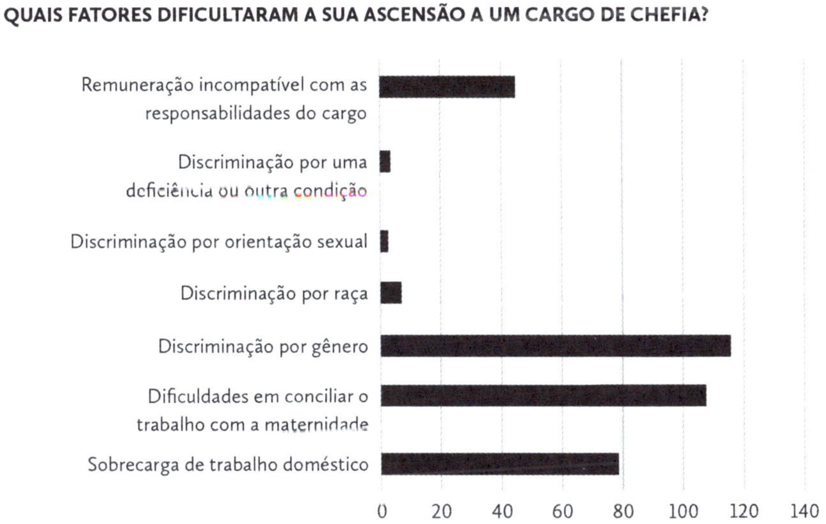

Fonte: Elaboração própria.

paralelo a isso, as respostas sobre os desafios que essas mulheres enfrentaram ou enfrentam no ambiente de trabalho por serem mulheres indicam que mais da metade identifica a discriminação por gênero (55,1%); quase metade delas aponta o assédio moral (48,4%); e cerca de 21% identificam o assédio sexual como dificuldades vividas. A sobrecarga de trabalho doméstico (47,7%) e a conciliação do trabalho com a maternidade também aparecem com frequência nas respostas.

Sobre os fatores que dificultaram a ascensão a um cargo de chefia, aparecem novamente a discriminação por gênero (40,8%), a conciliação do trabalho com a maternidade (38,3%) e a sobrecarga do trabalho doméstico (28%). É importante salientar que 78,9% das respondentes já ocuparam cargo de chefia. Destas, 78% tinham filhos/as ou enteados/as quando foram chefes. Além disso, um terço delas era mãe de crianças entre 2 e 6 anos quando assumiram a chefia. A maternidade figura entre as respostas como uma questão determinante nas condições de trabalho dessas mulheres.

Os dados preliminares da pesquisa "Mulheres e liderança na burocracia federal" mostram que o debate sobre cuidado, o enfrentamento das violências machistas, da discriminação de gênero e dos assédios moral e sexual são as maiores dificuldades que as mulheres enfrentam ao longo das suas carreiras. Portanto, os desafios para a entrada, a permanência e a promoção das mulheres no serviço público estão intrinsecamente relacionados com a necessidade de transformação de questões estruturais na nossa sociedade.[4] A construção de uma democracia de qualidade também passa pela presença de mais mulheres em posições de liderança na burocracia federal, pois a sub-representação de mulheres nos espaços de decisão pública leva à falta de representação de questões relevantes para a vida das próprias mulheres.[5] Nesse sentido, é necessário enfrentar os estereótipos e as discriminações de gênero no serviço público, nos espaços laborais e na sociedade como um todo.[6]

---

4. Ballard, Velma J. *Gender and representative bureaucracy: the career progression of women managers in male-dominated occupations in state government*. Virginia Commonwealth University, 2015.

5. Fernandez, Michelle. "Gênero no serviço público: um convite à reflexão sobre a desigualdade dentro do Estado". In: *Nexo*. Disponível em: <https://pp.nexojornal.com.br/ponto-de-vista/2023/03/23/genero-no-servico-publico-um-convite-a-reflexao-sobre-a-desigualdade-dentro-do-estado>.

6. Para acessar uma análise ampliada dos dados da pesquisa, ver: Fernandez, Michelle; Marques, Ananda. "Liderança de mulheres na burocracia federal: dificuldades e desafios para ascensão". In: *Revista Campo de Públicas: Conexões e experiências*, v. 3, n. 1, 2024.

Por que diversidade e inclusão são importantes para melhorar desempenho do serviço público

VANESSA COUTINHO

28 de janeiro de 2025

Os benefícios que um ambiente diverso e inclusivo oferece não são mais novidade. Inúmeros estudos[1] já demonstraram que investir em pautas de equidade no ambiente de trabalho é importante não apenas sob o enfoque ético-moral, mas por ser um vetor de crescimento econômico e de incremento de competitividade.

Com efeito, indicadores relacionados à elevação do nível de motivação de trabalhadores, redução de rotatividade e aumento de produtividade e inovação, que por sua vez se relacionam diretamente com o crescimento da competitividade organizacional, estão associados a ambientes de trabalho mais diversos e inclusivos. Afinal, a pluralidade é um ativo que contribui para a promoção de estratégias e processos decisórios mais ricos e resilientes, com maior adaptabilidade às mudanças de cenários.

Muitos desafios, no entanto, ainda se encontram presentes na efetiva promoção de ambientes laborais verdadeiramente inclusivos, que não somente possuem um corpo funcional heterogêneo,

1. European Institute for Gender Equality. Economic Benefits of Gender Equality in the European Union, 29 nov. 2023. Disponível em: <https://eige.europa.eu/newsroom/economic-benefits-genderequality?language_content_entity=en#:~:text=GDP%20Per%20capita&text=B y%202050%2C%20improving%20gender%20equality>.

mas que de fato abraçam as particularidades individuais e as incorporam à cultura da organização. A propósito, eis o ponto que diferencia diversidade de inclusão: enquanto uma se refere à pluralidade atinente ao quadro de trabalhadores de uma organização, a outra se verifica quando os elementos de heterogeneidade do grupo são abraçados pela organização, que remove barreiras para que os indivíduos pertencentes a grupos sub-representados socialmente de fato contribuam para a cultura organizacional, dela fazendo parte e transformando-a.

Nesse contexto, observa-se que a diversidade, quando descolada da pauta da inclusão dentro de um ambiente laboral, é inócua por não promover mudanças na homogeneidade da cultura organizacional, não beneficiando a unidade produtiva com os indicadores positivos de desempenho, que somente se manifestam quando a inclusão é implementada efetivamente.

A partir dessa moldura, diversos fenômenos se produzem na arena laboral, merecendo destaque práticas de "tokenismo", termo utilizado para designar situações nas quais a diversidade é praticada de maneira superficial e meramente simbólica, tão somente para fins promocionais e publicitários, objetivando a construção e a disseminação de uma imagem organizacional plural que não corresponde à realidade, com o intuito de posicionar uma organização como sendo diversa e, assim, atingir um público que valoriza essa agenda.

Quando falamos sobre diversidade e inclusão, alguns grupos sociais são mais frequentemente referidos, notadamente no que diz respeito às pautas de gênero, raça, idade, orientação sexual e deficiência, as quais, não raro, sofrem efeitos cumulativos pela presença de interseccionalidades que reforçam e agravam a exclusão sofrida por um determinado grupo social não pertencente às estruturas hegemônicas de poder.

Assim é que mulheres negras, por exemplo, sofrem a sobreposição de práticas sociais discriminatórias tanto de gênero como de raça, sendo por isso o grupo social que figura como o de menor participação no mercado de trabalho e ostenta o maior índice de desemprego quando comparado aos grupos compostos por mulheres não negras, homens negros e homens não negros, conforme demonstrado por estudo realizado pela FGV em 2023.[2]

Muito se tem discutido acerca da promoção de ambientes laborais com diversidade de gênero no intuito de reduzir as lacunas remuneratórias entre homens e mulheres. Nada obstante, assim como a interseccionalidade representa um recorte específico no campo da diversidade e inclusão, a situação laboral da trabalhadora gestante, em razão das peculiaridades que este grupo alberga, também oferece desafios específicos, dentro da agenda de gênero, muito embora pouca atenção de pesquisadores, estudiosos e gestores públicos em todo o mundo tenha sido dada a essa pauta.

Após uma sólida revisão de literatura, observou-se que as políticas destinadas à empregabilidade da mulher gestante atêm-se ao viés da diversidade organizacional (dentro da agenda de gênero), não havendo políticas substanciais de inclusão efetiva desse segmento de trabalhadoras. Esse quadro de diversidade que se

---

2. "Crescimento da população em idade ativa é maior entre mulheres negras, que mais desafios enfrentam no mercado de trabalho". 31 jul. 2023. Disponível em: <https://portalibre.fgv.br/noticias/crescimento-da-populacao-em-idade-ativa-e-maior-entre-mulheres-negras-que-mais-desafios>.

mantém alheio à inclusão se assemelha às práticas de tokenismo, sendo um exemplo de prática de *genderwashing*.

As mudanças físicas e emocionais experimentadas por grande parte das mulheres gestantes são de conhecimento notório. Estudos ao redor do mundo demonstram que, durante o primeiro trimestre de gestação, os desconfortos voltam-se mais às mudanças fisiológicas pelas quais passam as gestantes, tais como enjoo, vômito, enxaqueca, tontura, falta de apetite e repulsa alimentar e olfativa, ao passo que, no último trimestre de gestação, predominam desconfortos de aspecto psicológico/emocional, ocasionados por medos relacionados à chegada da criança, os quais variam de acordo com a experiência prévia de outros partos e com o nível socioeconômico da gestante.[3]

Além disso, está comprovado que mulheres grávidas sofrem de estresse laboral em adição ao estresse relacionado ao estado gravídico,[4] pois sentem, com frequência, que não conseguem atender às demandas de trabalho da mesma maneira que faziam antes da ocorrência da gestação, e esse estresse se materializa em alterações comportamentais e psicológicas.[5]

---

3. Rofé, Y.; Blittner, M.; Lewin, I. "Emotional Experiences During the Three Trimesters of Pregnancy". In: *Journal of Clinical Psychology*, v. 49, n. 1, 1993, pp. 3-12.

4. David, H. S.; Tiwari, R. R. "A Comparative Study of Work Stress among Working Females Getting Paid and Working Women Unpaid (Housewives) During Pregnancy". In: *Indian Journal of Occupational and Environmental Medicine*, v. 27, n. 1, 2023, pp. 73-8. Disponível em: <https://doi.org/10.4103/ijoem.ijoem_179_22>.

5. Shishehgar, S.; Dolatian, M.; Majd, H. A.; Bakhtiary, M. "Socioeconomic Status and Stress Rate During Pregnancy in Iran". In: *Global Journal of Health Science*, v. 6, n. 4, 2014, p. 254. Disponível em: <https://doi.org/10.5539/gjhs.v6n4p254>.

Aspectos relacionados ao trabalho, tais como postura laboral, jornada de trabalho, realização de horas extras, esforço ocupacional, jornada de trabalho alternada (diurna e noturna), temperatura elevada no ambiente de trabalho e ausência ou insuficiência de rede de apoio nas atividades domésticas, promovem uma sobrecarga às demandas laborais. Além disso, trabalhos que requerem caminhadas, permanência prolongada em pé ou carregamento de itens pesados foram associados a efeitos gestacionais indesejados[6] e ao aumento de afastamentos de mulheres grávidas do trabalho por motivos de saúde.[7]

Há também uma correlação entre a percepção de tratamento injusto no trabalho e a ocorrência de parto prematuro, baixo peso fetal, enjoo, fadiga ou exaustão, sangramentos, hospitalizações, hipertensão ou hipotensão, problemas de coluna, estresse, ansiedade e sintomas depressivos. Estudos conduzidos na Alemanha observaram que cerca de três quartos das mulheres grávidas sofrem efeitos adversos em sua saúde mental relacionados à perda de autoconfiança e de motivação no trabalho.[8]

A conjuntura de aspectos físicos e psicológicos que afetam grande parte das gestantes no ambiente de trabalho são suficientes para situar esse grupo como um segmento social específico, com demandas próprias de trabalho, revelando-se como

---

6. Kordsmeyer, A.-C.; Mette, J.; Harth, V.; Mache, S. "Work Stressors and Coping Strategies of Expecting and Employed Women in Germany: A cross-sectional study". In: *Work*, v. 73, n. 3, 2022, pp. 895-906. Disponível em: <https://doi.org/10.3233/WOR-205212>.

7. Backhausen M. "The Prevalence of Sick Leave: Reasons and associated predictors — A survey among employed pregnant women". Disponível em: <https://www.ncbi.nlm. nih.gov/pubmed/29389502>.

8. Kordsmeyer, A.-C.; Mette, J.; Harth, V.; Mache, S., op. cit..

um subsegmento de gênero merecedor de políticas específicas de acolhimento e inclusão organizacional.

Tendo em vista que, historicamente, mulheres gestantes vêm sofrendo processos discriminatórios no que tange a sua empregabilidade, fenômeno este que alarga as discrepâncias de gênero na sociedade, aspectos atinentes à inclusão deste grupo social têm, em regra, sido menosprezados, havendo espaço nas agendas políticas tão somente para a garantia da diversidade no ambiente laboral a partir, por exemplo, da garantia de estabilidade à gestante até cinco meses após o parto.

Verifica-se ainda que organizações mais comprometidas com pautas de relevância social, notadamente pautas de diversidade e inclusão, buscam abraçar a gestante ao admitir trabalhadoras nessa condição e proporcionar-lhes possibilidades de ascensão profissional.

Entretanto, é preciso perceber que todos esses instrumentos, de inegável relevância, se voltam à promoção da diversidade organizacional, ao incluir ou manter uma minoria (grupo social não pertencente à estrutura hegemônica de poder) em seus quadros funcionais. Mas será que poderíamos afirmar que esse segmento de trabalhadoras participa efetivamente na modulação das diretrizes organizacionais, influenciando-as e transformando-as? São as inúmeras peculiaridades físicas e psicológicas das trabalhadoras gestantes incorporadas à cultura organizacional para que esse grupo sinta que suas demandas são verdadeiramente consideradas e respeitadas? Estudos realizados em diversos países no mundo apontam que não.

Nesse sentido, M. Backhausen et al. descrevem que sentir-se incapaz de cumprir uma demanda de trabalho pode gerar sentimento de culpa, vergonha e frustração, e que muitas mulheres se preocupam com a reação de suas chefias diante da redução de sua produtividade, sentindo-se frequentemente como um peso para sua equipe de trabalho. Estudos qualitativos baseados em entrevistas com trabalhadoras gestantes demonstraram que atitudes negativas de suas chefias quanto à gravidez foi considerada como fator principal de estresse laboral.[9]

Chefias masculinas entrevistadas relataram dificuldade em lidar com questões específicas de trabalhadoras grávidas, ante sua falta de conhecimento sobre o assunto, tendo sido apontado nos estudos que tais chefias pareciam não compreender as condições laborais de mulheres gestantes e a correlação existente entre sua produtividade e o momento da gestação.[10]

Dentre os desafios relatados pelas chefias masculinas entrevistadas, foi apontada a dificuldade na distribuição da carga de trabalho e na organização de atividades, bem como na aceitação, por partes dos colegas, de uma distribuição reduzida da carga de trabalho para as gestantes.

Um estudo americano, por sua vez, revelou que o receio de confirmar estereótipos relacionados à gestação (sendo os principais deles incompetência, falta de comprometimento, inflexibilidade e necessidade de ajustes) faz com que muitas

9. Backhausen, M. G.; Iversen, M. L.; Skold, M. B.; Thomsen, T. G., Begtrup, L. M. "Experiences Managing Pregnant Hospital Staff Members Using an Active Management Policy. A qualitative study". In: *PLoS ONE*, v. 116, n. 2, e0247547. Disponível em: <https://doi.org/ 10.1371/journal.pone.0247547>.

10. Nakamura et al. "Occupational Stress is Associated with Job Performance Among Pregnant Women in Japan: Comparison with similar age group of women". In: *BMC Pregnancy and Childbirth*, n. 22, art. 749, 2022. Disponível em: <https://doi.org/10.1186/s12884-022-05082-3>.

gestantes trabalhem ainda mais do que o usual, aumentando os riscos de comprometimento de sua saúde e de complicações na gestação.[11]

Todo esse cenário revela um predominante despreparo organizacional para lidar com a inclusão de trabalhadoras gestantes, seja porque as posições de liderança nos ambientes de trabalho ainda são majoritariamente ocupadas por homens, que via de regra ignoram os efeitos físicos e mentais advindos do estado gravídico, seja porque as culturas organizacionais de modo geral não abraçam essa agenda e não definem diretrizes claras a serem seguidas, cingindo-se a implementar, quando muito, uma política pseudo diversa de mera oferta de emprego, ou mesmo de ascensão profissional, sem o correlato oferecimento de condições de trabalho compatíveis com a gestação.

A prática de *genderwashing,* portanto, se manifesta exatamente nessa nuance de diversidade desgarrada de inclusão, o que contribui para os alarmantes dados obtidos em diversos países, segundo os quais cerca de 32% das mulheres que vivenciaram discriminação no trabalho decorrente da gravidez mudaram de emprego após a licença-maternidade ou ficaram fora do mercado de trabalho; na Irlanda, cerca de metade das mães relataram um impacto negativo da gravidez em suas carreiras profissionais; cerca de 46,9% das mulheres no Japão deixam o mercado de trabalho em virtude do nascimento de seu primeiro filho.[12]

---

11. Lavaysse, L. M.; Probst, T. M. "Pregnancy and Workplace Accidents: The impact of stereotype threat". In: *Work & Stress*, v. 35, n. 1, 2021, pp. 93-109. Disponível em: <https://doi.org/10.1080/02678373.2020.1774937>.

12. Nakamura et al., op. cit.

Existe, portanto, uma nítida relação entre a falta de inclusão de trabalhadoras gestantes e sua reinserção no mercado de trabalho após o nascimento de seu filho, impactando negativamente os índices de empregabilidade feminina e de equidade de gênero, uma vez que, fora do mercado de trabalho ou exercendo funções laborais atípicas (trabalho parcial etc.), a discrepância patrimonial existente entre homens e mulheres aumenta, o que reforça a manutenção das estruturas patriarcais de poder na sociedade.

Lei de Cotas: Brasil tem obrigação de aprovar e cumprir reserva de vagas para negros no serviço público

ALISSON GOMES DOS SANTOS
ANA LUISA ARAUJO DE OLIVEIRA
EDMILSON SANTOS DOS SANTOS

19 de novembro de 2024

O Observatório das Políticas Afirmativas Raciais (Opará) é um grupo de pesquisa vinculado à Universidade Federal do Vale do São Francisco (UNIVASF), que nasce com a missão de desenvolver pesquisas, discussões e *advocacy* no âmbito das políticas afirmativas e das relações étnico-raciais no contexto institucional. Tendo como ponto de partida a questão racial no Brasil, compreendemos que a reparação à população negra continua necessária e urgente. Afinal, todas as estatísticas nacionais, em todas as áreas, demonstram com muita precisão esta realidade: a vulnerabilização da população negra fez parte de um projeto.

O Opará tem se notabilizado na produção de avaliações críticas, suportadas por evidências, de que a reparação pretendida com a Lei de Cotas Raciais (LCR) no serviço público federal, Lei nº 12.990/2014, não resistiu à pressão da branquitude para manter o *status quo*. A garantia da ineficácia da norma fez e continua fazendo parte de um projeto: para muitos, a verdadeira integração da população negra continua sendo um problema a ser evitado.

Em março de 2024, divulgamos o relatório "A implementação da Lei nº 12.990/2014: um cenário devastador de fraudes", elaborado em parceria com o Movimento Negro Unificado (MNU). No documento, apresentamos resultados de três anos de pesquisas baseadas em evidências de como instituições federais produziram mecanismos de burla ao direito da população negra firmado na Lei nº 12.990/2014. Os dados evidenciam que não foram contratadas pessoas negras pela reserva de vagas da lei (ou pelas cotas, como preferirem chamar) no serviço público federal nos termos propostos pela norma.

Como apresentado em nosso relatório de pesquisa, a reprodução de mecanismos de burla nos editais de concursos públicos e processos seletivos simplificados (PSS) resultaram no fato de que, na maior parte dos casos, não houve sequer reserva das vagas nos documentos que regularam os processos de seleção de pessoas para ingresso no serviço público federal.

Falta de visibilidade da Lei de Cotas Raciais no serviço público é problema grave

Veja: a LCR prevê que "a reserva de vagas a candidatos negros constará expressamente dos editais dos concursos públicos, que deverão especificar o total de vagas correspondentes à reserva para *cada cargo* ou emprego *público* oferecido (parágrafo do artigo 1º da Lei nº 12.990/2014; grifos nossos). Portanto, se o edital não expressou a reserva de vagas para cada cargo ou emprego público, não houve reserva de vagas imediatas pela LCR. Diante disso, também não houve contratação por cotas raciais, não nas vagas imediatas. Consequentemente, não há que se falar em implementação da Lei nº 12.990/2014, mas sim na falta de implementação dela.

O Estado democrático de direito é regido pelas leis. Quando se trata do setor público brasileiro, esse respeito está impresso na Constituição da República Federativa do Brasil, no princípio da legalidade. Esse princípio exige o cumprimento rigoroso das normas. Aos servidores públicos resta apenas seguir o que está previsto em lei. Nem pode se furtar a aplicá-la, nem pode criar suas próprias regras.

Dois dispositivos da Lei de Introdução às Normas do Direito Brasileiro (LINDB) são interessantes para o debate aqui proposto. Sem estabelecer hierarquia, no artigo 3º do Decreto nº 4.657/1942 está expresso que "ninguém se escusa de cumprir a lei, alegando que não a conhece". A Lei nº 8.112/1990, que trata do regime jurídico dos servidores públicos, estabelece, em seu artigo 116, inciso III, que um de seus deveres é "observar as normas legais e regulamentares".

A LINDB estabelece, em seu artigo 6º, que a "a Lei em vigor terá efeito imediato e geral, respeitados o ato jurídico perfeito, o direito adquirido e a coisa julgada". Nesse sentido, como estabelece a Lei nº 12.990/2014, a reserva de vagas às pessoas negras nos concursos públicos federais entrou em vigor na data de sua publicação, 9 de junho de 2014. A única ressalva à não implementação da regra são os editais que já haviam sido publicados no dia 9 de junho de 2014 (artigo 6º, parágrafo único).

A partir da entrada em vigor da LCR, todas as instituições públicas federais, bem como seus(suas) servidores(as), deveriam estar cientes da necessidade legal e moral de dar ampla publicidade à nova regra e se adequar a ela. No entanto, o relatório do Opará encontrou algo que fere, em duas direções, o Estado democrático de direito. Desconsideram a necessidade de certas instituições se adequarem à lei, e, por conseguinte, desrespeitam o direito da população alvo da política, ou seja, a população negra. A primeira experiência da população negra escravizada no Brasil foi viver numa terra sem direitos. Quando o direito nos alcança, assistimos, perplexos, às instituições públicas federais sequestrarem esse direito. Em nossa pesquisa, identificamos que um dos seis mecanismos de burla foi a "não publicização da norma (NPN)" nos editais. Essa modalidade de burla aconteceu quando a instituição deixou de mencionar em seus editais de certames a Lei nº 12.990/2014.[1] Ou seja, mesmo depois que a LCR entrou em vigência, houve editais que nem sequer citaram a norma. O sumário executivo do estudo apresentou os dados das instituições analisadas em que encontramos NPN. Em contratações via concursos públicos, o mecanismo de NPN foi reproduzido em editais de 23 instituições, e em processos seletivos simplificados esteve presente em editais de 51 instituições.

Na pesquisa, lemos em editais que a Lei nº 12.990/2014 não abrange PSS. Nas apresentações de nosso relatório, ouvimos a mesma coisa. Para nós, do Opará, não há razoabilidade que a modalidade de contratação temporária de excepcional interesse público, regulada pela Lei nº 8.745, de 9 de dezembro de 1993, não seja alcançada pela política de ação afirmativa expressa na lei de cotas raciais e não contribua para os objetivos propostos, desde sua formulação, para a promoção da igualdade racial.

Este entendimento também é conclusivo em decisão da Justiça Federal, em 2022, no âmbito da Ação Civil Pública nº 5043371-85.2022.4.02.5101/RJ, que confirmou liminar e julgou procedente

1. Oliveira, A. L. A.; Santos, A. G.; Santos, E. S. *A implementação da Lei nº 12.990/2014: um cenário devastador de fraudes*. Relatório de pesquisa baseado em evidências. Petrolina: UNIVASF, 2024. 947 pp.

o pedido para "determinar que a União adote, por todos os seus órgãos, autarquias e fundações, a reserva de 20% das vagas oferecidas nos processos seletivos regidos pela Lei nº 8.745/93, em analogia à Lei nº 12.990/2014" (trecho extraído da Ação Civil Pública nº 5043371-85.2022.4.02.5101/RJ).

Cotas raciais no serviço público são dever do Brasil de reparação para pessoas negras

A reparação à população negra não veio com a Lei Áurea e tardou para se efetivar em políticas públicas de ações afirmativas. Quase um século depois do "fim" da escravização, Abdias do Nascimento propôs Projeto de Lei nº 1332/1983, que previa que todos os órgãos da administração pública, direta e indireta, de níveis federal, estadual e municipal; as autarquias e fundações; as Forças Armadas; o poder Judiciário, o poder Legislativo e o poder Executivo tomassem medidas de ação compensatória para ter em seus quadros de servidores, funcionários e titulares, a participação de pelo menos 20% de homens negros e 20% de mulheres negras. O então deputado federal propunha que a previsão acontecesse em todos os escalões de trabalho e de direção, particularmente entre aquelas funçoes que exigem melhor qualificação e que são mais bem remuneradas e em que, diga-se de passagem, também é onde encontramos menos pessoas negras atuando profissionalmente.

Apesar da proposição na década de 1980, foi somente em 2014 que o Brasil passou a ter a primeira Lei de Cotas com recorte exclusivamente racial para acesso ao mercado de trabalho do serviço público, a Lei nº 12.990/2014.

Mais de quarenta anos depois, nossa pesquisa publicada em 2024 evidenciou que editais destinados à seleção de pessoas ao serviço público continuaram a não publicizar o direito da população negra expresso na Lei nº 12.990/2014, demonstrando com evidências que, apesar do avanço, ainda há ausência de medidas eficazes de reparação para mais de 55% da população brasileira que se autodeclara preta ou parda (negra). Ainda continuamos social e economicamente atrás de outros grupos.

É por isso que, no que diz respeito à questão racial no Brasil, o Opará seguirá defendendo e lutando para que a reparação à população negra continue necessária, e *é urgente* escrever novas histórias aos que estão aqui e aos que virão. Dar visibilidade às ações afirmativas é o mínimo que as instituições do Estado brasileiro devem fazer.

Em nossa compreensão, enquanto grupo de pesquisa vinculado a uma universidade pública federal, toda e qualquer modalidade de contratação que se utiliza de recursos públicos decorrentes da contribuição dos brasileiros e brasileiras (estágios, contratos temporários, funções gratificadas, cargos comissionados, licitações, financiamentos com recursos públicos, entre outros) deveria assegurar o princípio constitucional da igualdade à população negra. Para nós, a medida de reparação é um dever, nos termos do que prevê a Convenção Interamericana contra o Racismo, a Discriminação Racial e Formas Correlatas de Intolerância, ratificada pelo Brasil como Emenda Constitucional, conforme o Decreto nº 10.932, de 10 de janeiro de 2022.

Reparar é reconhecer o que a história nos negou. A história nos negou o acesso a políticas públicas que deveriam ter produzido outra história para a população negra deste país. Não é aceitável que, em pleno século XXI, documentos públicos continuem a não dar publicidade a nossos direitos de pessoas negras. Se algumas instituições atacaram o Estado democrático de direito sem que fossem incomodadas pelo próprio Estado, que recados estão sendo dados à população negra?

Dos dados desestruturados ao Congresso Nacional: a jornada da avaliação da implementação da Lei de Cotas Raciais no poder Executivo federal

CÉSAR AUGUSTO GALVÃO

PEDRO MASSON SESCONETTO SOUZA

Inédito

Avaliar uma política pública,[1] especialmente uma voltada para o próprio funcionamento do Estado, como é o caso da Lei de Cotas Raciais, não é uma tarefa simples. A missão se torna ainda mais complexa quando não existem dados estruturados que permitam tal avaliação.

Do ponto de vista de um pesquisador, ao se pensar em avaliar uma política pública ou intervenção estatal, a primeira estratégia que vem à mente é: verificar a efetividade da ação estatal — isto é, se aquilo que o Estado se propôs a fazer realmente foi implementado. O segundo passo seria verificar os efeitos daquela intervenção, ou seus impactos.

1. No ano de 2020, a Diretoria de Altos Estudos da Escola Nacional de Administração Pública (ENAP) firmou parceria com o então Ministério dos Direitos da Mulher, Família e Direitos Humanos, por meio da Secretaria Nacional de Promoção de Políticas de Igualdade Racial (SNPPIR), para avaliar a implementação da Lei nº 12.990/2014 até o ano de 2019 no poder Executivo federal. A avaliação foi executada pela Coordenação-Geral de Ciência de Dados da ENAP (CGDADOS). Em dezembro de 2023 foi firmada outra parceria entre o agora Ministério da Igualdade Racial e a ENAP para atualização dos dados e avaliação dos dez anos de implementação da Lei nº 12.990/2014.

No caso da política afirmativa de cotas para concursos públicos, a estratégia pareceria simples: verificar se o percentual de 20% de vagas reservadas para negros, garantido pela Lei nº 12.990/2014, realmente foi implementado, e depois analisar seus impactos na composição racial do quadro de servidores.

O desafio que se apresentou, contudo, foi mais complexo do que parecia à primeira vista: não havia, na base de dados do Sistema Integrado de Administração de Pessoal (SIAPE), informação sobre quais servidores ingressaram no serviço público por cotas ou por ampla concorrência. Essa lacuna tornou a avaliação da implementação da Lei nº 12.990/2014 uma das tarefas mais complexas enfrentadas pela Coordenação-Geral de Ciência de Dados da Diretoria de Altos Estudos da ENAP.

O que fazer, então?

A primeira tentativa foi buscar onde a informação sobre quem ingressou por cotas poderia estar. Duas fontes foram localizadas: o Diário Oficial da União (DOU) e os editais de homologação de resultado final dos concursos, que são publicizados nas páginas dos órgãos do governo federal.

Analisar manualmente seis anos de DOU em um prazo de um ano — tempo disponível para a pesquisa — era impossível. Pensou-se, então, no uso de REGEX[2] para identificar nomeações de servidores em vagas reservadas para negros. Contudo,

2. "REGEX" é a abreviação de "expressão regular" (do inglês, *Regular Expression*). Trata-se de uma linguagem para buscar, combinar e manipular padrões em textos. É muito usada em programação, análise de dados e tarefas de automação, como: procurar palavras ou padrões específicos em textos; validar formatos (como e-mails, CPFs, datas etc.); e substituir trechos de texto.

a estratégia se mostrou insuficiente. As portarias de nomeação publicadas no DOU não seguiam qualquer padrão, o que inviabilizava a localização por meio da tecnologia de leitura de texto disponível à época.

Cientes da dificuldade de usar o DOU como fonte de dados, recorreu-se à segunda fonte: os editais de homologação dos concursos realizados após a promulgação da Lei de Cotas. Todo concurso público possui diversos editais, desde o de abertura até o de homologação dos aprovados, que traz o resultado final com a informação de quem foi aprovado no certame. Para alívio da equipe de pesquisa, a informação sobre se o candidato passou por cotas ou ampla concorrência estava presente. O desafio? Toda essa informação estava em PDF, sem disponibilização em formato de tabela ou dado semiestruturado. A missão da equipe, então, foi acessar os sites oficiais dos órgãos do poder Executivo federal e coletar todos os editais de homologação de concursos realizados entre junho de 2014 e dezembro de 2019.[3]

A coleta de dados levou cerca de oito meses para ser concluída. Durante essa etapa, a equipe localizava o edital, identificava a lista de aprovados, transformava os dados do PDF em planilhas e assim por diante. Ao final, obteve-se uma grande lista de pes-

3. Na primeira pesquisa, realizada em 2020, o foco foi nos professores do magistério superior (PMS). Buscou-se, no Diário Oficial da União (DOU), palavras-chave que pudessem indicar a aplicação de cotas raciais. Com base nesses termos, foi construído um banco de dados específico para essa carreira. Essa abordagem, no entanto, impossibilitou a posterior junção dos dados com os do outro grupo analisado — composto por todas as demais carreiras, exceto a de PMS —, cujas informações foram obtidas a partir dos editais de resultado final.
É importante destacar que os dados referentes à carreira de PMS foram extraídos diretamente do DOU porque o número reduzido de menções às cotas raciais permitiu uma conferência manual por parte da equipe de pesquisa.

soas aprovadas em concursos, com a informação sobre se haviam concorrido por cotas ou pela ampla concorrência.

A pesquisa estaria quase encaminhada, não fosse um detalhe: as listas de aprovados continham apenas os nomes das pessoas, sem CPF ou outra forma de identificação. Iniciou-se, então, uma nova etapa: descobrir quais dos aprovados haviam sido efetivamente nomeados. Como, via de regra, os editais de homologação não trazem essa informação, a solução foi usar o SIAPE como base de referência. Ou seja, se a pessoa foi aprovada em um concurso e, após a data da aprovação, passou a constar no SIAPE, concluiu-se que ela foi convocada e se tornou servidora.

Para cruzar os nomes dos aprovados com os registros do SIAPE, a equipe utilizou uma técnica denominada *fuzzy match*. Essa técnica busca correspondências exatas e aproximadas entre nomes nas duas bases de dados. Optou-se por aceitar correspondências com, no mínimo, 80% de similaridade, por algumas razões: a) nem sempre o nome da pessoa aparecia por extenso nas listas; b) nomes podem mudar, por exemplo, em razão de casamento. Por isso, apesar dos riscos, o *fuzzy match* foi adotado.

Após implementações computacionais dos mecanismos da Lei nº 12.990/2014 e validação do *fuzzy match*, chegou-se a uma base de dados contendo informações sobre os servidores e o tipo de inscrição no concurso: por cotas ou ampla concorrência. A partir daí, foi possível responder à pergunta: o percentual de 20% de reserva de vagas para negros foi cumprido? A resposta foi um sólido não.[4]

4. Durante os anos de 2014 a 2019 o percentual de pessoas que se tornaram servidoras e ingressaram por meio de cotas raciais foi de 15,4%. O número é baixo, mas é menor ainda se olharmos em especial a carreira de professor do magistério superior (PMS), que são os professores das universidades federais. Quando consideramos apenas esse grupo, o percentual cai para 0,53%. Esses

Entre 2014 e 2023, apenas 5,9% dos novos ingressantes no poder Executivo federal se inscreveram por cotas raciais. Na carreira de professor do magistério superior, o número foi de 1,6%; nas demais carreiras, de 7,2%.

Motivos encontrados para o não cumprimento dos 20% estabelecidos em Lei

Enquanto a maioria das carreiras do Executivo federal realiza concursos com muitas vagas, os concursos para professor do magistério superior são fracionados — muitas vezes com uma, duas ou três vagas — para um campus ou área de conhecimento específicos.[5] Esse fato foi identificado a partir da análise detalhada de alguns editais.

Por que não se atingiu o preenchimento de 20% das vagas de concursos públicos nas outras carreiras? Alguns editais foram selecionados para estudo de caso, embora sem quantificação do peso relativo de cada fator listado a seguir:

- não observância das cotas nas segundas e terceiras chamadas: candidatos convocados além das vagas inicialmente previstas podem ter sido chamados sem respeito às cotas;
- não aplicação das cotas em todas as etapas do concurso: algumas carreiras exigem testes de aptidão física (TAF) ou provas específicas, como nas carreiras diplomáticas;

---

foram os resultados para a primeira pesquisa realizada pela CGDADOS em 2020.

5. A Lei nº 12.990/2014 determina no parágrafo 1º do artigo 1º: "A reserva de vagas será aplicada sempre que o número de vagas oferecidas no concurso público for igual ou superior a 3 (três)."

- insuficiência de candidatos negros aprovados: mesmo com 20% das vagas reservadas, pode não haver aprovados em número suficiente para preenchê-las.

Quantificar o peso de cada um desses fatores exigiria a análise individualizada de editais e portarias de nomeação no DOU — tarefa inviável diante do tempo e orçamento disponíveis.

Os efeitos da implementação da lei no quadro de servidores públicos do poder Executivo federal

O Gráfico 1 apresenta uma análise descritiva longitudinal dos novos ingressantes no SIAPE entre 2001 e 2024. Nota-se um aumento no número de servidores autodeclarados negros a partir de 2007, que se acelera em 2014, ano da implementação da Lei nº 12.990.

Gráfico 1: Ingresso de novos servidores para todos os cargos por autodeclaração de raça/cor de acordo com o SIAPE

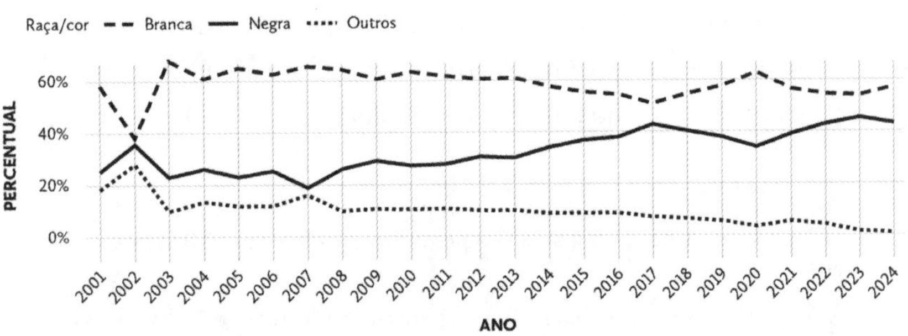

Fonte: Elaboração própria.

Gráfico 2: Ingresso de novos servidores negros e cotistas raciais em percentual de acordo com o SIAPE

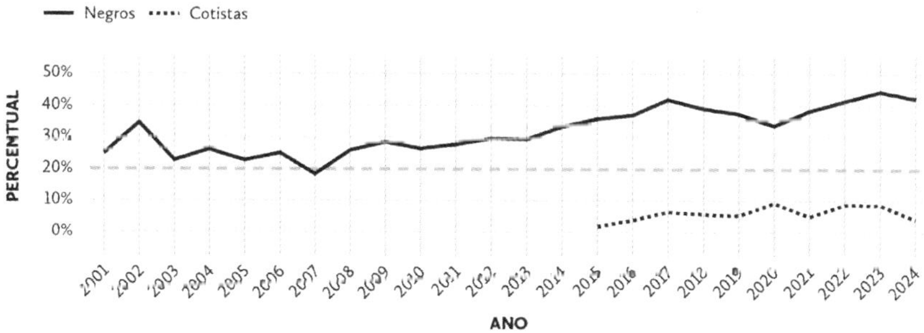

Fonte: Elaboração própria.

O Gráfico 2 detalha os dados do Gráfico 1, excluindo os não negros e incluindo os que ingressaram por cotas raciais. Percebe-se uma correlação com a entrada em vigor da lei, embora não se possa afirmar causalidade.

Gráfico 3: Evolução percentual do estoque de servidores concursados por raça/cor de acordo com o SIAPE

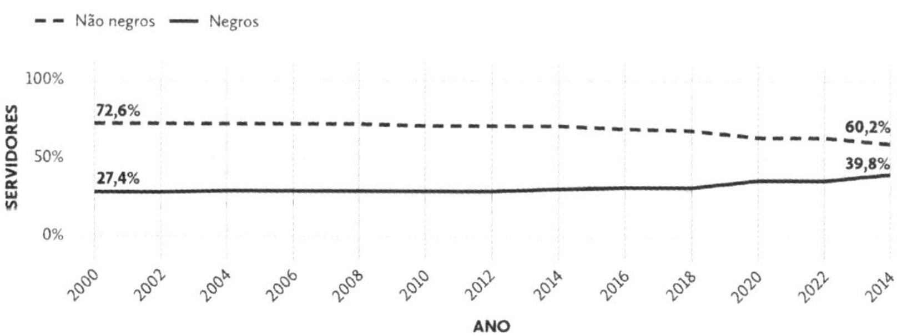

Fonte: Elaboração própria.

O Gráfico 3 mostra o percentual acumulado ("estoque") de servidores negros e não negros ao longo de 24 anos. Observa-se aumento constante no percentual de servidores negros e redução no de não negros.

As consequências da pesquisa

Como consequência imediata da pesquisa, em 2023 foi decidido, de forma administrativa, que o Sistema Integrado de Administração de Pessoal (SIAPE) deveria passar a conter informações sobre o ingresso por cotas de servidores que realizaram concurso após a promulgação da Lei nº 12.990/2014. Essa medida permitirá, nos próximos anos, o monitoramento em tempo real da aplicação da Lei de Cotas Raciais, sem a necessidade de todo o processo de levantamento de dados descrito nesta nota.

A segunda consequência foi a proposta de alteração da Lei nº 12.990/2014, por meio do Projeto de Lei nº 1.959/2021, atualmente em tramitação no Congresso Nacional. Entre outras mudanças, o PL eleva o percentual de reserva de 20% para 30%, incluindo nesse grupo pessoas indígenas e quilombolas. Além disso, o projeto prevê mecanismos para evitar o fracionamento de vagas, delegando ao regulamento infralegal a definição de práticas que as instituições devem adotar para o cumprimento da Lei.

Cabe ressaltar que a pesquisa realizada pela Coordenação-Geral de Ciência de Dados (CGDADOS) da Diretoria de Altos Estudos (DAE) da Escola Nacional de Administração Pública (ENAP) foi apresentada em duas comissões no Congresso Nacional: no dia 22 de novembro de 2023, na Comissão de Direitos Humanos do Senado Federal, presidida à época pelo senador Paulo Paim, e no dia 11 de junho de 2024, na Comissão de Legislação Participativa da Câmara dos Deputados, presidida pela deputada federal Carol Dartora. Em ambas as ocasiões, a pesquisa contribuiu para o debate sobre o aperfeiçoamento da Lei de Cotas Raciais, conforme previsto no Projeto de Lei nº 1958/2021.

Atualmente, o PL — após ser aprovado no Senado Federal e modificado pela Câmara dos Deputados — encontra-se novamente no Senado para avaliação das alterações realizadas. A expectativa é de que seja aprovado e encaminhado para sanção presidencial.

O uso de dados e de estudos de casos para propor alterações a uma lei federal de forma tão direta e contundente — evidenciando falhas do Estado brasileiro, independentemente de governos, no cumprimento da ação afirmativa de cotas raciais — demonstra como a análise de dados governamentais é uma capacidade imprescindível para o bom funcionamento do Estado.

Espera-se que casos como este sirvam de inspiração para que mais gestores públicos invistam nas áreas de dados e avaliação de políticas públicas em suas instituições.

Assédio institucional e ações afirmativas: uma tarefa para cientistas

MYRELLE JACOB GONÇALVES

Inédito

O papel dos cientistas diante do óbvio

Darcy Ribeiro[1] certa vez nos alertou sobre a missão dos cientistas: desvelar o óbvio. A tarefa científica é, portanto, uma jornada de escavação contínua das camadas que encobrem as verdades mais evidentes. O assédio institucional é uma dessas obviedades escondidas sob discursos de meritocracia, técnica e neutralidade. Este texto parte da premissa de que o enfrentamento ao assédio no setor público, especialmente quando interseccionado com as ações afirmativas, exige engajamento científico comprometido com a justiça social.

É tarefa dos cientistas — em especial, daqueles comprometidos com os direitos humanos e a justiça social — nomear essas violências, compreender suas camadas e propor estratégias para sua superação. O assédio institucional, muitas vezes tratado como um problema interpessoal ou de desvio individual de condu-

1. Fala no Simpósio sobre Ensino Público, na 29ª Reunião da SBPC, realizada em São Paulo, em julho de 1977, republicada pela Fundação Darcy Ribeiro em 2012. Ribeiro, Darcy. *Ensaios insólitos*. Prefácio de Ana Arruda Callado. Brasília: Fundação Darcy Ribeiro, 2012. Disponível em: <https://fundar.org.br/wp-content/uploads/2021/06/ensaios-insolitos.pdf>. Acesso em: 10 mar. 2025.

ta, precisa ser recolocado como questão estrutural, com implicações diretas sobre o funcionamento do Estado. Da mesma forma, as ações afirmativas, que simbolizam conquistas históricas de grupos vulnerabilizados, devem ser resguardadas de ataques silenciosos, como os que ocorrem por meio da deslegitimação, da hostilidade cotidiana e da exclusão institucional.

Com base em dados oficiais, marcos normativos e contribuições teóricas de autores como Margarida Barreto e Johan Galtung, o texto propõe uma leitura estruturada do assédio institucional a partir de três obviedades centrais. A primeira consiste no reconhecimento de que o assédio é uma realidade concreta e persistente no setor público. A segunda evidencia que o assédio atua como sabotagem das ações afirmativas, contrariando seu propósito de justiça social. A terceira aponta a discricionariedade como espaço privilegiado para a manutenção da exclusão e da violência simbólica.

Ao desvelar essas obviedades, o artigo busca não apenas interpretar a realidade, mas contribuir para sua transformação. O compromisso com uma administração pública plural, democrática e não violenta exige o reconhecimento dessas dinâmicas e a formulação de respostas institucionais robustas, que vão da prevenção à responsabilização, passando pela valorização da diversidade e pelo fortalecimento das ações afirmativas.

Primeira obviedade: o assédio é uma realidade no setor público brasileiro

O assédio no trabalho é um fenômeno complexo, que ultrapassa a esfera das relações interpessoais e se insere nas estruturas institucionais. Apesar de sua gravidade, permanece muitas vezes invisibilizado no cotidiano das instituições públicas. Essa obviedade precisa ser desvelada: o assédio é uma realidade concreta, recorrente e profundamente danosa no setor público brasileiro. A persistência desse tipo de violência, sob diversas formas — moral, sexual e institucional —, compromete não apenas a saúde física e psíquica dos servidores públicos, mas também a higidez dos espaços de trabalho e a finalidade pública das instituições.

No contexto brasileiro, a violência no trabalho tem sido classificada, principalmente, em três categorias: assédio moral, assédio sexual e discriminação. O assédio sexual refere-se a condutas de conotação sexual não consentidas. O assédio moral abrange comportamentos abusivos, sem conteúdo sexual, que visam degradar emocional ou profissionalmente a vítima. Já a discriminação se manifesta por meio de restrições, exclusões ou tratamentos desiguais baseados em fatores sociais de diferença, como raça, gênero, deficiência, entre outros.

Embora sejam conceitualmente distintas, as práticas de discriminação estão intimamente relacionadas ao assédio, sendo um dos vetores tanto do assédio sexual — entendido como uma forma de violência de gênero — quanto do assédio moral. Este, embora possa afetar qualquer pessoa e frequentemente esteja associado a condutas de gestão, atinge de maneira desproporcional grupos historicamente vulnerabilizados.

O assédio moral, por sua vez, pode ser classificado em duas modalidades: interpessoal e organizacional ou institucional. O assédio moral organizacional caracteriza-se por um conjunto de "condutas abusivas ou hostis, amparado por estratégias organizacionais e/ou métodos gerenciais que visem a obter engajamento intensivo ou excluir aqueles que a instituição não deseja manter em seus quadros, por meio do desrespeito aos seus direitos fundamentais".[2]

Nomear o assédio como violência é o primeiro passo para compreendê-lo em sua dimensão estrutural. Ele não decorre apenas de atos abusivos individuais, mas de uma cultura institucional que tolera — ou mesmo reforça — práticas de silenciamento, exclusão, estigmatização e retaliação. Essa tolerância se manifesta por omissão, morosidade dos processos disciplinares, ausência de canais de denúncia confiáveis e até naturalização de comportamentos violentos. Quando o assédio é aceito como parte do "ambiente organizacional", ele deixa de ser exceção e passa a operar como regra informal.

O setor público ainda possui características próprias que influenciam a dinâmica do assédio. A estabilidade dos servidores, prevista constitucionalmente, deveria ser um instrumento de proteção à autonomia técnica, à continuidade das políticas públicas e à impessoalidade administrativa. No entanto, paradoxalmente, essa mesma estabilidade pode ser manipulada para perpetuar ciclos de violência institucional.

A servidora ou o servidor que não se submete a ordens ilegais, que denuncia irregularidades, que assume posturas coerentes com os princípios constitucionais, pode se tornar alvo de retaliações que não necessariamente resultam em exoneração — o que seria inviável —, mas em práticas recorrentes de deslegitimação e exclusão: o esvaziamento de funções, a transferência injusti-

2. Brasil. Conselho Nacional de Justiça. Resolução nº 351, de 28 de outubro de 2020. Institui a Política de Prevenção e Enfrentamento do Assédio Moral, do Assédio Sexual e da Discriminação no âmbito do Poder Judiciário. Disponível em: <https://atos.cnj.jus.br/atos/detalhar/3557>. Acesso em: 30 jan. 2025.

ficada para setores desativados, a negativa de oportunidades de capacitação e a exposição à sobrecarga de tarefas como forma de punição disfarçada.

Casos emblemáticos julgados pelo poder Judiciário demonstram essa realidade. Uma servidora pública foi deslocada de sua função de segurança, impedida de realizar horas extras e coagida a realizar atividades de faxina, em flagrante desvio de função e violação de sua condição física (São Paulo, 2015).[3] Outra servidora foi transferida, após férias, para um prédio abandonado com instalações insalubres, onde permaneceu sem atribuições, levando ao agravamento de seu estado emocional (Minas Gerais, 2019).[4] Um terceiro servidor, colocado à disposição por cinco anos em diferentes áreas, nunca exerceu atividades compatíveis com seu cargo efetivo, e teve inclusive o banco onde se sentava no corredor retirado (Espírito Santo, 2019).[5]

Esses exemplos evidenciam uma racionalidade perversa: o servidor estável não é expulso, mas "neutralizado". A violência é sutil, mas constante, e visa criar um ambiente de desgaste, humilhação e desistência. A cientista Margarida Barreto demonstrou em sua tese de doutorado[6] que o assédio moral no setor público

---

3. São Paulo. Tribunal de Justiça. Apelação Cível nº 3001942-52.2013.8.26.0554. Relator: Des. Ronaldo Andrade. 3ª Câmara de Direito Público. Julgado em 2 jun. 2015. Publicado em 3 jun. 2015.

4. Minas Gerais. Tribunal de Justiça. Apelação Cível nº 0005904-26.2013.8.13.0028, Andrelândia. Relator: Des. Wilson Benevides. 7ª Câmara Cível. Julgado em 15 out. 2019. Publicado em 21 out. 2019.

5. Espírito Santo. Tribunal de Justiça. Apelação Cível nº 0000451-90.2016.8.08.0058. Relator: Des. Fábio Clem de Oliveira. Primeira Câmara Cível. Julgado em 30 jul. 2019. Publicado em 9 ago. 2019.

6. Barreto, Margarida Maria Silveira. *Assédio moral: a violência sutil – análise epidemiológica e psicossocial no trabalho no Brasil.* Tese de doutorado em Psicologia) – Pontifícia Universidade Católica de São Paulo, São Paulo, 2005.

tem duração muito superior ao do setor privado. Enquanto apenas 4% dos casos em empresas privadas ultrapassam 36 meses, no serviço público esse índice chega a 60%.

O dano causado é real e devastador. Diversos estudos apontam correlações entre assédio moral e adoecimentos mentais, como depressão, síndrome do pânico e distúrbios psicossomáticos.[7] A impossibilidade de romper o ciclo, somada ao descrédito institucional, intensifica os danos. A pesquisa nacional do Conselho Nacional de Justiça (2023) revelou que 56,4% dos servidores respondentes já haviam vivenciado situações de assédio ou discriminação no ambiente de trabalho, sendo as mulheres as mais atingidas. Servidores negros, indígenas, pessoas com deficiência e LGBTQIAPN+ também reportaram taxas elevadas de vitimização.

Apesar da gravidade, a maioria dos casos permanece oculta. No âmbito do poder Judiciário, estima-se que mais de 77% das vítimas de assédio no setor público não formalizaram denúncia, motivadas principalmente pelo medo de retaliação, pela falta de confiança nos mecanismos de apuração ou pelo receio de prejudicar a carreira.[8] Tendência semelhante foi identificada

---

7. Thurston, Rebecca et al. "Association of Sexual Harassment and Sexual Assault with Midlife Women's Mental and Physical Health". In: *JAMA Interal Medicine*, v. 179, n. 1, pp. 48-53, 1 jan. 2019. doi: 10.1001/jamainternmed.2018.4886; Hejase, Hussin J. "The Economics of Sexual Harassment". In: *Journal of Economics and Economic Education Research*, v. 22, n. 1, 2021; Deloitte Access Economics. *The Economic Costs of Sexual Harassment in the Workplace*. Relatório final, fev. 2019; Organização Internacional do Trabalho. *Preventing and Addressing Violence and Harassment in the World of Work Through Occupational Safety and Health Measures*. Genebra, 2024.

8. Brasil. Conselho Nacional de Justiça. 2ª Pesquisa nacional de assédio e discriminação no âmbito do poder Judiciário. Brasília: CNJ, 2023. Disponí-

na primeira pesquisa global sobre o tema, conduzida pela Organização Internacional do Trabalho, segundo a qual 55% das pessoas entrevistadas não denunciaram as situações de violência ou assédio por considerarem que isso seria uma perda de tempo; outras 44,5% relataram temor quanto aos impactos negativos sobre sua reputação.[9]

Ainda assim, mesmo quando a denúncia é formalizada, o processo tende a ser moroso. No âmbito do poder Executivo federal, estima-se que o intervalo entre a apresentação da queixa e a eventual abertura de processo administrativo seja, em média, de aproximadamente quinhentos dias.[10] Quando há responsabilização, as sanções aplicadas raramente possuem caráter pedagógico ou exemplar. Dados da Controladoria-Geral da União indicam que apenas 12,3% das pessoas acusadas de assédio moral são efetivamente punidas, e menos de 2% delas chegam a ser demitidas.[11] Esse cenário de impunidade institucional contribui para a perpetuação da violência.

---

vel em: <https://www.cnj.jus.br/wp-content/uploads/2023/05/relatorio-2a-pesquisa-assedio-poder-judiciario-020523.pdf>. Acesso em: 27 mar. 2025.

9. Organização Internacional do Trabalho. *Experiences of Violence and Harassment at Work: A global first survey*. Genebra: International Labour Organization, 2022, p. 43. Disponível em: <https://www.ilo.org/sites/default/files/wcmsp5/groups/pu-blic/%40dgreports/%40dcomm/documents/publication/wcms_863095.pdf>. Acesso em: 15 jan. 2025.

10. Jacob, Myrelle. "Servidoras e servidores públicos contra assédio e violência no trabalho: limites da estabilidade como mecanismo de proteção". In: *República em notas*, v. 1. Rio de Janeiro: Cobogó, 2023.

11. Ibid.

Segunda obviedade: o assédio se contrapõe à justiça social esperada das ações afirmativas

As ações afirmativas são políticas públicas que visam corrigir desigualdades históricas e estruturais, assegurando oportunidades reais de participação e desenvolvimento a grupos que, por razões sociais, raciais, econômicas, culturais e de gênero, foram sistematicamente excluídos do acesso equitativo aos bens sociais. No serviço público, essas ações têm se traduzido em políticas de cotas em concursos, incentivos à diversidade nas contratações, estímulo à presença de mulheres e pessoas negras em cargos de liderança e programas voltados à equidade de gênero e raça.

O reconhecimento jurídico e institucional das ações afirmativas como instrumentos legítimos de justiça social já está consolidado em diversas decisões do Supremo Tribunal Federal e em tratados internacionais dos quais o Brasil é signatário (Brasil, 1969, 2012, 2017, 2018).[12] No entanto, a sua efetividade depende

12. Brasil. Decreto nº 65.810, de 8 de dezembro de 1969. Promulga a Convenção Internacional sobre a Eliminação de Todas as Formas de Discriminação Racial. Disponível em: <https://www.planalto.gov.br/ccivil_03/decreto/1950-1969/d65810.html>. Acesso em: 31 mar. 2025; Brasil. Supremo Tribunal Federal. Ação de Descumprimento de Preceito Fundamental nº 186/DF. Relator: Ministro Ricardo Lewandowski. Julgado em 26 de abril de 2012. Disponível em: <https://www.stf.jus.br/arquivo/cms/noticianoticiastfarquivo/anexo/ADPF186.pdf>. Acesso em: 31 mar. 2025; Brasil. Supremo Tribunal Federal. Ação Declaratória de Constitucionalidade nº 41/DF. Relator: Ministro Luís Roberto Barroso. Julgado em 8 de junho de 2017. Disponível em: <https://redir.stf.jus.br/paginadorpub/paginador.jsp?docID=13375729&docTP=TP>. Acesso em: 31 mar. 2025; Brasil. Supremo Tribunal Federal. Ação Direta de Inconstitucionalidade nº 5617/DF. Relator: Ministro Edson Fachin. Julgado em 15 de março de 2018. Disponível em: <https://portal.stf.jus.br/processos/detalhe.asp?incidente=5080398>. Acesso em: 31 mar. 2025.

não apenas do acesso formal, mas da garantia de permanência, segurança e bem-estar no ambiente institucional. E é justamente nesse ponto que o assédio atua como força de oposição.

As pessoas beneficiárias de ações afirmativas frequentemente se tornam alvo de resistência institucional. Essa resistência, embora raramente explícita, se manifesta de forma contínua e simbólica, por meio de hostilidade velada, isolamento, questionamentos constantes sobre a legitimidade de sua presença, constrangimentos e exclusão de oportunidades de crescimento. Trata-se de uma sabotagem silenciosa que busca esvaziar o sentido da política afirmativa por dentro.

Nesse contexto, o assédio deixa de ser apenas uma violência pessoal e se torna um mecanismo de contenção da diversidade: ao punir, constranger e silenciar aqueles que representam o avanço das ações afirmativas, o assédio reafirma o pacto institucional com uma lógica excludente, que se sente ameaçada pela presença de pessoas oriundas de contextos diversos.

O assédio institucional atinge a todos, mas não da mesma forma. Ele se apoia em estruturas de desigualdade já existentes — como o racismo, a misoginia, o capacitismo, a LGBTQIAPN fobia — para produzir seus efeitos com maior ou menor intensidade. A interseccionalidade, como cunhado por Kimberlé Crenshaw[13] e desenvolvido no contexto brasileiro por Carla Akotirene,[14] é essencial para compreender como múltiplas formas de opressão se sobrepõem e se articulam no ambiente institucional.

13. Crenshaw, Kimberlé et al. (Orgs.). *Critical race theory: the key writings that formed the movement*. Nova York: The New Press, 1995.

14. Akotirene, Carla. *Interseccionalidade*. São Paulo: Pólen, 2019. (Col. Feminismos plurais.)

O assédio, nesse sentido, é um dos instrumentos por meio dos quais a estrutura racial e de gênero se reafirma dentro da administração pública. Não se trata apenas de atos de violência direta, mas de dinâmicas institucionais que bloqueiam a possibilidade de desenvolvimento de servidoras e servidores que rompem com os perfis tradicionalmente ocupantes dos cargos de poder.

Johan Galtung,[15] ao desenvolver a teoria da violência estrutural, contribuiu para compreender que a violência não se resume a atos físicos ou explícitos. Ela pode estar incrustada nas próprias estruturas sociais, políticas e culturais. Segundo ele, há três formas de violência interconectadas: direta, estrutural e cultural.

A violência direta é visível, como gritos, agressões físicas ou ameaças. A violência estrutural está nas instituições, nas normas e nos processos que produzem e reproduzem desigualdades. A violência cultural está nos valores, símbolos e discursos que naturalizam e legitimam as demais formas de violência.[16] Essa "síndrome triangular" da violência se aplica com precisão ao tema do assédio institucional: quando há uma cultura institucional que normaliza práticas abusivas (violência cultural), que não pune os agressores (violência estrutural) e que permite a continuidade de condutas assediadoras (violência direta), instala-se um ciclo de violência que impede o avanço das políticas afirmativas.

Assim, as ações afirmativas, ao proporem uma redistribuição do poder institucional, entram em conflito com esse sistema de violência. O assédio aparece como reação institucional à mudan

15. Galtung, Johan. "Cultural Violence". In: *Journal of Peace Research*, v. 27, n. 3, 1990, pp. 291-305.

16. Ibid.

ça, como tentativa de manutenção do *status quo* sob o disfarce da neutralidade.

A hostilidade também se manifesta na resistência em promover pessoas de grupos vulnerabilizados para posições de liderança. Como mostram os dados do Executivo federal, ainda que mulheres sejam maioria no funcionalismo, sua presença nos cargos de direção de mais alto nível é proporcionalmente muito menor. Quando essas mulheres também são negras, os obstáculos se tornam praticamente intransponíveis.[17]

O assédio, nesse contexto, funciona como mecanismo de expulsão simbólica: se não é possível negar o acesso — porque as ações afirmativas garantem a entrada —, então se criam barreiras subjetivas e institucionais que tornam a permanência insustentável. Trata-se de um projeto de exclusão indireta, que mina a autoestima, desacredita as capacidades e limita as trajetórias profissionais de quem ousa romper com os padrões hegemônicos.

---

17. Instituto de Pesquisa Econômica Aplicada (IPEA). *Três décadas de evolução do funcionalismo público no brasil (1986-2017)*. Brasília: IPEA, 2020a. Disponível em: <https://portalantigo.ipea.gov.br/agencia/images/stories/PDFs/TDs/td_2579_sumex.pdf>. Acesso em: 19 jan. 2025; Instituto de Pesquisa Econômica Aplicada (IPEA). *Nota Técnica — Remunerações dos servidores civis ativos do Executivo federal (1999-2020)*. Brasília: IPEA, 2020b. Disponível em: <https://www.ipea.gov.br/atlasestado/download/239/distribuicao-de-remuneracao-nos-niveis-federativos-1985-2019-faixas-de-remuneracao>. Acesso em: 19 jan. 2025; Gonçalves, Myrelle Jacob. *Violência de gênero e o serviço público-federal: uma análise sobre o assédio sexual no local de trabalho*. Dissertação de mestrado em Direito nas Relações Econômicas e Sociais. Faculdade de Direito Milton Campos, Nova Lima, 2022. Disponível em: <https://repositorio-api.animaeducacao.com.br/server/api/core/bitstreams/7dfb994e-83c2-40d3-ab1b-5a5abcef7ac9/content>. Acesso em: 19 jan. 2025.

Terceira obviedade: a discricionariedade é o último refúgio do assédio

Uma das formas mais sofisticadas e eficazes de assédio institucional é aquela que se esconde nos vazios normativos, nas brechas procedimentais e nos interstícios da legalidade. Ao contrário do que se pensa, nem todo assédio se apresenta como violação clara da lei. Muitas vezes, ele ocorre por meio de ações formais aparentemente neutras, mas orientadas por finalidades ilegítimas.

É nesse contexto que entra a discricionariedade: o espaço de liberdade decisória concedido ao gestor público, dentro dos limites legais. Quando não é acompanhada de critérios objetivos, transparência e controle, a discricionariedade pode se converter em ferramenta de reprodução de desigualdades e violências sutis.

O assédio institucional, portanto, muitas vezes se esconde sob o manto da legalidade. Uma servidora que não é promovida por "falta de perfil", um servidor que é transferido porque "o setor precisa de mudanças" ou uma funcionária que deixa de ser convidada para eventos estratégicos sem justificativa formal são exemplos de práticas que, embora legalmente possíveis, podem configurar formas de exclusão, silenciamento e punição informal.

A ausência de regulamentações claras sobre assédio moral no serviço público, somada à cultura organizacional autorreferente e à lógica verticalizada de poder, cria um terreno fértil para a arbitrariedade. Os regimes jurídicos são, por vezes, genéricos; os canais de denúncia, pouco acessíveis; e os procedimentos administrativos, morosos e ineficazes. Além disso, as vítimas muitas vezes não sabem a quem recorrer, especialmente quando o assédio parte de chefias ou colegas com prestígio institucional.

O assédio, nesses casos, não ocorre em espaços formais de decisão, mas em zonas cinzentas, onde não há regras escritas, mas práticas repetidas. É o "não convite" sistemático para reuniões importantes, é o "esquecimento" em processos de capacitação, é a sobrecarga injustificada de tarefas, é a ausência de *feedbacks* construtivos. São práticas que minam a autoestima, corroem o pertencimento institucional e bloqueiam a progressão funcional.

Essa atuação nos limites do normativo torna o assédio institucional mais difícil de ser identificado, denunciado e punido. Afinal, o que não é nomeado como violência não é tratado como tal. A discricionariedade — quando não regulada com base em princípios constitucionais — tende a reproduzir os valores dominantes da instituição. E, em instituições historicamente marcadas pela exclusão de mulheres, pessoas negras, indígenas, LGBTQIAPN+ e pessoas com deficiência, o uso da discricionariedade sem controle reproduz padrões de exclusão hierárquica e simbólica.

É nesse ponto que o "mérito" se torna uma armadilha. Quando os critérios de avaliação de desempenho, de escolha para cargos comissionados ou de promoção funcional são vagos ou subjetivos, o viés discriminatório se infiltra. A servidora negra que é sistematicamente preterida em processos seletivos internos, apesar de cumprir todos os requisitos; o servidor com deficiência que é transferido de setor toda vez que apresenta uma demanda de acessibilidade; a mulher que não é aceita pela equipe e, por isso, é afastada da função de atendimento ao público — todos são exemplos de como a discricionariedade, sem mediação ética e controle social, se converte em instrumento de opressão.

Além disso, a discricionariedade afeta não apenas os indivíduos diretamente assediados, mas também todo o ambiente institucional, pois gera incerteza, insegurança e desconfiança. Os servidores passam a se autopoliciar, a evitar conflitos, a renunciar a posicionamentos críticos com medo de retaliações veladas. A liberdade decisória vira poder de coerção simbólica.

A superação desse cenário exige a transformação da cultura institucional e a construção de instrumentos normativos e operacionais que limitem a arbitrariedade e promovam a transparência. É preciso transformar a discricionariedade em um espaço de responsabilidade pública, onde as decisões possam ser justificadas com base em critérios objetivos, auditáveis e comprometidos com a igualdade substantiva.

Protocolos para decisões com perspectiva de gênero, por exemplo, são ferramentas fundamentais para orientar a atuação dos gestores e dos órgãos de controle. O Protocolo para Julgamento com Perspectiva de Gênero do Conselho Nacional de Justiça,[18] ao reconhecer que a desigualdade de gênero atravessa as instituições e as decisões judiciais, oferece diretrizes para evitar a reprodução de estereótipos e para garantir respostas mais adequadas a situações de discriminação e violência.

Do mesmo modo, as ações afirmativas não devem se limitar ao ingresso no serviço público. Elas precisam ser estruturadas como políticas institucionais contínuas, com metas de promoção de diversidade em cargos de liderança, revisão de critérios de progressão, programas de mentoria e redes de apoio. Apenas com a inserção da perspectiva de equidade nas práticas de ges-

18. Brasil. Conselho Nacional de Justiça (CNJ). Protocolo para Julgamento com Perspectiva de Gênero. Disponível em: <https://www.cnj.jus.br/programas-e-acoes/protocolo-para-julgamento-com-perspectiva-de-genero/>. Acesso em: 30 jan. 2025.

tão será possível conter os abusos praticados sob a aparência da legalidade.

Por fim, é necessário reconhecer que a responsabilização por práticas assediadoras — inclusive aquelas operadas pela via da discricionariedade — possui uma função pedagógica essencial. A punição de gestores que abusam de sua liberdade decisória, quando fundada em investigações cuidadosas e garantias processuais, envia uma mensagem clara: o serviço público é espaço de dignidade, não de perseguição.

No entanto, a responsabilização, por si só, não basta. É preciso construir uma cultura organizacional baseada na escuta, no respeito, na diversidade e na transparência. Isso exige investimento em formação, revisão de procedimentos internos, engajamento da alta gestão e participação ativa dos servidores.

O reconhecimento da discricionariedade como último refúgio da discriminação é um passo fundamental para desvelar as violências institucionais sutis e para promover a construção de ambientes públicos verdadeiramente democráticos e inclusivos.

Desvelar, compreender e transformar

A proposta deste texto partiu da tarefa científica de desvelar o óbvio. Diante da persistência do assédio institucional e da fragilidade das ações afirmativas no setor público, tornou-se necessário tornar visível o que muitos já sabem, mas que as instituições ainda insistem em naturalizar, relativizar ou silenciar.

O texto demonstrou que o assédio é uma realidade concreta no serviço público, sustentada por práticas sistemáticas de perseguição, isolamento funcional, deslegitimação simbólica e desgaste prolongado. Embora os dados empíricos revelem a magnitude dessa violência, a subnotificação e a impunidade permanecem como traços predominantes da forma como o sistema institucional responde. A análise também evidenciou que o assédio não se limita a uma agressão à integridade individual dos servidores e servidoras, mas compromete a finalidade da própria administração pública. Ao atacar quem insiste na legalidade, na técnica e na ética pública, o assédio funciona como instrumento de captura do interesse público e de corrosão da independência funcional necessária ao cumprimento da Constituição.

Foi possível perceber, ainda, que o assédio atua como força contrária às ações afirmativas. Estas, concebidas como instrumentos de reparação histórica e promoção da diversidade, perdem sua efetividade quando pessoas de contextos sociais diversos ingressam no serviço público e enfrentam hostilidade diária, exclusão institucional e punições simbólicas. O assédio, nesse contexto, sabota silenciosamente as conquistas democráticas.

Por fim, o texto expôs como a discricionariedade, quando não acompanhada de critérios objetivos, mecanismos de controle e perspectiva de equidade, se converte no último refúgio da exclusão. É nos interstícios da legalidade, nas zonas cinzentas da administração e nas decisões aparentemente neutras que o assédio institucional encontra terreno fértil para se reproduzir com sofisticação e impunidade.

O enfrentamento dessas estruturas demanda uma transformação institucional profunda. A construção de ambientes públicos livres de violência exige a adoção de protocolos com perspectiva de gênero e interseccionalidade, a regulação dos espaços de discricionariedade, a revisão dos critérios de gestão de pessoas, a proteção efetiva das vítimas e denunciantes e o fortalecimento das políticas afirmativas em todos os seus ciclos — do ingresso à promoção funcional.

Trata-se de um compromisso ético e institucional com a transformação cultural do setor público. As organizações precisam declarar, com ações concretas, que o assédio e a discriminação não serão mais tolerados como métodos de gestão ou ferramentas de manutenção de privilégios.

É também uma tarefa para cientistas. Produzir conhecimento, sistematizar experiências, desnaturalizar discursos e intervir nas políticas públicas são formas de fortalecer a democracia desde dentro do Estado. Se o assédio institucional é uma obviedade perigosamente normalizada, é nosso dever nomeá-lo, enfrentá-lo e superá-lo. Se as ações afirmativas são conquistas ainda ameaçadas, é nosso compromisso consolidá-las como pilares de uma democracia viva, plural e verdadeiramente inclusiva.

GESTÃO DE PESSOAS

Apresentação

LEANDRO LIRA

Se o maior patrimônio de uma nação é o seu povo, cumpre-nos afirmar que o maior patrimônio da administração pública são seus servidores. A partir desse reconhecimento, os textos desta seção se revelam autênticos instrumentos para uma melhoria estruturante de todo o Estado brasileiro a partir de um dos seus principais pilares: a gestão de pessoas. Destaca-se que a seleção de artigos aborda com propriedade todo um ciclo de vida do agente público: Para que e quando selecioná-los? Quantos selecionar e de que forma? Quem selecionar? Como contratá-los e com qual tipo de vínculo? Onde (re)alocá-los? Como avaliá-los? Como motivá-los? Como e quem irá liderá-los? Quando movimentá-los e quando repô-los? Essas são apenas algumas perguntas que serão respondidas ao leitor ao longo deste bloco.

Pensar o conjunto de agentes públicos como principal instrumento de realização das políticas públicas requer mapear as necessidades sociais que se deseja atender, priorizá-las e, com o mesmo viés estratégico, dimensionar a quantidade de servidores e mapear as respectivas competências necessárias. Nesse ponto, destacam-se as sugestões de institucionalização de práticas de planejamento estratégico de gestão de pessoas como um processo contínuo na administração pública.

Inclui-se aqui a reflexão sobre os modelos de contratação de agentes públicos, em que se lança luz sobre a temática das contratações temporárias e como sua regulamentação a partir de um projeto de lei proposto pela sociedade civil pode trazer ganhos significativos à transparência, governança, segurança jurídica e eficiência da prestação de serviços por parte do Estado. Para além da forma de contratação, os textos abordam a necessidade de seleção a alocação de servidores observando suas vocações e aptidões, o que teve um reforço por meio da Lei nº 14.965/2024, que tem potencial de gerar grandes transformações na administração nas próximas décadas.

Uma vez recebidos os servidores no ecossistema da burocracia, é necessário abordar o tema de quem irá liderá-los, discussão em que tomam destaque o Mapa de Gestão de Lideranças (MGL) e a proposta de institucionalização de Sistemas de Alta Administração Pública (ADP), voltados a diminuir a pura e simples indicação política de cargos de direção.

Por sua vez, avaliar o seu desempenho é medida indissociável da ideia de um Estado moderno e eficiente. Nessa seara, apresenta-se uma proposta legislativa para criar de fato uma cultura de avaliação de desempenho, regulamentando inclusive os cenários de desligamento de servidores por ineficiência. Em contrapartida, o acervo de textos inclui também uma reflexão sobre a falibilidade do servidor público e uma mudança de postura dos órgãos de controle, que passaram a reconhecer a não intencionalidade do erro em muitas situações.

Atrelada a esse ponto, a motivação dos servidores ganha especial destaque, envolvendo testemunhos de ações bem-sucedidas mesmo em ambientes laborais inóspitos, como é o sistema carcerário.

Outro aspecto visto como uma das maiores oportunidades de ganhos estruturantes na gestão de pessoas diz respeito a uma prática mais institucionalizada da movimentação de servidores, atrelada inclusive ao dimensionamento da força de trabalho (DFT) e que seria um instrumento poderoso para que o Estado pudesse responder com mais dinamismo a novas demandas sociais realocando servidores onde eles fossem mais úteis ou se mostrassem mais motivados.

Ainda sobre força de trabalho, um dos textos revela um raio X da previsão de desligamentos de servidores nas próximas décadas, alarmando para uma evasão significativa de servidores do poder Executivo federal ao longo dos próximos vinte anos, sem expectativa de reposição, o que força o Estado a otimizar seu processo de gestão de pessoas, sob pena de descontinuidade dos serviços públicos.

É oportuno sinalizar que em muitos dos textos presentes neste bloco identifica-se uma gama de riquíssimas proposições para o amadurecimento da gestão de pessoas feitas por instituições da sociedade civil que têm se dedicado a um trabalho de excelência. Uma dessas contribuições foi a criação de índices, por parte da República.org, específicos para a temática de gestão de pessoas: o Panorama de Gestão de Pessoas (PGP), que mede a maturidade dos processos em gestão de pessoas das instituições; e o Índice de Qualidade da Burocracia (IQB), que mede a qualidade das políticas de gestão de pessoas adotadas pelas instituições.

A existência de uma gama de instituições da sociedade civil se debruçando de forma contínua sobre o tema de gestão de pessoas e apresentando estudos e proposições substanciais para a melhoria do Estado brasileiro a partir desse eixo são a maior evidência que eu poderia trazer sobre a relevância do tema e o maior incentivo que eu poderia dar para a leitura atenciosa de cada uma das páginas a seguir.

Por que a motivação é importante para o serviço público?

ALEX CAVALCANTE ALVES

7 de maio de 2024

Tem-se alcançado certo consenso entre os estudiosos da administração pública sobre um dos principais desafios para o êxito do serviço público: a motivação dos servidores públicos. Mas, para realizarmos esse debate, é indispensável olhar para o contexto: nos últimos anos, servidores públicos brasileiros tiveram suas prerrogativas sucessivamente questionadas e salários ficaram sem reajuste. Além disso, há um contexto histórico de falta de recursos e de uma estrutura de governança que permita seu adequado reconhecimento e participação na tomada de decisões. Nesse cenário, a manutenção da motivação desses profissionais fica prejudicada.

Estabelecer um sistema de progressão que reconheça esforços e méritos, definir critérios para acesso a funções gerenciais e para sua manutenção, bem como manter o poder de compra dos salários no setor público são medidas importantes e necessárias. Mas há, também, pautas não remuneratórias, que vão desde a atualização de nomenclaturas e atribuições de carreiras públicas que possam refletir sua importância e inserção no contexto da sociedade atual até a realização periódica de pesquisas de clima e a instituição de programas de qualidade de vida e de reconhecimento.

Há quem diga que não há maior motivação do que trabalhar com uma liderança empática e respeitosa. Mas não podemos colocar essa responsabilidade por motivar profissionais que prestam serviços relevantes ao desenvolvimento do país exclusivamente na carga das lideranças, que também precisam de cuidado, atenção e motivação. É preciso contar com uma estrutura normativa e organizacional que permita a adequada prestação dos serviços, atendimento digno à população, *feedbacks* respeitosos dentro das equipes, comunicação organizacional efetiva e capacitação constante.

Saber que há com quem contar nos momentos de dificuldade também é essencial à manutenção da motivação. Uma estrutura de bem-estar e de apoio psicológico em cada instituição pública tem um potencial enorme de promover ambientes saudáveis nas organizações. Afinal, contribuir para a manutenção da saúde física e mental dos servidores públicos é papel do Estado como promotor de políticas públicas e como empregador. Nesse sentido, é importante recordar a edição, em maio de 2010, da Portaria nº 1.261/2010, que institui os princípios, diretrizes e ações em saúde mental, visando orientar os órgãos e entidades do Sistema de Pessoal Civil (SIPEC) da administração pública federal sobre a saúde mental dos servidores.

Dificuldades e restrições de toda sorte para tratar a temática da motivação existem e existirão, diante dos recursos limitados do poder público. Nessas horas, contar com a parceria de uma rede de apoio da sociedade civil e da iniciativa privada pode fazer a diferença. Há iniciativas como a República.org, a Parceria Vamos, o Movimento Pessoas à Frente, o Movimento Gestão Pública Eficiente (MGPE), os sindicatos e associações de categorias profissionais — correndo aqui o risco de ser injusto ao não mencionar um grande rol de outras frentes e entidades —, que, por meio de premiações, capacitações e formas diversas de reconhecimento, oferecem importante contribuição para a motivação dos servidores públicos brasileiros.

A motivação envolve também relacionamento com a comunidade e inserção em questões sociais. Programas de responsabilidade socioambiental que incluam ações de voluntariado e a promoção de economia circular, trabalhando a logística sustentável, demonstram preocupação com o meio em que a instituição pública se insere e ajudam a aumentar a sensação de pertencimento e a reforçar o papel dos servidores públicos como agentes de transformação social. O serviço público é ESG[1] em sua origem e sua essência.

Motivar servidores públicos é, portanto, uma responsabilidade de todos os atores desse processo, que, ao buscarem concretizar ferramentas para essa motivação, as quais podem ou não envolver dispêndios financeiros, prestam merecido reconhecimento àqueles profissionais que dedicam suas carreiras a buscar a prestação de serviços públicos de qualidade para a nossa população.

1. Meio Ambiente, Social e Governança, do original em inglês *Environmental, Social and Governance.*

Nossa experiência promovendo inovação com inspetoras penitenciárias

ANA CHRISTINA FAULHABER
CAROLINA RICARDO
IDELI DOMINGUES

27 de agosto de 2024

A melhoria do serviço público tem sido a busca de muitos órgãos: a inovação deixou de ser um propósito exclusivo das empresas privadas.

Nesse sentido, Cavalcante e Camões,[1] em seu estudo sobre inovação pública no Brasil, afirmam que se tem reconhecido que a inovação não só pode contribuir para o crescimento econômico, a transformação industrial e a vantagem competitiva, como também para incrementar a qualidade e a eficiência do serviço público ao aumentar a capacidade governamental de resolver problemas.

Como exemplo de inovação no serviço público, destacamos o trabalho que realizamos na Unidade Prisional Feminina durante a Residência em Capital Humano.[2] Os resultados trouxeram impor-

1. Cavalcante, P.; Camões, M. R. S. "Inovação pública no Brasil: uma visão geral de seus tipos, resultados e indutores". In: Cavalcante, P. et al. (Orgs.). Inovação no setor público: teoria, tendências e casos no Brasil. Brasília: IPEA, 2019, pp. 95-117.

2. O Programa República Fellows — Residência em Capital Humano, realizado entre 2018 e 2019 pelo então Instituto República, hoje República.org, cujo objetivo era aprofundar a discussão e a formação no tema de incentivos não financeiros aos profissionais do setor público e realizar experimentos

tantes visões do cotidiano laboral das inspetoras penitenciárias, além de uma nova percepção para algumas questões, causando impactos sobre a vida dos servidores e no próprio ambiente prisional.

A inovação não pode ocorrer sem a participação dos servidores públicos, porém, quando ela é voltada exclusivamente para eles, toma uma proporção maior. É essa a conclusão a que chegamos, seis anos após a implementação do nosso experimento "Como engajar inspetoras no trabalho de custódia e ressocialização das mulheres privadas de liberdade no Rio de Janeiro", no programa de Residência em Capital Humano, da República.org.

A inovação e oportunidades para o sistema penitenciário

Como inovar em um lugar onde o mínimo existencial não é garantido?

A Secretaria Nacional de Políticas Penais (SENAPPEN) publicou o Primeiro Panorama Nacional de Alimentação no Sistema Prisional,[3] detectando ausência de infraestrutura básica para

---

concretos em diferentes áreas de políticas públicas para testar caminhos para estimular a aplicação desses incentivos. As autoras do presente texto realizaram o experimento voltado para as inspetoras femininas atuantes no sistema prisional feminino do Rio de Janeiro. O trabalho se deu a partir da imersão em uma unidade prisional, a então Cadeia Pública Joaquim Ferreira, que custodiava mulheres em prisão provisória, buscando entender os fatores que motivavam e desmotivavam as inspetoras e procurando, a partir da escuta empática, de atividades com a arte e com o belo, construir com elas caminhos para aumentar a motivação e, assim, o engajamento.

3. Brasil. Panorama nacional de alimentação e acesso a água no sistema prisional. Juciane Padro Lourenço da Silva; Hellen Karine da Cunha Carneiro. Brasília: Ministério da Justiça e Segurança Pública, Secretaria Nacional de Políticas Penais, 2024. Disponível em: <https://www.gov.br/senappen/

fornecimento de água potável, inclusive para garantir condições mínimas de higiene às pessoas privadas de liberdade.

Quanto à alimentação, observou-se quantidade insuficiente no fornecimento de alimentos, que ainda se apresentavam com baixos nutrientes. A pesquisa foi realizada em 80,41% das unidades prisionais do Brasil, compondo o retrato da alimentação de 90,32% das pessoas privadas de liberdade.

A situação dos privados de liberdade no Brasil é bastante grave, tanto que o Supremo Tribunal Federal reconheceu a violação massiva de direitos fundamentais no sistema carcerário brasileiro quando julgou a ADPF nº 347 (Arguição de Descumprimento de Preceito Fundamental).

Em entrevista ao *El País*,[4] o dr. Drauzio Varella, médico notável em seu trabalho com os privados de liberdade, disse que "ninguém passa por essa experiência incólume". E continua: "Cadeia é um lugar muito sensível de uma sociedade. Se você visitar uma cadeia, um pronto-socorro e um estádio de futebol lotado, você consegue fazer uma ideia de como é uma sociedade. Confinar pessoas em cadeias é um experimento sádico. Como as pessoas se comportam nessa situação? Que regras se estabelecem?"

Nesse contexto, os servidores dos cárceres brasileiros trabalham em um ambiente insalubre, perigoso, degradante, muitas vezes solitário (devido à falta de efetivo). Esses profissionais

---

pt-br/assuntos/noticias/senappen-publica-primeiro-panorama-nacional--de-alimentacao-e-acesso-a-agua-no-sistema-prisional/panorama_nacional_de_alimentacao_no_sistema_prisional.pdf>. Acesso em: 8 jul. 2023.

4. *El país*. Entrevista de Drauzio Varella. "O único lugar em que a mulher tem liberdade sexual é na cadeia". Disponível em: <https://brasil.elpais.com/brasil/2017/07/05/politica/1499276543_932033.html>. Acesso em: 26 jun. 2024.

atuam perante muito estresse e tensão, tanto que a Organização Internacional do Trabalho (OIT) considerou a profissão de agente penitenciário a segunda profissão mais perigosa do mundo.

Mas será que esse ambiente não abre a oportunidade de realização de mudanças, melhorias e inovação?

Ao olharmos para alguns fenômenos da natureza que nos causam grande assombro, vamos, aos poucos, nos aproximando e percebendo que também nos conduzem a oportunidades, não vistas imediatamente, tamanho o impacto. Um exemplo disso é a pororoca,[5] que em língua indígena significa "estrondo", uma palavra que traduz a imagem que nos assola em primeira mão. Trata-se de um fenômeno natural caracterizado por grandes e violentas ondas formadas no encontro das águas do mar com as águas do rio. Ela tem desaparecido em muitas regiões do país e provocado a desertificação nas mesmas, por muitos motivos que não citaremos, pois não é o objetivo deste trabalho.[6] Além de sua importância para o ecossistema local, esse "estrondo" traz inúmeras oportunidades, como a de turismo local, uma vez que as ondas provocadas por esse fenômeno atraem pessoas que praticam surfe. Além disso, esse movimento de mistura de águas proporciona a remoção de poluentes e a recirculação de nutrientes, movendo animais e plantas flutuantes tanto das áreas mais profundas quanto da superfície. Enfim, as marés, esse movimento

5. "The Importance of Tides". Disponível em: <https://www.geeksforgeeks.org/importance-of-tides/>. Acesso em: 26 jun. 2024.

6. NOAA's National Ocean Service. "The Importance of Monitoring the Tides and Their Currents". Disponível em: <https://oceanservice.noaa.gov/education/tutorial_tides/tides09_monitor.html#:~:text=Scientists%20are%20concerned%20with%20tides,in%20estuaries%20to%20deeper%20>. Acesso em: 26 jun. 2024.

incessante das águas, geram energia. Pensar o sistema prisional com a potencialidade que vemos na pororoca abre espaço para ampliar o olhar sobre ele e exercitar a inovação.

Uma importante inovação advinda da experiência implementada por nós foi a forma de olhar e compreender a unidade prisional como uma grande engrenagem na qual todas as peças eram fundamentais e que não girava sem que essas peças estivessem conectadas em harmonia. Nenhuma peça era mais importante que a outra e elas só funcionavam juntas. Essa ideia, sistêmica, foi fundamental para ser trabalhada junto às profissionais da unidade.

Para concretizar a ideia da engrenagem, diferentes estratégias foram implementadas. Trabalhamos o fortalecimento da direção da unidade prisional, por meio da realização de reuniões de trabalho, nas quais acolhemos a diretora e a subdiretora a partir de uma escuta sensível e focada nos papéis profissionais de cada uma. Também realizamos *workshops* com as inspetoras para ouvi-las, criar solidariedade, contato com a arte e entendimento dos papéis das diferentes profissionais.

As discussões realizadas nos *workshops* apontaram sugestões concretas que foram implementadas, gerando impactos imediatos na percepção de integralidade e pertencimento na unidade. A principal medida adotada foi para reduzir a distância entre plantonistas (as inspetoras que trabalhavam no miolo da unidade, atuando na segurança das galerias onde as mulheres privadas de liberdade ficavam) e as profissionais do administrativo da unidade. Implantamos uma inovação simples, mas muito efetiva: a adoção do uniforme por todas as profissionais da unidade, já que apenas as plantonistas tinham que usá-lo. No primeiro *workshop*, essa foi a sugestão de uma das inspetoras. Em virtude da fratura identificada entre as profissionais plantonistas e do administrativo, o uso de uniforme por todas conferiria certa isonomia e identidade entre elas, além, é claro, de aumentar a sensação de segurança na unidade, uma vez que as internas veriam muito mais inspetoras uniformizadas.

Outra importante inovação, também simples, mas que contribuiu muito para a sensação de pertencimento e valorização por parte das profissionais, foi a oferta de momentos prazerosos às profissionais, como a realização do Dia da Beleza, em parceria com a igreja que prestava serviços na unidade, além da melhoria e do embelezamento do espaço físico por meio da reforma inicial nas guaritas.

O que aprendemos sobre a inovação na penitenciária

Nosso experimento[7] gerou uma série de importantes aprendizados a partir das inovações propostas. O primeiro deles foi em relação ao papel central da liderança e sobre como um líder inspirador (no caso, a líder inspiradora, na pessoa da diretora da unidade), ao ter coerência com seus valores e gentileza no trato com seus funcionários diariamente, gerava uma coesão bastante fortalecida entre as profissionais.

A liderança inspiradora é tão fundamental em processos como esse que vale mencionar a reflexão de Simon Senek.[8] Quando

---

7. Trecho apresentado em Faulhaber, Ana Christina; Ricardo, Carolina de Mattos; Domingues, Ideli. "Como engajar e motivar inspetoras de segurança e administração penitenciária no trabalho de custódia e ressocialização das mulheres privadas de liberdade". In: Janaina de Fátima Silva Abdalla; Caroline Toledo de Oliveira; Ana Christina Faulhaber (Orgs.). *Saberes prisionais: estudos e pesquisa*. Rio de Janeiro: SEAP-EP, 2020.

8. Senek, Simon. *O jogo infinito*. Rio de Janeiro: Sextante, 2020.

o outro é percebido apenas como algo a ser vencido, não como possível parceiro e colaborador, estamos falando de *líderes com uma mentalidade finita num jogo infinito*. Nos negócios que se enquadram no jogo infinito não há como conhecer todos os jogadores, pois os novos jogadores podem entrar a qualquer momento. Além disso, as regras também mudam, assim como os acordos. Portanto, os horizontes temporais são infinitos. Não existe uma linha de chegada, e assim não há como vencer. O objetivo primordial do jogo infinito é continuar em campo e perpetuar o jogo. Já no jogo finito, como no futebol, os jogadores são conhecidos, há regras fixas e os jogadores concordam com as regras. Percebe-se início, meio e fim. Mas será que isso se aplica a todo momento nas instituições? Talvez entrar num jogo infinito com mentalidade finita possa trazer várias dificuldades na área da confiança, da colaboração e da inovação. A mentalidade infinita já consegue ter benefícios nessas áreas. Não seria preciso que os líderes identificassem pistas de quando estão se articulando com mentalidade finita quando o jogo é infinito, obstaculizando, assim, a inovação? Esse questionamento é importante para potencializar uma liderança inspiradora.

Também foi possível identificar que, em uma unidade prisional, o engajamento diminui riscos para todos os envolvidos, gerando maior tranquilidade e segurança entre as profissionais e, consequentemente, para as internas.

Outro aprendizado foi a importância de abrir canais de diálogos, trocas e escutas não apenas entre as profissionais, mas também entre elas e as chefias para possibilitar o engajamento, sempre tentando ter abertura na observação, na flexibilidade na análise, além de uma escuta genuína.

Por fim, outro aprendizado importante em relação à unidade prisional, algo também ainda pouco comum ao setor público, é a capacidade de gerir o todo e não somente aspectos fragmentados de políticas, serviços e projetos. Parece comum que as dificuldades de profissionais do administrativo sejam tratadas de forma fragmentada em relação às dificuldades das plantonistas, quando, na verdade, tudo se conecta na engrenagem maior que é a unidade prisional. Por isso, é tão importante ter uma visão sistêmica do todo, enquanto imagem de engrenagem, e da importância do papel que cada profissional desempenha.

Privação de liberdade: um espaço seguro?

ANA CHRISTINA FAULHABER
CAROLINA RICARDO
IDELI DOMINGUES

22 de outubro de 2024

Uma das autoras deste texto, certa noite, excepcionalmente, estava acompanhando mulheres privadas de liberdade que realizavam uma obra na unidade prisional quando faltou energia. Quando a eletricidade foi restabelecida, tanto as policiais penais quanto mulheres privadas de liberdade estavam encostadas na parede. Foi a maneira que encontraram para que ninguém as surpreendesse pelas costas. Diante disso, perguntamos: a unidade prisional é um espaço seguro?

Qual é o lugar que o espaço prisional ocupa no imaginário da população em geral? Há histórias de reabilitação, sim, mas são muito, muito poucas. A maioria é de que as pessoas ficam mais habilitadas para o crime, saem mais marcadas e sofridas pela punição, pelos maus-tratos e pelo assédio, dos mais variados tipos.

Foucault, em *Vigiar e punir*,[1] nos coloca frente a um percurso social de punição e vigia daquilo que não traz *benefícios ou que não é considerado normal*, mas a prisão, mesmo sendo percebida como inconveniente, perigosa e inútil, ainda permanece sem substituição.

1. Foucault, Michel. *Vigiar e punir: nascimento da prisão*. Trad. de Raquel Ramalhete. Petrópolis: Vozes, 1987.

Quando iniciamos a Residência em Capital Humano, nossa proposta inicial foi apresentar a ressocialização da mulher privada de liberdade como estratégia de engajamento para as inspetoras, como algo que poderia motivá-las no exercício do seu trabalho. No entanto, quando entramos na unidade e ouvimos as necessidades e desafios da equipe de inspetoras de polícia penal, observamos que dois aspectos se apresentaram com mais relevância: o vínculo e a colaboração entre as inspetoras de polícia penal como o fator motivador; e a diferença entre as profissionais plantonistas (atividade-fim) e as lotadas no administrativo da unidade como fator de desmotivação e desengajamento, além do medo, que aparece também como fator desmotivador.

No que tange às mulheres privadas de liberdade, a sentença "ficar privada de liberdade" lhes retira algo que é seu bem mais valioso, a liberdade, sem oferecer nenhuma perspectiva em troca para além da punição.

Entretanto, o que seria uma privação de liberdade que pudesse dar à pessoa apenada — ou pessoa privada de liberdade — uma oportunidade de reconstrução ou, pelo menos, um novo referencial a partir do qual ela pudesse escolher, desfrutar e aprimorar?

E afinal, o que é um lugar seguro? Um lugar de acolhimento, aceitação, confiança e trocas solidárias. Quem o teve, sem traumas? A grande maioria não o teve. Portanto, na prisão, como ela é gerida e pensada, há grandes chances de essas pessoas reviverem seus processos dolorosos, com imagens internas negativas.

Como se instala a rotina e o decorrer dos dias nesse lugar? Há segurança? Há confiança? Sabemos que não.

Como construir uma imagem de futuro positivo num lugar marcado exclusivamente por medos, punições e acusações? Nos espaços seguros é que podemos ser criativos e gestar imagens internas que nos amparem. Há pessoas que, embora privadas de liberdade, na concepção de Cohen,[2] "lutam por aceitar com resignação os fatos e sentimentos que lhes impõe a existência" (tradução livre). Mas cada um de nós, mesmo fora do sistema prisional, também encontrou, a seu modo, uma forma de conviver, de maneira digna, com suas culpas e traumas. Temos uma diferença: fomos encontrando maneiras de reparar relações danosas, de transformar imagens que carregamos dessas vivências, de perdoar os outros e, principalmente, nós mesmos.

No portal Drauzio Varella, Beatriz Zolin relata, no artigo "A solidão das mulheres nas cadeias: para elas, a pena é dobrada", [3] que, de acordo com uma pesquisa de campo realizada no estado de São Paulo, as mulheres são punidas duplamente quando comparadas com os homens: elas enfrentam a culpabilização em relação ao crime cometido e o abandono.

A autora observou que, em dias de visita, há filas na unidade masculina, o que não testemunhou na feminina. Comenta que, além de ficarem longe dos filhos, são "abandonadas por seus parceiros e renegadas pelas famílias, entram e saem dos presídios sozinhas". Frisa, ainda, que ficam frente ao "desamparo", que "não é um mero sentimento individual": "Ele se reflete nas condições de saúde e de dignidade dentro das cadeias."

---

2. Cohen, Dan Booth. *Llevo tu corazón em mi corazón. Las constelaciones familiares y el sistema penitenciário*. Madri: Gaia, 2010, p. 17.

3. Zolin, Beatriz. "A solidão das mulheres nas cadeias: para elas, a pena é dobrada". Disponível em: <https://drauziovarella.uol.com.br/mulher/a-solidao-das-mulheres-nas-cadeias-para-elas-a-pena-e-dobrada/>. Acesso em: 6 ago. 2024.

Em relação à saúde da mulher privada de liberdade, outro dado alarmante trazido pelo Infopen Mulheres[4] é a taxa de suicídio entre mulheres no sistema prisional, que chega a ser vinte vezes a média nacional. O relatório Infopen Mulheres de 2018[5] aponta que: "As chances de uma mulher no sistema prisional se suicidar são até vinte vezes maiores quando comparadas à população brasileira total."

Importa considerar que, em geral, os entes federativos não possuem espaços que sejam adequados às demandas das mulheres; as unidades prisionais femininas são adaptações de unidades masculinas ou de outros tipos de edificações.

De acordo com a 5ª edição do *World Female Imprisonment List*,[6] o Brasil é o terceiro país do mundo com a maior população de mulheres privadas de liberdade, ficando atrás somente dos Estados Unidos e da China.

Atualmente, a população prisional feminina do Brasil é composta por 32.865 mulheres em celas físicas ou outras carceragens (PC, PM, CBM ou PF), o que representa 5,06% da população prisional brasileira.

---

4. Infopen Mulheres 2016. Ministério da Justiça. Brasília, 2016. p. 66. Disponível em: <file:///C:/Users/ana.faulhaber/Downloads/infopenmulheres-junho2016.pdf>. Acesso em: 9 ago. 2024.

5. Infopen Mulheres 2018. Ministério da Justiça. Brasília, 2018. Disponível em: <https://conectas.org/wp-content/uploads/2018/05/infopenmulheres_arte_07-03-18-1.pdf>. Acesso em: 9 ago. 2024.

6. Fair, Helen; Walmsley, Roy. *World Female Imprisonment List*. 5. ed. Londres: ICPR, 2022. p. 2. Disponível em: <https://www.prisonstudies.org/sites/default/files/resources/downloads/world_female_imprisonment_list_5th_edition.pdf>. Acesso em: 9 ago. 2024.

À época da realização da Residência em Capital Humano, no estado do Rio de Janeiro, havia 2.254 mil mulheres em celas físicas, sendo 45% provisórias (Infopen 2018), que ficavam custodiadas em seis unidades prisionais exclusivamente femininas.

Ao mesmo tempo, a Secretaria de Administração Penitenciária contava com 877 inspetoras de polícia penal femininas. No entanto, apenas 237 estavam lotadas nas unidades prisionais exclusivamente femininas. Destas, ainda apenas 115 encontravam-se trabalhando nos plantões (fonte: SEAP, nov. 2018). Isso significa que apenas 28% das inspetoras permaneciam na atividade direta de custódia. Como garantir a segurança com tão pouca gente no plantão, com tão poucas profissionais realizando a atividade-fim?

Importa considerar que, assim como as mulheres privadas de liberdade, o cárcere ocasiona problemas na saúde mental das mulheres policiais penais, influenciando em sua vida particular e no seu trabalho.

Bezerra, Assis e Constantino, no estudo "Sofrimento psíquico e estresse no trabalho de agentes penitenciários: uma revisão da literatura",[7] observaram, sobre o *burnout*, que "entre os fatores de risco estão a sobrecarga de trabalho, falta de recursos materiais e humanos, nível de contato com os presos, superlotação, percepções sobre medo ou perigo, paradoxo punir/reeducar".

A pesquisa denominada "A pandemia de covid-19 e o trabalho dos(as) policiais penais/agentes prisionais",[8] realizada pelo

---

7. Bezerra, C. de M.; Assis, S. G. de; Constantino, P. "Sofrimento psíquico e estresse no trabalho de agentes penitenciários: uma revisão da literatura". In: *Ciência & Saúde Coletiva*, v. 21, n. 7, jul. 2016, pp. 2135-46.

8. Lotta, Gabriela; Magri, Giordano; Lima, Débora D. de; Lima-Silva, Fernanda; Corrêa, Marcela; Beck, Amanda. *A pandemia de covid-19 e os(as) agentes*

Núcleo de Estudos da Burocracia da Fundação Getúlio Vargas, identificou que os policiais penais, ao serem perguntados quais foram as principais emoções vivenciadas no trabalho em relação ao aspecto psicológico, apontaram: "Muitas emoções negativas, com emoções positivas também presentes, mas em menor escala. Durante o contato com os(as) presos(as), as emoções mais mencionadas foram distanciamento e frieza, medo e indiferença, mas também empatia."

Em nosso trabalho no presídio feminino, constatamos, por meio de questionários e, também, no *workshop* que fizemos com as inspetoras, a importância que dão ao vínculo entre pares.

Entendemos que ele funciona como fator de proteção para o enfrentamento da rotina num ambiente de sofrimento, ansiedade e incertezas de toda ordem, tanto entre as privadas de liberdade quanto entre as inspetoras que têm sua saúde mental silenciosa e paulatinamente comprometida, assim como seu ambiente familiar.

As histórias das privadas de liberdade comovem muito as inspetoras, que relatam ficar felizes quando algo que dizem às mulheres privadas de liberdade parecem ter feito sentido e impactado positivamente a vida dessas mulheres. Nesse sentido, as inspetoras sentem que saem de sua invisibilidade, visto que é uma profissão que não pode ser revelada publicamente, o que também pode ser tido como um fator de sofrimento.

---

prisionais/policiais penais no Brasil. Nota técnica. Fundação Getúlio Vargas, Núcleo de Estudos da Burocracia (NEB), ago. 2020b. Disponível em: <https://neburocracia.wordpress.com/wp-content/uploads/2020/11/relatorio-agentes-prisionais-profissionais-penais-3rodada.pdf>. Acesso em: 9 ago. 2024.

É possível virar o jogo?

Em primeiro lugar, seria importante melhorar as condições de trabalho dos servidores da execução penal como forma de diminuir o estresse e a sensação de medo e insegurança. Quanto menos estrutura, seja ela de mão de obra ou física, mais inseguro fica o ambiente prisional.

Szabó e Risso[9] apresentam, baseando-se em pesquisas e dados que comprovam sucesso, algumas medidas que nos parecem extremamente eficazes, nos levando a profundas reflexões e uma inovadora relação com as engrenagens do sistema ao qual pertencemos.

Vamos citar apenas as que nos chamaram mais atenção. Uma delas é conceber a "segurança como bem público, cuja responsabilidade primária é do Estado, mas que também exige a participação ativa dos cidadãos".

Dessa forma, a proteção das pessoas deve se situar no epicentro das intervenções e, portanto, deve ser oferecida proteção a todos.

As prisões, chamadas de "escolas do crime, acabam recebendo muitas pessoas que cometeram crimes de baixo potencial ofensivo, e esses se relacionam com os demais privados de liberdade". Qual o resultado dessas pessoas em estado de vulnerabilidade, que não representavam ameaça, de fato, à sociedade, convivendo com criminosos? Suas vidas são transformadas para pior. Aqueles que não representam grandes problemas disciplinares dentro do sistema acabam cometendo diversas faltas disciplinares, gerando mais insegurança.

---

9. Szabó, Ilona; Risso, Melina. *Segurança pública para virar o jogo*. Rio de Janeiro: Zahar, 2018, p. 20.

Não seria essencial que pudessem se reabilitar? Isso, além de exigir um novo investimento "na infraestrutura de presídios para aqueles que cometeram crimes graves, possibilitando capacitação profissional, trabalho, estudo para presos são elementos-chave, ainda mais se considerarmos que 75% da população carcerária não concluiu o ensino médio".

Outro ponto muito importante seria o investimento em centrais de alternativas penais para que as pessoas que cometeram crimes de baixo potencial ofensivo possam receber punições alternativas à privação de liberdade nas unidades prisionais e se recuperar dentro da sociedade, sem perder seus vínculos familiares, sem perder a sua liberdade.

Ainda, o estudo aborda a relevância da promoção "de políticas de apoio a egressos que primam pela integração dessas pessoas à sociedade". Isso traria benefícios a toda a sociedade e, assim, estaríamos cooperando para a segurança da sociedade como um todo.

Isso posto, é preciso repensar formas de execução da pena que sejam proporcionais aos crimes realizados e que apresentem resultados satisfatórios de maneira comprovada. Isso exige ações não apenas do sistema penitenciário, mas da justiça criminal, também. Como inserir essas pessoas na sociedade? É preciso oferecer algo também.

Este texto não busca isentar pessoas do cumprimento de pena, mas discutir formas proporcionais de fazê-lo, porque é fato que o sistema prisional não está dando conta desse problema.

Dessa maneira, à prisão ficam destinados não somente os que executaram crimes com violência e, consequentemente, provocam danos irreparáveis, mas também aqueles que estão incluídos em casos de corrupção que prejudicam toda uma coletividade, podendo, por exemplo, existir uma abordagem específica para esse perfil.

Servidores públicos também erram: um debate sobre Direito Administrativo

ALEX CAVALCANTE ALVES

26 de março de 2024

Basta adentrar um pouco o mundo do Direito Administrativo para constatar que se fala relativamente pouco do principal responsável por aplicá-lo no dia a dia: o servidor público. Por muito tempo, os trabalhadores da esfera pública eram idealizados por estudiosos da área — muitos deles sem prática em gestão pública — como seres dotados de uma conduta irrepreensível e doses extraordinárias de habilidade e abnegação. No entanto, descobriu-se que o servidor público não é um super-herói, embora muitas vezes, de fato, tenha atitudes de grande heroísmo no exercício de suas funções, e que a profissionalização da área exige remuneração digna, capacitação continuada e elevados padrões de integridade.

Assim, por mais bem qualificado que seja e por maior que seja o espírito público que detenha, o servidor público é um ser humano e, como tal, detentor de virtudes e defeitos, e passível de erro. Essa percepção se choca com a imagem desenhada pelo Direito Administrativo ao longo do tempo, em que o servidor aparece como um ente imune às falhas. O entendimento de que servidor não erra também traz outra questão: a ideia de que suas falhas deveriam resultar em punições das mais severas.

Prova disso é que a Lei nº 8.112/1990, o regime jurídico dos servidores públicos, não menciona instrumentos de gestão aplicáveis nem a mediação como possíveis soluções de conflitos internos à força de trabalho no setor público: a lei passa diretamente ao dever de representar e à responsabilização. Outro exemplo é que o direito de arrependimento do ingresso em novo cargo público, denominado juridicamente de recondução, apesar de previsto desde a Constituição de 1934, enfrentou posições doutrinárias das mais duras com os servidores desde então. Elas, por sua vez, alimentaram posições administrativas igualmente duras, levando servidores a buscar no poder Judiciário o seu direito de retornar ao cargo público anteriormente ocupado.[1]

Nos grandes congressos e eventos sobre Direito Administrativo, o maior destaque é para as contratações públicas, que dominam a pauta das programações. Fala-se sobre a Nova Lei de Licitações e Contratos, as interpretações possíveis das cláusulas contratuais, os acórdãos de Tribunais de Contas sobre o tema e uma infinidade de detalhes sobre cada dispositivo que rege o tema.

Muito pouco tempo se reserva, entretanto, aos aspectos de pessoal, carreira e motivação, e sobre como a própria legislação afeta o servidor público, o mesmo que irá aplicar diariamente essa legislação tão complexa. Quando o assunto "servidor público" entra na pauta desses eventos, o principal mote costuma ser justamente a responsabilização. A impressão que se passa é a de que o servidor nasce, estuda, ingressa no serviço público, realiza licitações, gerencia os contratos decorrentes, é responsabilizado,

---

1. Sobre o tema, ver, também do autor, o artigo "O direito de desistência de cargo público como fundamento para a recondução dos servidores públicos". In: *Revista de Direito Administrativo e Infraestrutura* (Thomson Reuters/Revista dos Tribunais), v. 3, 2019, pp. 89-102; e o livro *A recondução do servidor público: doutrina e jurisprudência à luz da Lei 8.112/1990 e da Constituição Federal*. 2. ed. Rio de Janeiro: Processo, 2021.

punido, e passa o restante dos dias buscando se defender e mitigar os danos à sua reputação.

Servir ao público vai muito além desses — importantes, frise-se — temas. Entender de contratações públicas e de direitos e deveres de agentes públicos é essencial, mas contratos não estão acima de pessoas, e as pessoas precisam ter um ambiente seguro para aprender, exercer o seu trabalho e, ao longo desse exercício, algumas vezes, mesmo tendo aplicado seus melhores conhecimentos e esforços em busca de um resultado positivo para a administração pública, errar. Precisam ter formação numa série de tópicos, inclusive sobre a efetividade e a busca de resultados que impactem positivamente a vida dos cidadãos, sobre qualidade do atendimento, métodos de gestão, formas de fazer mais e melhor, conduta ética, integridade. E, por que não, sobre como proceder quando perceberem que erraram.

Felizmente, o cenário vem mudando. A Controladoria-Geral da União, numa louvável medida, instituiu formas alternativas de responsabilização de servidores públicos por meio da Instrução Normativa nº 2/2017 e normativos que a sucederam, trazendo a possibilidade de celebração de termos de ajustamento de conduta. O Tribunal de Contas da União, por sua vez, criou uma secretaria específica para tratar de procedimentos alternativos de solução de controvérsias em temas sob análise da Corte envolvendo a administração pública e particulares, a SecexConsenso.

Tivemos importantes alterações na Lei de Introdução às Normas do Direito Brasileiro (LINDB) e na Lei de Improbidade Administrativa visando dar mais segurança jurídica para atuação de boa-fé dos agentes públicos. Quem sabe uma eventual alteração da Lei nº 8.112/1990 não positive mecanismos de gestão para a pacificação de conflitos internos e uma ótica mais humana para a gestão de pessoas no setor público? Além da própria lei, os decretos que disciplinam a atuação do Sistema de Pessoal Civil da Administração Pública Federal também precisam ser modernizados. Afinal, o mundo está cada vez mais atento à importância das pessoas, e o Direito Administrativo brasileiro não pode deixar de acompanhar essa evolução.

Planejamento estratégico da força de trabalho no setor público federal brasileiro: tendências críticas e a necessária transformação do Estado

FERNANDO ANDRÉ SANTANA DE SOUZA
JANICE OLIVEIRA GODINHO
JOSÉ CELSO CARDOSO JR.
LORENA FONSECA DE MEDEIROS
MARIA APARECIDA CHAGAS FERREIRA

25 de março de 2025

Tomando o ano de 2024 como base, dados do Observatório de Pessoal projetam tendências críticas para a evolução e a composição do pessoal ocupado no setor público federal brasileiro ao longo das próximas cinco décadas. Essa realidade demanda planejamento estratégico e ações coordenadas para garantir a continuidade dos serviços essenciais, como saúde, educação e segurança pública.

Entre 2024 e 2074 haverá 456.410 servidores aptos à aposentadoria. Esse quantitativo representa pelo menos 79,4% dos servidores ativos em dezembro de 2024, os quais somavam, então, 574.930 pessoas.[1] É claro que cinquenta anos é mais do que o período de vida ativa de uma geração inteira de servidores públicos, mas o Gráfico 1 mostra, de forma acumulada, que *a maior parte das aposentadorias acontecerão ao longo das próximas duas*

1. Para tal estimativa, foram excluídos do cálculo os subconjuntos de servidores transpostos dos ex-territórios, os servidores com erros e/ou inconsistências cadastrais e outras inconsistências da base de dados.

décadas, mais especificamente, nos anos de 2025 (com 21,7 mil servidores aptos a se aposentarem), 2034 (com mais 19 mil na mesma situação) e 2044 (com mais 17,4 mil aposentáveis), tal qual detalhado no Gráfico 2.

Certamente, a ausência de concursos públicos regulares nos últimos dez anos e, até 2022, o contínuo recuo do Estado em suas funções primordiais, através de privatizações, terceirizações, descontinuidades etc., ajudam a explicar a situação. A esse quadro prospectivo crítico deve-se somar a informação de que entre 2010 e 2023 houve 246 mil desligamentos por aposentadoria na administração pública federal,[2] em todas as suas modalidades (voluntária, compulsória, por incapacidade, invalidez e outros motivos). Apenas no ano de 2019, quando foi aprovada a Reforma da Previdência do governo Bolsonaro,[3] aposentaram-se 38,5 mil servidores, dado que contrasta severamente com a perspectiva do governo Lula da Silva, de conseguir repor tão somente algo como 20 mil vagas no quadriênio 2023 a 2026.

Todos esses dados e projeções ajudam a desmistificar a ideia de inchaço da máquina pública em âmbito federal, algo que padece de fundamentação empírica e se presta unicamente à construção de uma retórica negativista do Estado e punitivista

2. Conforme consta na recém-lançada *RGPE — Revista Gestão de Pessoas em Evidência*, v. 1, dez. 2024, da SGP/MGI, disponível em: <https://www.gov.br/gestao/pt-br/assuntos/noticias/2024/dezembro/mgi-lanca-revista-gestao-de-pessoas-em-evidencia-com-dados-sobre-a-administracao-publica>.

3. A Proposta de Emenda à Constituição para Reforma da Previdência (PEC 287) foi apresentada, inicialmente, em dezembro de 2016, pelo governo Temer, mas teve sua tramitação suspensa em 2018, sendo retomada em 2019, já no governo Bolsonaro, ano em que foi aprovada, transformando-se na Emenda Constitucional nº 103, de 12 de novembro de 2019. O início de sua tramitação, por suposto, estimulou os pedidos de aposentadoria já a partir de 2017.

Gráfico 1: Aposentadorias previstas, cumulativamente, em números absolutos. Brasil 2024-2074, administração pública federal: direta, autárquica e fundacional

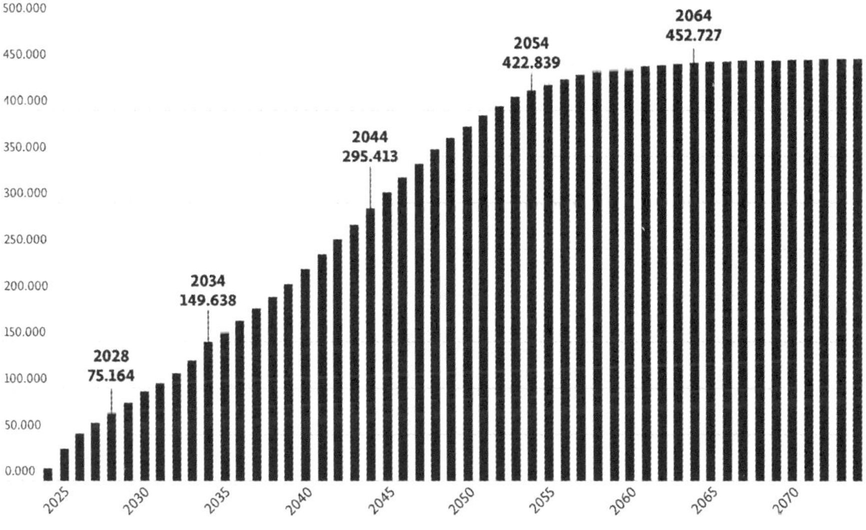

Fonte: Observatório de Pessoal, Ministério da Gestão e Inovação em Serviços Públicos, Secretaria de Gestão de Pessoas, Diretoria de Inteligência e Governança de Dados. Elaboração: Assessoria do Gabinete da SGP/MGI.

dos servidores públicos. E tais números só não foram piores por causa do Abono de Permanência, que visa incentivar a permanência voluntária dos servidores aptos a se aposentarem.[4]

Em 2020, os servidores ativos em Abono de Permanência eram quase 79 mil, representando pouco mais de 13% dos traba-

4. O Abono de Permanência equivale ao valor da contribuição previdenciária do servidor ao Regime Próprio de Previdência Social (RPPS) da União, sendo pago até que o servidor complete 75 anos, que é a idade para a aposentadoria compulsória, ou até que ele requisite o benefício previdenciário.

Gráfico 2: Aposentadorias previstas, ano a ano, em números absolutos. Brasil 2024-2074, administração pública federal: direta, autárquica e fundacional

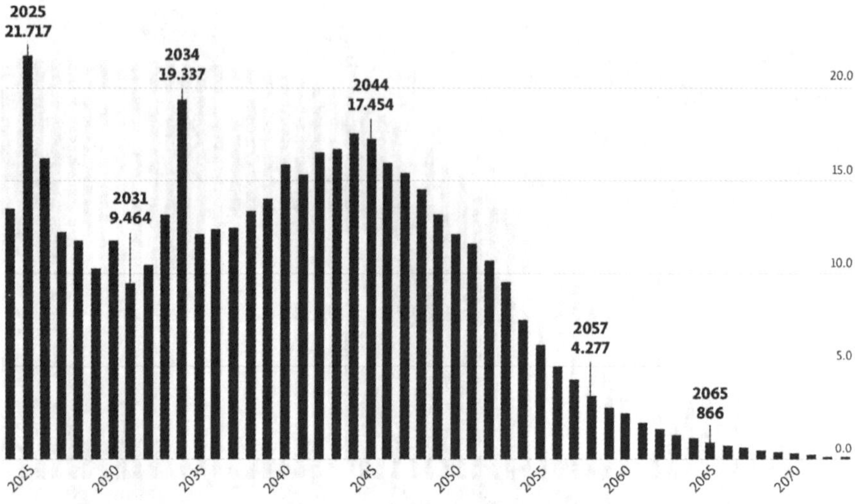

Fonte: Observatório de Pessoal, Ministério da Gestão e Inovação em Serviços Públicos, Secretaria de Gestão de Pessoas, Diretoria de Inteligência e Governança de Dados. Elaboração: Assessoria do Gabinete da SGP/MGI.

lhadores da administração pública federal. Projetando-se ao futuro, temos que entre 2024 e 2028 cerca de 50 mil servidores em Abono de Permanência terão completado 75 anos e terão que sair compulsoriamente para a aposentadoria. A este número deve-se somar algo como 180 mil servidores da ativa aptos a se aposentarem entre 2024 e 2035. Considerando o nível de escolaridade dos cargos atualmente ocupados, observa-se preponderância do nível médio e, em segundo lugar, os cargos de nível superior, mas em 2035 os servidores que atualmente ocupam cargos de nível superior serão a maioria dos futuros aposentados, como pode ser visto no Gráfico 3.

Indo além, e atendo-se apenas às projeções para a próxima década, que concentra 60,2% do total de aposentáveis até 2074, trazemos na Tabela 1 o ranking dos 25 órgãos com os maiores percentuais de aptos à aposentadoria. As cinco primeiras posições do ranqueamento são ocupadas pelos seguintes órgãos: 1) Ministério da Saúde (MS); 2) Ministério da Fazenda (MF); 3) Instituto Nacional do Seguro Social (INSS), 4) Polícia Federal (PF);

Gráfico 3: Número e percentual de servidores aposentáveis entre 2024 e 2035, por nível do cargo. Brasil, administração pública federal: direta, autárquica e fundacional

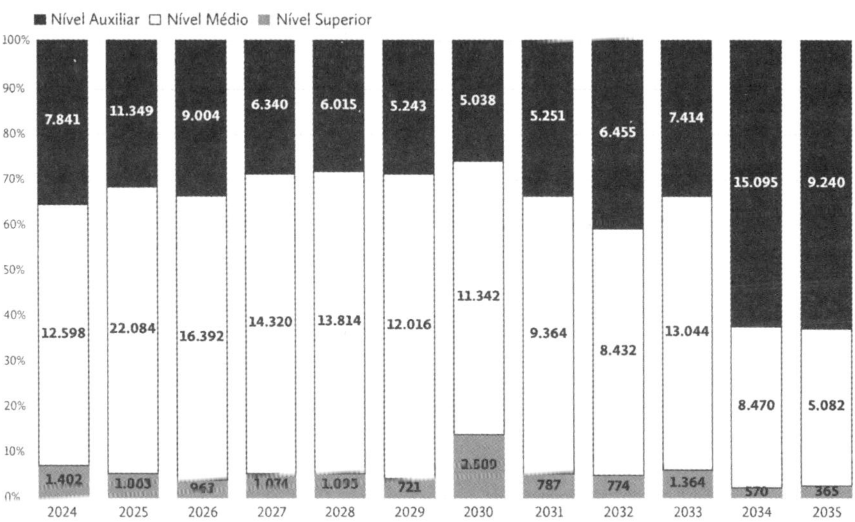

Fonte: Observatório de Pessoal, Ministério da Gestão e Inovação em Serviços Públicos, Secretaria de Gestão de Pessoas, Diretoria de Inteligência e Governança de Dados. Elaboração: Assessoria do Gabinete da SGP/MGI.

5) Universidade Federal do Rio de Janeiro (UFRJ). Justamente aqueles que possuem as maiores participações no total de servidores ativos. Em dezembro de 2024, o MS possuía 11% do total de ativos, o MF 4%, o INSS 3,4%, a PF 2,6% e a UFRJ 2,4%. A soma acumulada de tais participações chegava a quase um quarto do total de ativos, marcando 23,4% em 2024.

Ademais, avanços recentes, como a retomada de concursos públicos, a proposta de unificação de seleções e o estímulo à transformação digital dos processos internos de gestão fortalecem a capacidade do Estado de enfrentar os desafios da reposição e qualificação da força de trabalho. A busca por uma racionalização das carreiras e a valorização de critérios como mobilidade e transversalidade também têm potencial para promover uma gestão mais eficaz e alinhada às necessidades contemporâneas do serviço público. Esses esforços apontam para um futuro em que o Estado se torne mais eficiente, ágil e adaptado às demandas da sociedade, contribuindo de forma decisiva para o fortalecimento da administração pública e da própria democracia.

Tabela 1: Aposentadorias previstas entre 2024 e 2034 segundo ranking de órgãos. Brasil, administração pública federal: direta, autárquica e fundacional

RANKING	ÓRGÃO	Nº. ABS	% ACUM
1º	Ministério da Saúde	22.941	15,3%
2º	Ministério da Fazenda	8.819	21,2%
3º	Instituto Nacional do Seguro Social	6.255	25,4%
4º	Departamento de Polícia Federal	5.928	29,4%
5º	Universidade Federal do Rio de Janeiro	5.347	32,9%
6º	Departamento de Polícia Rodoviária Federal	3.602	35,3%
7º	Universidade Federal Fluminense	2.479	37,0%
8º	Ministério da Agricultura e Pecuária	2.396	38,6%
9º	Universidade Federal de Minas Gerais	2.242	40,1%
10º	Comando do Exército	2.185	41,6%
11º	Universidade Federal de Pernambuco	2.146	43,0%
12º	Fundação Oswaldo Cruz	2.013	44,3%
13º	Universidade Federal da Bahia	1.979	45,7%
14º	Comando da Marinha	1.964	47,0%
15º	Universidade Federal do Ceará	1.921	48,3%
16º	Ministério do Trabalho e Emprego	1.920	49,5%
17º	Universidade Federal do Rio Grande do Sul	1.916	50,8%
18º	Universidade Federal do Pará	1.895	52,1%
19º	Advocacia-Geral da União	1.867	53,3%
20º	Universidade Federal do Paraná	1.854	54,6%
21º	Universidade Federal da Paraíba	1.827	55,8%
22º	Comando da Aeronáutica	1.779	57,0%
23º	Universidade Federal de São Paulo	1.682	58,1%
24º	Universidade Federal do Rio Grande do Norte	1.642	59,2%
25º	Fundação Universidade de Brasília	1.613	60,3%
	SUBTOTAL	**90.212**	**60,2%**
	Demais órgãos	59.426	39,7%
	TOTAL	**149.638**	**100,0%**

Fonte: Observatório de Pessoal, Ministério da Gestão e Inovação em Serviços Públicos, Secretaria de Gestão de Pessoas, Diretoria de Inteligência e Governança de Dados. Elaboração: Assessoria do Gabinete da SGP/MGI.

Planejamento da força de trabalho no setor público: como o dimensionamento pode melhorar a eficiência do Estado

FERNANDO ANDRÉ SANTANA DE SOUZA
JANICE OLIVEIRA GODINHO
JOSÉ CELSO CARDOSO JR.
LORENA FONSECA DE MEDEIROS
MARIA APARECIDA CHAGAS FERREIRA[1]

Inédito

O serviço público federal enfrenta desafios constantes na busca por atender de forma satisfatória às demandas crescentes dos cidadãos. Enquanto a disseminação das mídias proporciona um acesso mais fácil e rápido à informação, permitindo que a cidadania conheça melhor seus direitos, o crescimento urbano e as mudanças sociais trazem novas exigências para o Estado. Nesse contexto, a administração pública deve se adaptar e alinhar sua oferta de bens e serviços às necessidades reais da sociedade.

Um elemento crítico para o sucesso dessa adaptação é o corpo de profissionais que desempenham funções públicas, que precisam estar capacitados para entregar os resultados esperados em áreas como educação, saúde, meio ambiente, segurança e regulação. A gestão deve contar com a quantidade adequada de pessoas e as competências necessárias para atender às demandas presentes e futuras de maneira adequada.

1. Os autores participaram da elaboração deste artigo pela Secretaria de Gestão de Pessoas (SGP) do Ministério da Gestão e Inovação em Serviços Públicos (MGI).

No entanto, a composição e a reposição da força de trabalho no setor público têm sido um desafio cada vez mais complexo, especialmente em termos de velocidade e quantidade, essenciais para garantir a qualidade e a continuidade dos serviços públicos. Além disso, o fortalecimento da capacidade estatal também depende da prontidão do Estado para se adaptar às demandas emergentes de profissionais qualificados. Isso coloca a gestão de pessoas como função necessária para a inovação e a melhoria do setor público no enfrentamento dos problemas essenciais da sociedade, cada vez mais amplos e intersetoriais.

Nesse cenário, o planejamento e o dimensionamento da força de trabalho são ferramentas indispensáveis para o embasamento de decisões estratégicas em gestão de pessoas no setor público federal. O planejamento da força de trabalho, que tem o dimensionamento como instrumento, fornece informações para que os órgãos selecionem as pessoas certas, com o perfil adequado, na quantidade, nos lugares e nos momentos certos ao longo do tempo para cumprir sua missão institucional.

Em outras palavras, envolve processos, práticas e tecnologias de gestão de pessoas que garantem a formação de equipes eficientes e efetivas, alocando-as adequadamente para alcançar metas e objetivos institucionais. Para que isso ocorra, contudo, o planejamento da força de trabalho deve permear toda a organização e envolver uma comunicação efetiva entre a área de gestão de pessoas e as áreas estratégicas da organização. Esta não tem sido, entretanto, a realidade da administração federal.

Dimensionamento da força de trabalho requer posicionamento estratégico superior

Até aqui, a discussão sobre força de trabalho na administração pública esteve posicionada em uma agenda bem menos estratégica, alocada dentre o rol de atribuições logísticas e operacionais que cada órgão dispõe na administração de seus recursos para prover as políticas públicas a seu encargo. O estudo realizado pelo BID sobre a estrutura do sistema de gestão de pessoas do Brasil e demais países da América Latina, que coleta dados desde 2003, aponta que o planejamento da força de trabalho no Brasil não tem derivado da agenda de prioridades e orientações estratégicas do governo federal.[2]

Assim como a organização de concursos públicos, o planejamento de pessoal nos órgãos setoriais esteve sempre relacionado a processos de trabalho protocolares e procedimentais, subordinado a negociações em torno do orçamento e ao poder de barganha de cada órgão. A difusão da metodologia de dimensionamento da força de trabalho (DFT) na administração federal a partir de 2023, por sua vez, oportuniza uma nova fase para a gestão estratégica de pessoas.

O DFT já vinha sendo aplicado na administração federal desde 2016, mas, a partir de 2023, o MGI passou a apoiar a implantação da metodologia nos órgãos com mentoria especializada até a conclusão, priorizando órgãos da administração direta e com pedidos de concurso em andamento. Como resultado dessa mudança, houve um salto muito positivo na dinâmica de imple-

2. Drumond, F. "Diagnóstico institucional do serviço público na América Latina". BID, 2023.

mentação. Evidência disso é o fato de que, entre 2016 e 2022, o Sistema de Dimensionamento de Pessoal (SISDIP) contava com 29 órgãos e 150 unidades com DFT concluído. Já em 2023, esse número passou para 61 órgãos com 1.143 unidades dimensionadas. Em 2024, alcançou 85 órgãos e 2.188 unidades com ciclo completo de DFT concluído. Isso significa uma evolução média de cinco unidades dimensionadas por órgão, entre 2016 a 2022, para 25 unidades por órgão, em 2024.

O DFT é uma ferramenta de planejamento que busca definir as necessidades de pessoal em termos quantitativos e qualitativos para a execução de determinado trabalho, subsidiando políticas de gestão de pessoas com evidências sobre o ambiente de trabalho e as equipes envolvidas. Não se trata apenas de calcular quantos servidores são necessários para ocupar vagas devido a aposentadorias ou evasões, mas de avaliar o que a organização pretende entregar à população e alcançar no futuro, levando em conta as transformações da sociedade e do mercado de trabalho.

Nesse sentido, o DFT desempenha um papel crucial ao fornecer diagnósticos sobre onde os esforços dos profissionais de uma organização estão sendo concentrados, permitindo redirecioná-los de acordo com as prioridades de governo a cargo de cada órgão. Também influencia os processos de recrutamento, seleção e alocação de pessoal, fornecendo informações objetivas para negociações sobre recomposição da força de trabalho, concursos públicos, contratações temporárias e movimentação de servidores. Além disso, promove análises que contribuem para o aprimoramento das políticas de gestão de pessoas e o funcionamento eficaz do setor público.

O Modelo Referencial de Dimensionamento da Força de Trabalho, desenvolvido em colaboração entre o Ministério da Gestão e da Inovação em Serviços Públicos (MGI) e a Universidade de Brasília (UnB), é uma ferramenta disponível para todos os órgãos da administração pública, abrangendo diversos contextos e tipos de atividades. Esse modelo oferece uma abordagem flexível, levando em consideração as características específicas de cada órgão. Sua maior contribuição para o órgão em que é implementado é revelar de forma estruturada à alta direção o detalhamento das entregas consideradas essenciais em cada unidade.

É a partir das entregas informadas pelos gestores das unidades que o processo de dimensionamento é iniciado, tendo o Sistema de Dimensionamento de Pessoas (SISDIP)[3] como ferramenta para sistematização dos dados de servidores alocados e respectivas entregas esperadas de cada unidade. Para garantir a uniformidade e a eficácia do dimensionamento, o sistema oferece um banco de entregas em diversas categorias de serviços, compilado a partir da experiência de mais de cem órgãos que já utilizaram a ferramenta, as quais podem ser adaptadas pelos usuários às necessidades de suas equipes.

Isso permite uma análise abrangente, indo além dos dados quantitativos e considerando o contexto organizacional, tecnológico e as competências mais relevantes. É nesse ponto que a alta gestão tem a oportunidade de verificar a aderência das entregas informadas por suas unidades administrativas com suas metas e atribuições sob uma perspectiva estratégica. A partir dessa análise, uma série de decisões pode ser tomada para uma melhor

3. Sistema informatizado desenvolvido pelo MGI em parceria com a Universidade de Brasília como parte do arcabouço instrumental do dimensionamento da força de trabalho proposto como modelo a ser aplicado em toda a administração pública federal.

governança dos processos de trabalho, ações de planejamento e identificação de ações prioritárias a cargo de cada unidade, movimentação de pessoal, capacitação de equipes etc.

Indicadores qualitativos e quantitativos embasam decisões sobre gestão de pessoas.

Desse modo, o DFT não se limita apenas a fornecer informações sobre a quantidade ideal de pessoal; também oferece indicadores qualitativos e quantitativos para orientar decisões estratégicas. Isso inclui informaçoes sobre a complexidade das tarefas, demandas específicas e competências necessárias, permitindo uma gestão mais eficaz e aprimorando o desempenho das equipes. É, portanto, uma ferramenta que possibilita a efetivação do que se chama na literatura "gestão estratégica de pessoas", tema caro ao atual debate de transformação do Estado para a oferta de mais e melhores serviços à população.

Hoje, a adesão ao Modelo Referencial de Dimensionamento da Força de Trabalho é voluntária, e vários órgãos já aderiram a essa abordagem, reconhecendo seu potencial para melhorar a gestão de pessoas e o planejamento estratégico da recomposição da força de trabalho. Entretanto, pelo sucesso e tempo de maturação da iniciativa, especialistas no tema reforçam a necessidade de institucionalização da prática como requisito essencial para análise de novas contratações e movimentação de servidores no setor público.

Até aqui o objetivo principal foi a difusão da metodologia aos órgãos interessados. Além de 85 órgãos que tiveram pelo menos um ciclo completo de DFT concluído, outros 18 órgãos estão com o processo em andamento e já dispõem de unidades e entregas cadastradas no SISDIP, totalizando 103 órgãos com acesso ao sistema e capacitação para usá-lo. Considerando apenas os 15 órgãos que rodaram o ciclo mais recente de DFT, iniciado em maio de 2024, a média de dimensionamentos incluídos no SISDIP passou para 165 unidades por órgão, vultoso aumento em comparação com a média de apenas cinco unidades por órgão que se tinha até 2023. Essa ampliação de cobertura de unidades dimensionadas é um efeito direto da ação de mentoria implementada com os órgãos que aderiram ao DFT em 2024, que possibilitou percentual relevante das unidades dos órgãos aderentes chegarem até o final do processo.

Institucionalizar prática do dimensionamento da força de trabalho no setor público é imperativo

Doravante, o foco é efetivamente impactar o planejamento dos órgãos com a implementação do dimensionamento. A capacitação dos profissionais, essencial para a implementação bem-sucedida do DFT, foi o primeiro passo. A partir de agora o desafio é atuar juntamente com os órgãos para que o dimensionamento se torne prática institucionalizada, integrada ao planejamento anual de cada órgão, como forma de melhoria da governança de suas políticas e subsídio à gestão estratégica de pessoas.

Nos próximos anos, o objetivo é expandir a metodologia para os órgãos ainda não dimensionados, com prioridade para os ministérios ainda não contemplados, e tornar o DFT procedimento padrão a ser adotado em toda a administração federal, como requisito para novas contratações e movimentação de pessoal. Uma das estratégias para viabilizar essa expansão é criar e consolidar uma rede de especialistas e multiplicadores dentro da administração pública, formada pelos servidores já certificados como especialistas em DFT, para atuarem como facilitadores de equipes volantes a serem instituídas nos diversos órgãos federais.

A implementação bem-sucedida em cada um dos órgãos requer apoio da alta gestão e uma comunicação eficaz com todos os envolvidos. A ideia de times volantes coordenados pelo MGI com uma agenda de trabalho pactuada com os órgãos, como parte do processo de provimento de novos servidores, parece um caminho promissor para a institucionalização da ferramenta. Essa abordagem não se concentra apenas na quantidade de pessoal, mas também nas competências necessárias para atender às demandas da sociedade em constante mutação. É uma ferramenta valiosa para melhorar a eficiência e a eficácia do setor público, garantindo que ele atenda de forma adequada às prioridades de governos.

Mobilidade dos servidores públicos: ferramenta para a eficiência do Estado

ALEX CAVALCANTE ALVES

6 de junho de 2023

Há certo consenso na sociedade brasileira de que o serviço público detém quadros de grande capacidade técnica. A figura do(a) "servidor(a) concursado(a)" segue sendo respeitada pela população, e, desse modo, ingressar no serviço público pela via do concurso público é aspiração e objeto de dedicação de muitos jovens e suas famílias. Contudo, esse consenso sobre a respeitabilidade e a capacidade dos nossos servidores públicos não se traduz em imediata admiração pelos serviços públicos em si, ou seja, na avaliação das entregas realizadas à população.

Existem diversas razões para essa aparente contradição. Uma delas é a falta de priorização das estruturas de atendimento direto à população. Priorizá-las significaria contar com estruturas de excelência nos balcões de atendimento — servidores adequadamente valorizados para essa atuação e gestão qualificada precisamente na linha de frente —, o que teria um enorme potencial de mudar substantivamente a visão que se tem das repartições públicas no país.

Outros fatores podem ser elencados para explicar tal situação: os exames de concursos públicos têm se demonstrado instrumento necessário, mas não suficiente, para verificação de aptidão dos candidatos ao cargo público. Além disso, parece haver alocação inadequada de talentos, com excesso de pessoal em determinados órgãos e localidades e nítida escassez de servidores em outros, sem esperanças de uma mudança de cenário em curto prazo.

A criação do Ministério da Gestão e da Inovação em Serviços Públicos e de sua Secretaria Extraordinária para a Transformação do Estado, tendo como uma de suas atribuições atuar em conjunto com a secretaria temática do ministério com vistas ao aperfeiçoamento de critérios de seleção, capacitação, reestruturação de carreiras e de avaliação por meio de entregas e resultados dos servidores da administração pública federal, são medidas salutares e bem-vindas para trazer esses assuntos à agenda nacional.

Como medidas concretas, já adotadas pelo Ministério da Gestão, estão: o reajuste concedido aos servidores públicos; o anúncio da abertura de mesas de negociação; e as autorizações para concursos em órgãos estratégicos, que notadamente estão deficitários em seu quadro de pessoal, como IBAMA e FUNAI.

Entretanto, um dos temas sobre os quais a pasta pode se debruçar com o objetivo de atingir uma melhor alocação dos quadros já existentes na administração é o aperfeiçoamento da mobilidade dos servidores públicos federais, prevista em diversos instrumentos legais específicos e na Lei nº 8.112/1990, hoje regulamentada neste aspecto pelo Decreto nº 10.835, de 14 de outubro de 2021, e pela Portaria SEDGG/ME nº 6.066, de 11 de julho de 2022, alterada pela Portaria MGI nº 136, de 16 de fevereiro de 2023.

O instituto da movimentação poderia ter um melhor aproveitamento, por meio de suas diversas vertentes (cessão, requisição e adequação de alocação), se permitisse um fluxo mais simplificado de trânsito de profissionais públicos entre os diversos órgãos. Além de atender às aspirações de carreira dos servidores, os talentos poderiam ser distribuídos de forma mais adequada por toda a administração, apresentando grande potencial para a solução desse problema no setor público.

Essa não é, todavia, uma tarefa trivial. Os órgãos públicos costumam ter resistência em autorizar a movimentação dos seus servidores por receio de que não retornem ou abram precedentes para um efeito cascata de esvaziamento. Os profissionais públicos também costumam enfrentar dificuldades burocráticas de toda ordem nessas movimentações, desde a demora na análise dessas solicitações até a incompreensão de colegas em seu órgão de origem — ou a recepção pouco calorosa no de destino, a depender do grau de insulamento em que a instituição se encontra.

O estabelecimento de uma verdadeira política de movimentação estruturada e baseada em dados e competências teria potencial para solucionar grande parte dos problemas da má alocação. Em lugar de instrumentos impositivos — que podem levar, também, a disfunções —, haveria um trabalho em larga escala de dimensionamento da força de trabalho, que pudesse apontar quais órgãos se encontram de fato deficitários e quais estão superavitários. Para tanto, o amplo envolvimento das unidades setoriais e seccionais do Sistema de Pessoal Civil da Administração Federal (SIPEC) seria um passo inicial importante.

Concluída essa etapa, a administração poderia caracterizar a movimentação como política de gestão de pessoas do Estado, informando suas diretrizes e os objetivos almejados, com o estabelecimento de garantias aos servidores movimentados, bem como ações para transformar a maneira como o assunto é visto em grande parte das instituições públicas.

Modelos positivos, nacional e internacionalmente, não faltam. Na França, os servidores egressos do Instituto Nacional do Serviço Público (INSP), antiga Escola Nacional de Administração

(ENA), podem atuar em variadas funções públicas. No Brasil, a Escola Nacional de Administração Pública (ENAP) já possui consolidada iniciativa de conduzir processos seletivos para ocupação de funções gerenciais por meio da adesão dos órgãos ao Programa Líderes que Transformam e da criação de um banco de talentos para essas funções.

Além disso, o êxito e grau de profissionalização de carreiras com elevado percentual de movimentação ou alocação transversal nos sistemas da administração, como as de advogado da União e de procurador federal da Advocacia-Geral da União (AGU), de especialista em políticas públicas e gestão governamental (MGI), de analista de planejamento e orçamento (MPO) e de auditor federal de finanças e controle (CGU) demonstra que os benefícios da oxigenação para o serviço público são concretos.

Movimentação de servidores: desafios e oportunidades para a gestão de pessoas

FERNANDO ANDRÉ SANTANA DE SOUZA
FRANCISMARA ALVES DE OLIVEIRA LIMA
JOSÉ CELSO CARDOSO JR.
KEILLY CRISTINA FERREIRA RIBEIRO
MARA CLÉLIA BRITO ALVES
RONEY GUIMARÃES BRUM

18 de março de 2025

No campo da gestão de pessoas no setor público, o instituto da movimentação ocupa lugar subalterno nas discussões e propostas correntes de reforma administrativa. Esse fato talvez decorra da constatação segundo a qual a movimentação de pessoal é um tema quase que exclusivo da forma como o trabalho se organiza e se coloca em operação dentro da administração pública. Isso se deve, basicamente, ao fato de que, diferentemente do trabalho no setor privado, servidores públicos podem se movimentar — e em geral o fazem — por um raio bastante largo de organizações e funções ao longo do seu ciclo de vida laboral, que costuma ultrapassar os trinta anos na maior parte dos casos.

Como se sabe, a movimentação é o deslocamento do servidor para exercício de suas funções em outro órgão ou entidade, conforme institutos previstos nos artigos 36, 37; 84, parágrafo 2º; e 93 da Lei nº 8.112, de 11 de novembro de 1990. Em termos substantivos, trata-se de um importante instrumento de gestão de pessoas, que visa à alocação ótima dos servidores para o seu melhor desempenho individual e, também, das organizações públicas.

Embora inexistam, até o momento, estudos empíricos robustos que correlacionem positivamente a movimentação de pessoas e o desempenho institucional no setor público, há evidências esparsas que sugerem melhorias para indivíduos e organizações, decorrentes do intercâmbio de habilidades, boas práticas e competências, contribuindo para o seu crescimento e sua capacidade institucional.

Corrobora nesse sentido a manifestação da Organização para a Cooperação do Desenvolvimento Econômico (OCDE, 2022),[1] na qual menciona que baixos níveis de mobilidade podem restringir o desenvolvimento de habilidades, o pensamento e as atitudes inovadoras. Além disso, manifesta-se no sentido de que governos sem mobilidade correm o risco de perder a flexibilidade necessária para lidar com problemas complexos, enfrentar desafios multidisciplinares e responder efetivamente em momentos de crise.

Fato é que as movimentações no setor público federal brasileiro, embora representem anualmente números dentro de um patamar relativamente constante ao longo do tempo, já somam, no acumulado, perto de 50 mil servidores, ou seja, algo como 10% do total de servidores ativos atualmente no país.

Não obstante, essa aparente flexibilidade alocativa é relativa, porque está situada em meio a um dilema praticamente intransponível para a administração, qual seja: o de como equilibrar ou compatibilizar, da melhor maneira possível, formações, vocações, trajetórias e interesses pessoais dos servidores com necessidades e interesses organizacionais do poder público.

---

1. Ver este estudo em OCDE. "Public Service Leadership and Capability Review of Brazil", 2022. Disponível em: <oecd-public-service-leadership--and-capability-review-of-brazil-2.pdf>. Acesso em: 1 set. 2024.

Gráfico 1: Evolução das movimentações na administração pública federal (APF), em números absolutos, ano a ano e no acumulado. Brasil: 2007 a 2024

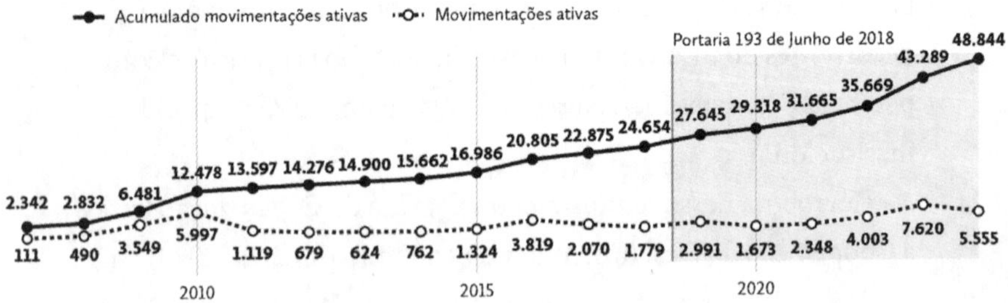

Fonte: Observatório de Pessoal, SGP/MGI.

Por essa razão, e considerando a relevância do tema para fins de uma melhor alocação e racionalização da força de trabalho no setor público, torna-se necessário precisar adequadamente os institutos de movimentação existentes e os respectivos alcances e limites, visando à consecução dos objetivos e das finalidades institucionais e ao desenvolvimento profissional dos agentes públicos. São eles:

Gráfico 2: Tipos de movimentações na APF, em ordem decrescente, em 2024

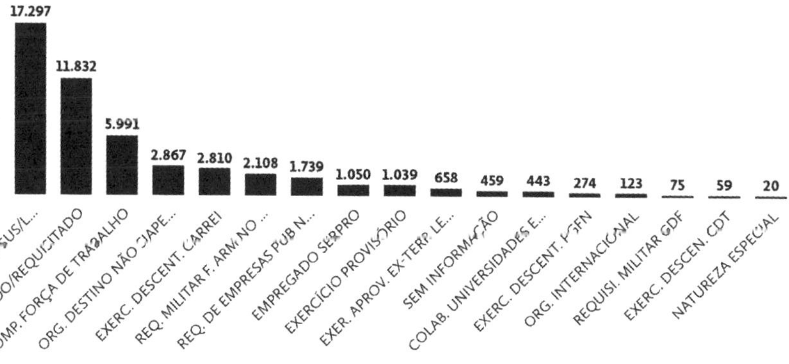

Fonte: Observatório de Pessoal, SGP/MGI.

Modalidades de movimentação no setor público

Remoção: é o processo de deslocamento do agente público dentro da própria estrutura do órgão. O cerne do instituto é o aproveitamento dos talentos existentes com quadros próprios a partir do deslocamento interno entre as suas próprias unidades administrativas, com ou sem mudança de sede. Atualmente, a remoção não possui orientação expressa de padronização de procedimentos que deva ser observada pelos órgãos, ou seja, é realizada considerando a autonomia administrativa dos mesmos. A falta dessa padronização dificulta a coleta de dados sobre sua aplicação.

Cessão: é o instrumento que altera o exercício do agente público para outro órgão com o intuito de ocupar cargo ou função de confiança ou em casos previstos em leis específicas, como ocorre com a cessão-SUS, onde os servidores são cedidos para comporem os quadros de pessoal do Sistema Único de Saúde (SUS), fortalecendo a prestação dos serviços essenciais de saúde.

Requisição: consiste na alteração do exercício do servidor para atuar em órgãos com poder legal de recrutar força de trabalho, marcada pelo caráter irrecusável. Somente pode ser realizada pelos órgãos que possuem essa prerrogativa. Em regra, a requisição de agente público não é nominal, com exceção daquelas realizadas pela Presidência e Vice-Presidência da República.

Redistribuição: refere-se ao deslocamento de cargos entre os órgãos, vagos ou ocupados, alterando a composição da estrutura administrativa. As redistribuições que envolvam cargos vagos devem, obrigatoriamente, ser analisadas pelo órgão central do Sistema de Pessoal Civil da Administração Federal (SIPEC). Quando envolver dois cargos ocupados, o ato será realizado mediante portaria conjunta dos ministros de Estado ou dos dirigentes máximos dos órgãos e entidades envolvidos.

Alteração para composição da força de trabalho: é o processo de deslocamento dos agentes públicos para quadros de pessoal de outros órgãos e entidades sem a vinculação a uma função ou cargo específico. O ato deve ser autorizado pelo Ministério da Gestão e da Inovação em Serviços Públicos (MGI) e se divide em consensual, realocação e dispensa.

Na modalidade consensual, os trâmites são mais simples, com vistas à celeridade do processo de movimentação, prescindindo-se de editais específicos para esse fim.

Já na modalidade de realocação de pessoal, que tem como pressuposto a seleção com critérios específicos estabelecidos em edital, há a possibilidade de a movimentação acontecer sem a anuência do órgão de origem para a alteração de exercício do servidor. Mas, nesse caso, vale o princípio da proporcionalidade como requisito necessário, pois ele visa a garantir que não haja esvaziamento de alguns órgãos em favorecimento de outros. Tal modalidade também inova ao prever, como regra, o prazo de trinta dias para a apresentação do servidor ao órgão de destino, podendo ser prorrogado até 120 dias.

Por fim, na modalidade por dispensa, há a possibilidade legal de substituir as modalidades anteriores nos casos de movimentações prioritárias, emergenciais e nas centralizações de serviços.

Lotação provisória: aplicável a carreiras específicas, trata-se da distribuição da força de trabalho entre órgãos, com foco no desenvolvimento de políticas públicas ou projetos sociais específicos. A lotação provisória tem como principal foco combater a distorção de fatores que podem ou não interferir no desenvolvimento de políticas com alcance social.

Time volante: modelo flexível e simplificado de movimentação que não altera a unidade de exercício e nem de lotação do servidor. O profissional atua por atividades ou projetos, com uma carga horária acordada entre os órgãos de origem e de destino.

Freela: modelo flexível de movimentação que tem como uma de suas características a atuação, em grande parte voluntária, do servidor, de forma pontual em atividades e/ou projetos, de acordo com suas habilidades profissionais específicas. Da mesma maneira que o time volante, não altera a lotação e o exercício dos servidores, exigindo-se apenas a aquiescência das partes envolvidas.

Apesar de incipiente, as modalidades flexíveis permitem que os agentes públicos ampliem sua rede de relacionamentos, ao passo que contribuem com o desenvolvimento de projetos específicos, numa relação ganha-ganha, em que os órgãos têm novas soluções, diversidade de ideias e economia, uma vez que evita gastos próprios com a contratação ou treinamento de um novo profissional para suprir essa lacuna de conhecimento e habilidade. Da mesma maneira, o servidor sente-se motivado e valorizado por ter sua experiência reconhecida e a oportunidade de intercambiar seus conhecimentos em outras esferas administrativas.

Motivações dos servidores para a movimentação

Do ponto de vista do servidor, muitos podem ser os elementos de motivação para a movimentação. Na pesquisa apresentada pela professora Ana Paula M. Pinho,[2] uma das inferências apresentadas nos mostra que à medida que

> [...] a instituição se compromete com seus servidores na prática de envolvimento (reconhecimento, relacionamento, participação e comunicação), condições de trabalho (ações, estruturas físicas, benefícios focados no bem-estar do servidor) e de remuneração e recompensas (compatibilidade da remuneração com a atividade e incentivos), menor será a intenção do servidor em sair da instituição [...].
>
> [...] Em contrapartida, as práticas de recrutamento e seleção (transparência, imparcialidade e ampla divulgação dos processos seletivos) apresentaram efeito positivo na intenção de se movimentar dos servidores.

---

2. Moreno Pinho, Ana Paula; Moreira da Silva, Clayton Robson; Da Silva de Oliveira, Evalda Rodrigues. "Determinantes da intenção de rotatividade no setor público: um estudo em uma instituição federal de ensino". In: *Revista Administração Pública e Gestão Social*, v. 14, n. 3, 2022.

Dessa maneira, observa-se que fatores como ambiente de trabalho, satisfação pessoal e incentivos remuneratórios, entre tantos outros, podem ser determinantes na voluntariedade dos servidores se movimentarem.

Tudo somado, uma saída para o impasse entre conciliar os interesses e as vocações dos servidores com os interesses e necessidades dos órgãos é a construção da movimentação de pessoal como uma política complementar de adequação da força de trabalho, alinhando as competências e as habilidades dos servidores em movimentação de acordo com as agendas governamentais prioritárias. Ao mesmo tempo, a mobilidade de agentes públicos pode ser uma forma eficaz de desenvolvimento e capacitação profissional, um instrumento para a defesa das vítimas de assédio e mais uma estratégia de fortalecimento das respostas do Estado em situações emergenciais.

Para tanto, faz-se necessária a institucionalização de ferramentas que promovam o planejamento estratégico efetivo dos recursos humanos do Estado, em que dois processos se destacam: o dimensionamento da força de trabalho (DFT) e o mapeamento de competências. A não realização desses processos pelos órgãos e entidades contribui para que a movimentação seja utilizada como ferramenta exclusiva de recomposição de quadro de pessoal.

O DFT, associado ao mapeamento de competências, possibilita qualificar as decisões estratégicas de gestão de pessoas sob a perspectiva das reais necessidades dos órgãos, sistematizando, sobretudo, informações gerenciais tais como:

i) a identificação das lacunas de competências para as ações de desenvolvimento;
ii) a visualização dos postos de trabalho e dos perfis profissionais ideais por unidade;

iii) a identificação da quantidade de postos vagos e ocupados por unidade, além das vagas e necessidades que podem ser supridas pela movimentação interna ou externa de pessoal, dentre outras.

Em suma, a movimentação é um tema abrangente que pode perpassar, inclusive, o planejamento de novos provimentos. Talvez o universo pouco explorado nas pesquisas se deva à falta de conhecimento das pessoas e organizações acerca dos tipos e funções da mobilidade, o que pode ter reduzido sua visibilidade e restringido seu alcance a procedimentos meramente burocráticos de entrada e saída de servidores.

Mas a movimentação não deve ser resumida à composição ou desestruturação de quadros funcionais. Pesquisar o tema não só sob a perspectiva da motivação dos servidores, mas também como diagnóstico do comportamento institucional, gestão de conhecimento, política de desenvolvimento, entre outras possibilidades analíticas, mostra-se necessário para avançarmos rumo a uma política de movimentação mais estratégica e eficaz dos servidores públicos.

Para fugir do óbvio, outras agendas podem gerar ainda mais valor para o tema da movimentação de pessoal no serviço público, dentre as quais destacamos:

- a viabilidade de utilização da movimentação de pessoal em políticas afirmativas;
- a utilização da movimentação como meio de proteção das vítimas em casos de assédio, violência doméstica e discriminação;
- a utilização da movimentação como forma de combate a inúmeras situações de desvio de função presentes na administração pública;

- a identificação dos benefícios (inovação, troca de conhecimento, adequação de competências etc.) e malefícios (descontinuidade e perda da qualidade dos serviços prestados) sob o olhar dos órgãos e seus dirigentes.

Apesar dos inúmeros desafios, a mobilidade de pessoal é um dos caminhos para a equalização entre as necessidades da administração pública, o anseio dos servidores e a persecução das metas e objetivos governamentais, e será na construção colaborativa, a partir do diálogo, que se poderá estabelecer um modelo que garanta às instituições públicas o corpo técnico e as competências necessárias para seu desenvolvimento institucional.

O desafio está lançado e consiste em convergir esforços para tornar a movimentação de pessoas mais uma política estratégica de pessoal para a administração pública, impulsionando o alcance de resultados, fomentando e fortalecendo a entrega de bens, serviços e cidadania para a sociedade brasileira.

Notas sobre os avanços recentes e desafios correntes dos concursos públicos no Brasil

FERNANDO DE SOUZA COELHO
LÍVIA RESENDE LARA

Inédito

Este texto é uma síntese de algumas produções acadêmicas dos autores[1] sobre o processo de recrutamento e seleção (R&S) no setor público brasileiro baseado nos concursos públicos. O objetivo do texto é jogar luz nos avanços recentes em prol da modernização desse instituto jurídico, considerando a aprovação da Lei 14.965 em 2024 — resultado de um processo legislativo no Congresso Nacional de, aproximadamente, 25 anos para o alcance de uma norma infraconstitucional intermediária entre os ditames da Carta Magna e as regras dos editais dos certames.

1. Neste caso, citam-se as cinco referências, a seguir: Coelho, F. S. "A hora e a vez da modernização dos concursos públicos no Brasil — nota técnica". São Paulo: Movimento Pessoas à Frente, 2024. Disponível em: <https://movimentopessoasafrente.org.br/wp-content/uploads/2024/08/a-hora-e-a-vez-dos-concursos-publicos-no-brasil-versaao-final.pdf>; Coelho F. S.; Menon, I. O. "A quantas anda a gestão de recursos humanos no setor público brasileiro? Um ensaio a partir das (dis)funções do processo de recrutamento e seleção — os concursos públicos". In: *Revista do Serviço Público*, v. 69, 2018, pp. 151-80. Disponível em: <https://revista.enap.gov.br/index.php/RSP/article/view/3497>; Coelho, F. S.; Rodrigues, A. L.; Bergue, S. T.; Lara, L. R. "Repensando os concursos públicos no Brasil em prol de uma burocracia representativa e vocacionada: uma análise do Concurso Público Nacional Unificado". In: José Celso Cardoso Jr.; Rosicleide Ramos Alves. (Orgs.). *A Saga do CPNU: inovação em serviços públicos e transformação do Estado para a cidadania*. Rio de Janeiro; Brasília: República.org; Ministério da Gestão e Inovação, 2025. Gaetani, F; Coelho, F. S. "A hora e a vez da modernização dos concursos públicos — artigo

Ademais, aproveitando-se da retomada da contratação na União com a realização do Concurso Público Nacional Unificado (CPNU) — conhecido como "Enem dos Concursos" — no ano passado, aqui discutiremos os desafios correntes para os concursos públicos no país à luz dos referenciais da gestão por competências no setor público, mostrando como urge uma estratégia nacional e/ou um programa com projetos e atividades para a melhoria dos concursos públicos respaldados pela lei recém-aprovada e concernente com uma política de gestão de pessoas nos três níveis de governo que considere os ideais de uma burocracia, simultaneamente, vocacionada e representativa.

Assim, espera-se que as ideias/argumentos deste texto sejam uma nota para despertar a atenção dos leitores desta obra para a importância de se (re)pensar o modelo dos concursos públicos no Brasil, aperfeiçoando as formas de avaliação dos candidatos.

Os avanços recentes para a modernização dos concursos públicos: a Lei nº 14.965

Os concursos públicos são, em países com tradição de burocracias profissionais, o mecanismo clássico de R&S para um serviço

---

de opinião. In: *Nexo jornal*, 27 jun. 2023. Disponível em: <https://www.nexojornal.com.br/a-hora-e-a-vez-da-modernizacao-dos-concursos-publicos>; Lara, L. R.; Coelho, F. S. "Concursos públicos no Brasil: como ocorrem nas agências reguladoras federais?" In. Alexandre Morais Nunes; João Ricardo Catarino; Sónia P. Gonçalves; Fernanda Nogueira (Coords.) *Gestão de recursos humanos e administração pública na lusofonia: olhares plurais sobre a sustentabilidade*. Lisboa: Edições ISCP, 2024. Disponível em: <https://edicoes-dev.iscsp.ulisboa.pt/pt/ebooks/384-gestao-de-recursos-humanos-e-administracao-publica-na-lusofonia.html>.

público meritocrático. No Brasil, previstos desde a Constituição Federal (CF) de 1934, os certames se avolumaram após a CF de 1988, sobretudo para a conformação de uma força de trabalho permanente e estável no nível subnacional. Grosso modo, a dinâmica dos concursos públicos, com algumas exceções, é espasmódica; ou seja, ocorrem com frequência irregular, dependendo de prioridades, crises e disponibilidades de recursos. O mesmo acontece quando governos sensíveis à necessidade de se fortalecer as capacidades estatais assumem o desgaste de realizá-los. Comumente são criticados por segmentos políticos e do mercado que possuem uma visão negativa e, por vezes, criminalizadora da função pública, porque associam — erroneamente — gastos com funcionários públicos com o prisma de descalabro fiscal e a promoção de comportamentos corporativos do tipo "parasitário".

Em linhas gerais, os concursos públicos são trabalhosos, demorados e caros. Dentre seus maiores problemas — nos últimos 15 anos no país — está o frequente processo de judicialização, o que leva seus organizadores a evitarem correr riscos associados à elaboração de provas escritas com questões dissertativas, à adoção de exames práticos para aferir habilidades (com simulações de tarefas típicas da função a ser exercida) e mesmo à utilização de testes psicotécnicos. Nesses três casos, o temor da enxurrada de recursos e das ações judiciais, bem como os custos e atrasos associados a essas práticas, levam as organizações públicas que comissionam os concursos e as entidades organizadoras a optarem por certames de etapa única, composta por prova de questões de múltipla escolha. E, recorrentemente, essas avaliações se restringem a aferir conhecimentos — tipicamente conteúdos programáticos acadêmicos — que, às vezes, não guardam relação com as atribuições do cargo ou emprego público.

Para tentar dirimir esses problemas, houve, recentemente, a sanção presidencial da Lei nº 14.965/2024, supramencionada na introdução deste texto e uma espécie de Lei Geral de Concursos Públicos no governo federal. Trata-se de um processo legislativo de quase 25 anos, previsto na CF de 1988 e iniciado com o Projeto de Lei (PL) do Senado nº 90/2000 que, por sua vez, deu origem ao PL nº 252/2003 na Câmara dos Deputados. Este teve 58 projetos subsequentes entre 2004 e 2022, originando, enfim, o PL nº 2.258/2022 — aprovado na Câmara dos Deputados em meados de 2022 e no Senado em agosto de 2024 —, que resultou na nova norma.

Servindo-se do artifício de uma nuvem de *tags* como expediente para a representação da frequência das principais palavras da lei, depreende-se visualmente a sua centralidade de avaliação, por diferentes tipos de provas e etapas, dos conhecimentos, das habilidades e das competências respeitantes às atribuições de cada cargo e emprego público. A Figura 1, a seguir, destaca os

Figura 1: Nuvem de palavras da Lei nº 14.965/2024

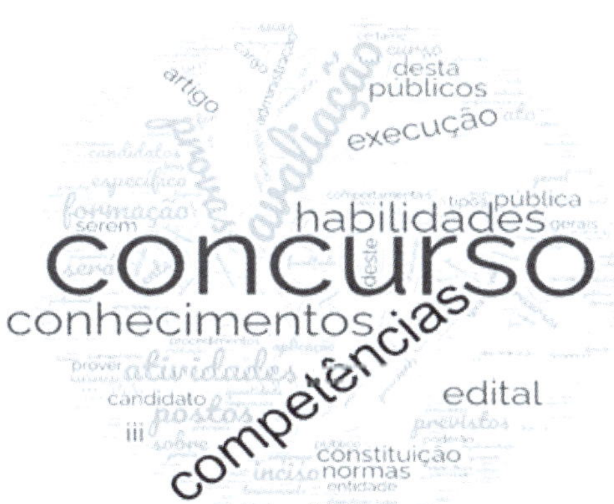

Fonte: Elaboração própria, utilizando da ferramenta *Word Cloud*.

principais termos que figuraram na propositura da norma desde a sua tramitação no Congresso Nacional sob o PL nº 2.258/2022.

Sem dúvida, a referida lei, de alcance na administração pública federal (APF) (e que pode se espraiar, sem obrigatoriedade, pelos governos subnacionais), representa *per se* um avanço para os concursos públicos no país pela oportunidade de instrumentalização gerencial da gestão por competências no instituto jurídico. Aliás, antes da APF, alguns estados e municípios já aplicavam normas próprias (leis ou decretos) há algum tempo, com preceitos similares aos apresentados pela lei federal para a modernização dos certames. O estado de Goiás, a título de ilustração, tem uma lei (nº 19.587/2017)[2] de normas gerais para a realização de concursos públicos, embora, neste caso, de abordagem maximalista, com 92 artigos — contra 12 artigos da norma federal, de abordagem minimalista. No nível de governo local, um exemplo de norma, também recente, é a lei da prefeitura municipal de São Paulo (nº 17.675/2021)[3] que, entre outros dispositivos, definiu que os exames dos concursos públicos deverão, obrigatoriamente, ter pelo menos duas etapas que contenham prova objetiva e discursiva ou prática; e a indicação da lotação do servidor deve ser balizada por um instrumento estratégico de mapeamento de perfil dos aprovados.

Portanto, além da nova legislação na APF, observam-se vários casos de unidades da federação que editaram suas normas próprias para a modernização dos concursos públicos, integrando

---

2. Link para acessar a norma de concursos públicos do governo do estado de Goiás: <https://legisla.casacivil.go.gov.br/pesquisa_legislacao/98895/lei-19587>.

3. Link para acessar a norma de concursos públicos da prefeitura municipal de São Paulo: <https://legislacao.prefeitura.sp.gov.br/leis/lei-17675-de-8-de-outubro-de-2021>.

aspectos de segurança jurídica do certame — provenientes de aprendizados com contendas e litígios de certames anteriores — com os novos auspícios de eficiência administrativa do processo de recrutamento e seleção para selecionar uma força de trabalho competente e com *ethos* público. E nos anos vindouros, de certa forma, pode-se esperar que a Lei nº 14.965/2024 vai inspirar outros estados e municípios a elaborarem suas leis ou mesmo recepcionar a norma federal.

Os desafios correntes dos certames no país: evidências de diminutas inovações

Para evidenciar o desafio corrente de modernização dos concursos públicos no país, esta seção traz um compêndio dos resultados de uma dissertação de mestrado[4] — de autoria da segunda autora deste capítulo sob a orientação do primeiro autor — que evidencia, de alguma maneira, as baixas propensões às inovações nos certames, mesmo em organizações públicas que surgiram no bojo da emergência do modelo gerencial de gestão pública na APF, tais como as agências reguladoras. Vale lembrar que as agências reguladoras foram introduzidas no setor público nacional a partir de meados da década de 1990 no contexto da reforma administrativa liderada pelo então ministro Bresser-Pereira no quadriênio 1995-1998, sob o Plano Diretor de Reforma do Apa-

4. Lara, L. R. *Como as agências reguladoras selecionam seus burocratas? Um estudo exploratório do sistema de incorporação na ANVISA, ANP e ANAC*. Dissertação de mestrado em Gestão de Políticas Públicas, Escola de Artes, Ciências e Humanidades, Universidade de São Paulo (EACH-USP), 2023. Disponível em: <https://doi.org/10.11606/D.100.2023.tde-28072023-143442>.

relho do Estado (PDRAE). A modelagem dessas autarquias sob regime especial marcam a ampliação da função do Estado brasileiro de prestador de serviço para o papel regulador, que fiscaliza e normatiza a prestação dos serviços essenciais por empresas em ambientes pouco competitivos e que passaram por processos de desestatização e/ou desregulamentação de monopólios, como serviços de infraestrutura elétrica, de telecomunicações, de transportes, de exploração de petróleo, dentre outros.

Nesse contexto de aprimoramento institucional, fruto da visão de um Estado gerencial no qual a mensuração de resultados foi um dos pilares da reforma, entende-se, *a priori*, que os processos administrativos internos dessas organizações sejam pautados na eficiência, inclusive os de gestão de pessoas. Partindo-se dessa premissa, se analisaram os processos seletivos para a ocupação de cargos efetivos nas agências reguladoras em busca de iniciativas que representassem aprimoramentos em relação àqueles realizados por outras organizações públicas. A pesquisa qualitativa incluiu análise documental dos processos seletivos realizados pelas então dez agências reguladoras federais[5] entre os anos de 2004 e 2016 e a realização de entrevistas com ocupantes de cargos nas áreas de gestão de pessoas. Os resultados obtidos nesse trabalho acadêmico serão, nesta seção, apresentados sucintamente em quatro partes, que correspondem a distintos momentos do processo de seleção, a saber: (i) os editais; (ii) as avaliações aplicadas; (iii) o curso de formação e (iv) a recepção dos aprovados.

O edital do concurso é, por excelência, o instrumento de comunicação entre a administração pública e os candidatos e que

5. Atualmente são 11 agências reguladoras na APF; a Agência Nacional de Mineração foi criada pela Lei nº 13.575, de 26 de dezembro de 2017.

rege todo o certame. É por meio dele que todas as regras e critérios são estabelecidos, e pelo qual todas as demais etapas do processo devem estar amparadas. Em outras palavras, o que não consta do edital não poderá ser aplicado ao processo seletivo.

Dada a relevância desse instrumento para o andamento de todo o processo e da apresentação tanto da instituição quanto dos perfis de candidatos desejados, entende-se que deveria constar do edital de abertura informações que permitissem que os candidatos pudessem se identificar ou não com as qualificações esperadas pela organização e requeridas para o exercício do cargo. No entanto, a análise dos editais revelou que — assim como observado em concursos para outros cargos e instituições já tradicionais na APF[6] — nenhum deles continha informações sobre as habilidades ou aptidões que os candidatos precisariam ter ou desenvolver para a realização de seu trabalho.

O item "descrição do cargo" também se mostrou demasiadamente resumido e insuficiente para descrever a gama de atividades a serem desenvolvidas pelos aprovados. Por meio das entrevistas realizadas, os gestores revelaram que a falta de conhecimento dos candidatos sobre suas atribuições provocou situações como servidores empossados que somente depois da pos se souberam que a instrução de processos administrativos seria grande parte de suas atividades laborais, bem como a dificuldade de atração e retenção de servidores nas áreas de fiscalização de serviços prestados aos usuários.

No que se refere às avaliações aplicadas, observou-se que as agências reproduziram o padrão de provas adotado pelas bancas

6. Fontainha, Fernando de Castro et al. *Processos seletivos para a contratação de servidores públicos: Brasil, o país dos concursos?* Rio de Janeiro: FGV Direito Rio, 2014.

contratadas e "aplicadas com sucesso" por outras organizações. As avaliações centradas nas questões de múltipla escolha (que muitas vezes apenas replicam a literalidade da lei) são justificadas por permitir maior celeridade na fase de correção e atenderem a um critério de objetividade restrito, o que reduz o risco de judicialização dos certames. Embora as razões apresentadas sejam válidas, não contribuem para o objetivo de selecionar os candidatos mais aptos a cumprirem as funções inerentes ao cargo ou emprego público pretendido.

Nessa primeira etapa de avaliação, seria relevante que fosse atribuído maior peso aos outros quesitos já presentes nos certames: as provas dissertativas, a formação acadêmica e a experiência prévia, que, em conjunto, permitem um processo avaliativo mais abrangente do candidato. De outro modo, estaremos fadados a selecionar primordialmente aqueles que têm mais tempo de estudo e expertise na resolução de provas de múltipla escolha.

Como consequência desse modelo, os entrevistados afirmam que, salvo raras exceções, os ingressantes não detêm conhecimento ou habilidades suficientes para exercerem as atividades do cargo de imediato. Em grande parte, eles também já internalizaram o fato de que a organização terá que investir na formação dos novatos com capacitação e aguardar tempo de exercício no cargo para que, somente então, cumpram suas funções de modo adequado.

Assim, apesar de as agências terem incluído provas discursivas para os cargos de nível médio para avaliação da capacidade de argumentação e comunicação escrita dos candidatos, conclui-se que não houve avanços significativos nesta etapa do processo.

O terceiro ponto de análise foi incluído porque a Lei nº 10.871/2004, que regulamenta os cargos efetivos nas agências reguladoras, determina a realização de curso de formação específico, com efeito eliminatório e classificatório como etapa obrigatória para o cargo de especialista em regulação. Por se tratar de uma fase do processo que ocorre ao longo de aproximadamente seis a oito semanas, essa seria uma oportunidade de avaliar os candidatos em aspectos não abordados pelas provas escritas, como avaliação de perfil profissiográfico, simulações de situações em contexto laborativo e atividades de sensibilização quanto aos valores intrínsecos à cultura organizacional e a própria atividade pública.

No entanto, do depoimento dos entrevistados extrai-se que os cursos de formação são, mormente, conduzidos a partir de aulas expositivas, em que os candidatos são expostos a mais conteúdos teóricos e, ao final, submetidos a um teste de conhecimentos. A partir das evidências, conclui-se que o curso de formação é subaproveitado, na medida em que reproduz o modelo de avaliação da etapa anterior. Em muitos aspectos, ele assume o papel de recepção, já que os candidatos também são apresentados à estrutura e às competências de cada uma das áreas e pessoas da organização e a possibilidade concreta de eliminação nessa fase é meramente teórica.

Por fim, analisaram-se a recepção e alocação dos selecionados. Espera-se que, no melhor interesse da administração pública, os novos servidores sejam alocados de acordo com suas capacidades e experiência prévia em relação aos processos e atividades de competência de cada uma das unidades organizacionais.

Nesse quesito, os achados das pesquisas demonstram que, em alguns dos processos seletivos, a unidade de gestão de pessoas buscou analisar os currículos dos aprovados para subsidiar a definição das lotações. Os gestores envolvidos relataram duas principais dificuldades na definição das lotações por critérios objetivos: o primeiro deles é que o número elevado de ingressos e o pouco tempo para a definição das lotações impede a análise aprofundada dos currículos no período entre o curso de formação e o período de ingresso; o segundo aspecto é que em muitos casos os gestores das áreas atendidas escolhem determinado servidor por indicação ou devido a contatos estabelecidos durante o curso de formação, o que prejudica a distribuição ideal dos servidores na organização como um todo.

A partir da análise comparativa dos resultados, conclui-se que mesmo nas agências reguladoras, organizações criadas na gestão pública contemporânea, os limites legalistas extremamente rígidos e a aversão a qualquer inovação que possam ensejar ações judiciais são até então a tônica dos processos de recrutamento e seleção. Como consequência, observa-se a subutilização da função do concurso público enquanto instrumento de gestão efetivo na seleção de candidatos que possam empregar maior valor público às suas funções.

Perspectivas para o futuro: em defesa da experimentação imediata da nova lei

A recém-aprovação da nova legislação federal para concursos públicos, a qual permite que estados e municípios a ela se reportem, certamente contribuirá para que o Estado brasileiro selecione melhor seus servidores e gaste menos com profissionais que, por variadas razões, não estejam alinhados com os conhecimentos, as habilidades e as atitudes/valores que são fundamentais para o ofício em prol do interesse público. Nesse contexto, cabe comentar o quão importante é também o fortalecimento de todo o sistema de ingresso no serviço público que, além do concurso público em sintonia com o planejamento da força de trabalho, requer bastante atenção nos processos de alocação funcional, socialização organizacional e avaliação do desempenho; neste caso, com um estágio probatório que não seja uma mera formalidade.

A Lei nº 14.965/2024, todavia, perante a opção do gestor público de escolher os tipos de prova e atributos de avaliação (e, portanto, preservar os concursos públicos tradicionais) e sob a condição de a norma entrar em vigor — obrigatoriamente — apenas no quarto ano após a sua edição (podendo sua aplicação ser antecipada pelo ato que autorizar a abertura de cada certame), requer fortes estímulos para sua implementação na APF.

Logo, é bem-vinda a intensificação do discurso institucional do governo federal — para dentro da máquina pública, bem como para toda a sociedade — de como os concursos públicos podem ser um dos vetores de transformação do Estado brasileiro no decorrer desta década. No fim das contas, a capacidade estatal é diretamente proporcional à qualidade da força de trabalho das organizações públicas e à diversidade da burocracia governamental; e esse novo arcabouço jurídico é basilar para impulsionar essas duas propriedades.[7]

7. Salienta-se que o Concurso Público Nacional Unificado (CPNU) recém-realizado foi uma inovação, sobretudo, em prol de recrutamento e seleção de uma burocracia representativa, mas ainda tem o desafio de ir além do modelo de um certame tradicional calcado na aferição de conhecimentos. Para um breve balanço da primeira edição do CPNU, veja uma reportagem da República.org que contou com uma entrevista com o primeiro autor deste capítulo, disponível em: <https://republica.org/2025/02/06/enem-dos-concursos-da-largada-a-reinvencao-do-servico-publico-brasileiro/>.

Com a experiência de vários certames marcados pela seleção adversa de pessoal nos últimos vinte anos que reproduziram a "ideologia concurseira", muitas organizações públicas estão com apetite para alguma inovação nos seus processos de R&S desde já, mas necessitam de uma orientação gerencial para tal. Não obstante, há riscos de que, em muitos órgãos e entidades públicas dos três níveis de governo, a premência de reposição de funcionários públicos seja tão apressada que os gestores públicos podem acabar optando pela manutenção do padrão dos concursos públicos anteriores sem quaisquer reflexões sobre o design do edital e o processo de seleção em si, com foco somente na celeridade do certame.

À guisa de conclusão, recomenda-se a imediata implementação da norma em algumas organizações públicas dispostas à inovação em seus concursos públicos, dentro de uma estratégia nacional e/ou de um programa governamental para a APF, os estados e municípios que estimule a experimentação administrativa lastreada no espírito modernizante da nova lei.

Lei Geral de Contratação por Tempo Determinado no setor público

VERA MONTEIRO

Inédito

Uma proposta de Lei Geral de Contratação por Tempo Determinado no setor público promete reformular uma das práticas mais comuns — e controversas — da administração pública brasileira: a contratação de profissionais para suprir necessidades emergenciais ou transitórias. A minuta elaborada em 2025, pela Sociedade Brasileira de Direito Público (SBDP) a pedido do Movimento Pessoas à Frente e do Conselho Nacional de Secretários de Estado da Administração (CONSAD), em trabalho liderado por mim e com consultoria do professor Carlos Ari Sundfeld, representa um passo importante rumo à regulamentação nacional do tema, hoje marcado por lacunas normativas e alta judicialização.

A contratação por tempo determinado, prevista no artigo 37, inciso IX da Constituição Federal, é um instrumento legal que permite ao poder público suprir carências emergenciais, como a admissão de professores substitutos ou profissionais de saúde durante surtos epidemiológicos. Apesar de sua legitimidade, o uso recorrente e desordenado dessa modalidade tem levantado questionamentos dos órgãos de controle, como o Tribunal de Contas e o Ministério Público, além de gerar insegurança jurídica tanto para gestores quanto para contratados.

Levantamentos realizados nos últimos anos mostram que estados e municípios vêm utilizando essas contratações de forma ampla, muitas vezes como solução para a ausência de concursos públicos ou para lidar com problemas estruturais da gestão de pessoas. O resultado tem sido uma judicialização crescente e desigualdade nos vínculos e direitos oferecidos.[1] Na prática, o cenário acaba estimulando o mau planejamento da força de trabalho e empurrando o setor público a ampliar terceirizações, com maior dispêndio de recursos públicos e menor comprometimento com o serviço prestado por parte do prestador.

A novidade: uma lei nacional enxuta e com foco em governança

A proposta de uma lei nacional, aplicável nas esferas federal, estadual e municipal, surge como resposta à necessidade de uni-

1. O Anuário de Gestão de Pessoas publicado em outubro de 2024 pela República.org revela que entre 2003 e 2022 o número dos vínculos temporários no serviço público brasileiro aumentou 1760%, passando de 38,5 mil para 716,2 mil. Disponível em: <https://republica.org/2024/10/31/anuario-revela-perfil-e-desafios-do-servico-publico/>. Estudo de 2019 do Banco Mundial já indicava, por exemplo, que no Mato Grosso, em 2016, os agentes contratados por tempo determinado equivaliam a 41% do pessoal; em Santa Catarina, em 2017, a 32%; e no Paraná, em 2018, a 20%. *Gestão de pessoas e folha de pagamentos no setor público brasileiro*. Disponível em: <https://www.worldbank.org/pt/news/infographic/2019/10/09/brazil-wage-bill-report-public-sector>. Na área da educação, os temporários representavam, em 2023, 51,6% do número de professores, segundo o Todos pela Educação. Disponível em: <https://todospelaeducacao.org.br/wordpress/wp-content/uploads/2024/04/estudo-professores-temporarios-nas-redes-estaduais-do-brasil-todos-pela-educacao.pdf>. Especificamente sobre a judicialização envolvendo as contratações de temporários no setor público, o Movimento Pessoas à Frente e a SBDP pesquisaram as principais questões jurídicas discutidas nos tribunais envolvendo esta modalidade de contratação. O relatório final da pesquisa está disponível em: <https://sbdp.org.br/wp-content/uploads/2023/06/Relatorio-final-contratacoes-por-tempo-determinado-em-juizo-com-anexo-resultado.pdf>.

formização das regras para trazer segurança jurídica ao tema, diminuindo a desconfiança que recai sobre ele e moralizando o instituto.

A proposta partiu das seguintes premissas:

a) a lei deve ter abrangência nacional e ser curta, com o objetivo de dar segurança jurídica ao processo que já está ocorrendo de aumento significativo de contratação de agentes públicos especiais em todas as esferas federativas;
b) a lei deve uniformizar um regime mínimo em âmbito nacional, de modo a melhorar problemas de governança no seu uso por parte de estados e municípios e, com isso, uniformizar e garantir tanto segurança jurídica à administração contratante, quanto direitos aos contratados, de modo a promover serviços públicos de qualidade e com continuidade;
c) a lei deve ajudar a diminuir a desconfiança que os órgãos de controle, incluído o Judiciário, têm com relação ao instituto, tendo em vista seu histórico;
d) a lei deve ser capaz de moralizar o uso do instituto, fixando regras mínimas como prazo e direitos dos agentes especiais, proibindo o nepotismo de demais tipos de patrimonialismo;
e) a lei não deve listar as hipóteses específicas de contratação por tempo determinado; esta é função das leis locais (federal, estaduais e municipais), a partir de suas necessidades; e
f) a lei deve ter a cautela de não inviabilizar soluções locais legítimas em curso em matéria de contratação de pessoas no setor público, preservando a competência de cada ente para garantir outros direitos aos agentes públicos especiais, inclusive de natureza remuneratória.

Diferentemente de outras iniciativas anteriores, como a <edida Provisória nº 922/2020 (que acabou caducando no Congresso), o novo projeto aposta em um texto de abrangência nacional, com foco em governança, transparência e fixação de direitos mínimos para os chamados *agentes públicos especiais*, definidos pelo projeto como aqueles contratados para exercer atividade remunerada, em atendimento a necessidades temporárias de excepcional interesse público, nos termos do inciso IX do artigo 37 da Constituição Federal (cuja redação é "A lei estabelecerá os casos de contratação por tempo determinado para atender a necessidade temporária de excepcional interesse público").

Contratação por tempo determinado é, assim, um tipo especial de vínculo contratual com o setor público. Por meio desse instrumento a administração pública contrata agentes públicos especiais por prazo preestabelecido para atender a necessidades temporárias de excepcional interesse público. A nomenclatura *agente público especial* tem sido utilizada na literatura ao tratar do regime jurídico funcional, apartando, de um lado, o regime comum (estatutário e celetista), e, de outro, o regime especial (contratação por tempo determinado).

As contratações por tempo determinado não substituem contratações permanentes, nem servem para atividades exclusivas de estado. Tais contratações não podem ser utilizadas, por exemplo, para funções públicas de administração da Justiça ou conexas, como aquelas exercidas por policiais militares, promotores, defensores públicos e juízes. Esse inclusive é o entendimento consolidado pelo Supremo Tribunal Federal.

Essas contratações também não devem ser utilizadas como remédio à desorganização administrativa. Isto é, não cabe o uso das contratações por tempo determinado para suprir falhas recorrentes de planejamento na gestão da força de trabalho no setor público.

Mas, se bem planejadas, as contratações por tempo determinado podem oferecer vantagens para a administração em termos de flexibilidade e eficácia na prestação dos serviços públicos.

A flexibilidade está na permissão para que o gestor tenha agilidade para atender demandas específicas dos cidadãos, as quais podem envolver problemas pontuais (como uma pandemia) ou a necessidade de atração de profissionais atualizados para desenvolvimento de projeto específico e estratégico por tempo determinado no setor público (como ocorre na área de tecnologia).

Quanto a viabilizar maior eficácia na prestação de serviços públicos, a contratação por tempo determinado é instrumento essencial para que o setor público dê continuidade aos serviços oferecidos nos casos em que a oferta depende diretamente de servidores públicos e há altos níveis de absenteísmo, além da rotatividade entre os ocupantes de cargo e consequente necessidade de recrutamento.

O processo de elaboração do texto contou com uma robusta base de dados, incluída a jurisprudência do STF, e diálogo entre instituições. A origem remonta a 2020, com o debate envolvendo a citada MP 922. Apesar da não aprovação da medida provisória, o tema permaneceu em pauta graças ao engajamento de redes como o CONSAD e o CONSED (Conselho de Secretários de Educação), que sinalizaram o desejo de ver uma norma nacional subsidiária à Lei Federal nº 8.745, de 1993, que também incidisse sobre estados e municípios.

A partir de 2021, o Movimento Pessoas à Frente e a SBDP, com o apoio da República.org, iniciaram estudos aprofundados sobre o tema, mapeando práticas judiciais, gargalos normativos e experiências de gestão em todo o país. Em 2024, uma nova parceria entre o Movimento e o CONSAD fortaleceu a ideia, culminando na elaboração da minuta que agora busca apoio institucional e político para se transformar em lei federal.

O que regula a proposta: principais dispositivos do projeto de lei

A minuta busca atingir seu objetivo com regras claras e padronizadas.

Entre os pilares da proposta, destacam-se:

a) Abrangência nacional e natureza do vínculo: a proposta aplica-se a órgãos da administração direta, autarquias e fundações de direito público. Define o agente público especial como aquele contratado para suprir demandas transitórias ou emergenciais, sem vínculo efetivo. Empresas estatais ficaram de fora porque, para elas, já há legislação aplicável. Seu objetivo é estabelecer um regime jurídico mínimo para os contratados por tempo determinado no serviço público, sem inviabilizar outras soluções mais protetivas que os entes federativos adotem.
b) Regras para contratação: Na proposta, o contrato com agente público especial terá prazo máximo de seis anos (consideradas as prorrogações). Para sua celebração, exige-se processo seletivo simplificado como regra, com exceções justificadas por emergência ou notória especialização. Há ainda a proibição de nepotismo e outras formas de patrimonialismo, além de fixação de quarentena entre os contratos celebrados pelo

mesmo agente, para evitar a precarização da atividade. Os agentes passarão a ter vinculação obrigatória ao Regime Geral de Previdência Social.

c) Direitos dos contratados: os direitos mínimos fixados na proposta são: 13º e férias proporcionais, repouso semanal remunerado, estabilidade à gestante, aviso prévio de trinta dias no caso de extinção antecipada de contrato vigente há 12 meses ou mais; e remuneração não inferior a um salário mínimo. Também foram previstas licenças e afastamentos por gestação, paternidade, casamento, falecimento de parente e para tratamento de saúde. Há expressa proibição de equiparação com servidores efetivos, inclusive quanto à estabilidade.

d) Transparência e controle: a proposta cria o Portal Nacional de Contratações por Tempo Determinado (PNTD) para reunir dados de todos os entes federativos e permitir melhor planejamento da força de trabalho como um todo. Neste sentido, os entes passam a ter a obrigatoriedade de divulgação de dados sobre número de contratados, remuneração, critérios de seleção e indicadores de desempenho. Ele foi inspirado no Portal Nacional de Contratações Públicas, criado pela Lei de Licitações e Contratações (Lei nº 14.133, de 2021).

e) Redes de ensino público: considerando as especificidades desse setor, a proposta traz dispositivo específico voltado às redes estaduais e municipais de ensino, permitindo o uso de contratações temporárias para lidar com transições curriculares, mudanças demográficas e ampliação da carga horária escolar. Nesses casos, os contratados devem ter acesso ao piso nacional do magistério.

Impactos esperados: segurança jurídica e modernização

Com a aprovação da nova lei, espera-se não apenas o aperfeiçoamento da gestão de recursos humanos no setor público, mas também uma redução drástica no número de ações judiciais movidas por contratados temporários. A norma pretende dar segurança tanto para a administração pública quanto para os profissionais contratados, além de garantir que o serviço público funcione com mais agilidade, qualidade e respeito aos direitos.

Ao fortalecer a governança e padronizar procedimentos, a proposta também busca diminuir a desconfiança histórica dos órgãos de controle sobre esse tipo de vínculo, hoje muitas vezes visto como porta aberta para irregularidades. A expectativa é que, com regras mais claras e fiscalização adequada, o país possa aproveitar os benefícios da flexibilidade sem comprometer os princípios da legalidade, impessoalidade e moralidade administrativa, e sem precarizar a relação de trabalho.

A proposta está pronta para ser apresentada como projeto de lei ao Congresso Nacional. Caberá agora aos parlamentares decidir se o Brasil finalmente terá uma lei nacional capaz de organizar uma prática já tão comum — mas ainda tão problemática — como a contratação temporária de servidores.

Se aprovada, a Lei Geral de Contratação por Tempo Determinado pode se tornar um marco de transição entre um setor público ainda preso a práticas improvisadas e uma gestão mais eficiente, transparente e justa.

Gestão por desempenho: pilar estratégico e não um acessório burocrático

LUIZA HERMETO COUTINHO CAMPOS
RENATA VILHENA

Inédito

A gestão por desempenho no Brasil — apesar de prevista na Constituição Federal — ainda não se consolidou enquanto prática institucionalizada na administração pública, apesar de sua importância como pilar estratégico da modernização do serviço público. O foco do instrumento é a busca pelo desenvolvimento permanente do servidor e consequentemente a melhoria da produtividade na prestação de serviços, mas ainda algumas lacunas dependem de regulamentação, como o desligamento por insuficiência de desempenho, que tramita no Congresso Nacional.

O que se vê hoje são iniciativas isoladas, com organizações fazendo a gestão à sua maneira, muitas vezes atreladas à concessão de gratificações e avanço na tabela salarial, sem se pensar em um sistema de performance, com acompanhamento contínuo, que inclua a definição de metas, *feedbacks* regulares e alinhamento com uma política de desempenho. Com isso, nos deparamos com avaliações irreais, com metas que não condizem com a realidade e subestimadas, com um sistema mal estruturado que não se alinha aos objetivos estratégicos da organização, e nem mesmo com as competências requeridas pela função, quando tratamos de avaliações de desempenho individuais.

Esse cenário acaba propiciando um comportamento oportunista, que atrela o instrumento a gratificações que passam a fazer parte da remuneração sem dar ênfase ao processo de cumprimento de metas. Com isso, gera-se um incentivo de metas subestimadas para que a remuneração não fique prejudicada.

Para mudar esse cenário, é preciso pensar, em primeiro lugar, na sua regulamentação para que a prática se torne um processo cotidiano, aplicável a todas as organizações, equipes de trabalho e indivíduos, bem como a instituição de regras claras que permitam o acompanhamento regular e o monitoramento da evolução dos colaboradores, numa lógica de capacitação e desenvolvimento ao longo de toda a sua vida funcional. O sistema da gestão por desempenho deve mirar não somente nas metas institucionais, mas também no desempenho individual e de equipe, incentivando a colaboração e a responsabilidade compartilhada. Um olhar especial para lideranças é salutar em diversos processos de gestão de pessoas e, em especial, na gestão por desempenho, já que a liderança é capaz de ser um ator multiplicador e incentivador do processo.

Ressaltamos que uma boa gestão por desempenho deve se atrelar a um *feedback* contínuo, que permita oportunidades de melhoria para o servidor e equipes, fazendo com que a metodologia seja mais uma ferramenta de crescimento individual e organizacional. Avaliações externas do processo são importantes para trazer transparência e confiabilidade, além de propiciar uma gestão de melhorias.

Por fim, atrelar desempenho com promoção de carreiras é uma evolução indispensável. O que vemos hoje é a promoção e progressão atreladas a tempo de serviço, escolaridade, sem se olhar para o desempenho como fator crucial para desenvolvimento. Movimentos como o fim do Regime Jurídico Único votado pelo Supremo Tribunal Federal por meio da Ação Direta de Inconstitucionalidade (ADI) nº 2.135 de 2007, e a Portaria do Ministério da Gestão e Inovação (MGI) nº 5.127/2024 que traz novas diretrizes para organizações das carreiras na administração pública federal, são oportunidades para que a gestão do desempenho tenha como uma das consequências o desenvolvimento nas carreiras.

Algumas iniciativas de regulamentação da matéria tramitam no Congresso, mas a agenda ainda não ganhou a pauta com o destaque que merece. Alguns Projetos de Lei Complementar, como o PLC nº 116/2017, que regulamenta o artigo 41, parágrafo 1º, inciso III, da Constituição Federal, para dispor sobre a perda do cargo público por insuficiência de desempenho do servidor público estável, o PLC nº 51/2019, que regulamenta avaliação periódica de desempenho para servidores públicos das administrações diretas, autárquicas e fundacionais da União, estados e municípios, e o PLC nº 478/2018 que regulamenta avaliação para servidores que realizaram teste de aptidão física, são exemplos de tentativas de regulamentação da matéria que permanece em tratativas no Legislativo.

Há ainda a PEC nº 32/2020 que insere regras na Constituição sobre duas modalidades de avaliação do desempenho: dos órgãos e entidades e dos ocupantes de cargo, emprego ou função pública. Apesar de também prever regulamentação posterior por meio de lei complementar, em suas regras transitórias há a previsão de que os entes federativos exerçam competência legislativa plena sobre a matéria, fazendo com que haja incentivos para a aceleração da sua implementação em nível subnacional.

Com o objetivo de contribuir com a discussão de sua regulamentação foi pensado um projeto de lei proposto pela República.org que engloba todos os pontos levantados como possibilidades de melhoria. A proposta busca instituir um modelo mais sólido e transparente, com avaliações integradas de desempenho e competência, previsão de *feedbacks* regulares e estabelecimento de metas institucionais com impacto significativo.

O projeto proposto, que institui a gestão por desempenho no âmbito da administração pública federal, tem como objetivo a melhoria da produtividade, aumento da transparência e *accountability*, e o alinhamento entre as entregas individuais e de equipe aos objetivos estratégicos dos entes públicos. Apesar de, no primeiro momento, abarcar apenas o âmbito federal, o objetivo é que o projeto se expanda também para estados e municípios. Na parte de desempenho são previstas ações de responsabilidade individual, de equipe, da unidade e metas institucionais que refletem os impactos da política pública na sociedade.

Já na parte da avaliação por competência, o objetivo é identificar lacunas de aprendizado e promover o desenvolvimento contínuo do servidor público, gerar motivação, engajamento e o incentivo à inovação, além de alinhar as ações de responsabilidade do servidor com os objetivos estratégicos da organização.

Com a soma das duas frentes é possível chegar a um resultado que englobe a avaliação de desempenho com a avaliação de competências, trazendo uma gestão de desempenho completa.

No projeto de lei ainda está prevista a perda do cargo por insuficiência caso o servidor não atinja 60% do total da nota da Avaliação Integrada do Desempenho e de Competências anual. A perda do cargo ocorrerá após cinco avaliações insuficientes alternadas, ou quatro avaliações insuficientes consecutivas no mesmo cargo. Esse modelo permite que as avaliações não fiquem restritas a uma mesma gestão, impedindo que o instrumento seja utilizado para perseguições políticas. O projeto ainda prevê que a perda do cargo só poderá ocorrer após instauração de Procedimento Administrativo Disciplinar para apuração, conforme legislação específica. Ressalta-se que o resultado esperado da avaliação é a melhoria na produtividade e eficiência das políticas públicas e de seus servidores, e não se tornar um instrumento de demissão.

Para se ter sucesso na sua implementação, é essencial que a avaliação seja baseada em critérios objetivos, evitando influências políticas e subjetivas que distorcem o sistema de mensuração de desempenho. Além disso, a capacitação contínua deve ser garantida para que os servidores possam desenvolver suas competências e melhorar sua produtividade. Para tanto, é previsto que a administração pública deve prover capacitação ao servidor público que não atingir o desempenho mínimo, no ano subsequente a Avaliação Integrada do Desempenho e de Competências insatisfatória, garantindo que ele tenha oportunidades de melhoria.

Não devemos perder de vista os reais objetivos da avaliação de desempenho, que envolvem a melhoria da tomada de decisão, a promoção da eficiência e qualidade nos serviços, o alinhamento de metas institucionais e individuais e a participação no monitoramento das políticas públicas. Hoje ainda podemos utilizar de diversas ferramentas como *big data*, inteligência artificial, dados abertos e a gestão baseada em evidências para aprimorar ainda mais os indicadores e a forma de mensuração dos mesmos. O importante é garantir que a gestão por desempenho entre de uma vez por todas na pauta e se torne uma prática consolidada e não apenas um acessório burocrático.

Os problemas de consolidação da alta direção pública na América Latina

CONRADO RAMOS

9 de maio de 2023

Desde a virada do século, e particularmente após a pandemia de covid-19, temos testemunhado a revalorização do papel do Estado em direção ao desenvolvimento, que mais recentemente tem se cristalizado nos compromissos da Agenda 2030. É nesse contexto que uma série de reformas administrativas inspiradas por um paradigma neoweberiano vem ocorrendo em muitos países da Organização para a Cooperação e Desenvolvimento Econômico (OCDE). Nesses países, embora se mantenha a lógica da gestão baseada no desempenho — presente a partir da Nova Gestão Pública (NGP, New Public Management) —, busca-se corrigir algumas das externalidades negativas que também vieram da NPG.[1]

Entre essas externalidades, destaca-se o enfraquecimento da ética no serviço público como resultado de anos de cortes de gestão e progressiva flexibilização do sistema de recursos humanos,[2]

1. Pollitt, C.; Bouckaert, G. *Public Management Reform: A comparative analysis — New public management, governance, and the neo-weberian state*. Oxford: Oxford University Press, 2004.

2. Raadschelders, J. C.; Toonen, T. A.; Van der Meer, F. M. *The civil service in the 21st century: Comparative perspectives*. Londres: Palgrave Macmillan, 2007.

bem como a excessiva fragmentação dos setores públicos, uma consequência dos processos terceirização ou privatização.[3]

Os esforços para construir e fortalecer sistemas modernos de alta direção pública (ADP) apontam precisamente na direção de preservar uma cultura sólida de serviço público e fornecer ao governo um apoio decisivo para dotar suas políticas de consistência e coerência em sua concepção e implementação. Embora cada sistema político-administrativo tenha sua própria configuração específica de ADP, desde que seja reconhecida como um órgão com características especiais e equipada com conhecimento generalizado dos mecanismos do governo, a ADP é uma ferramenta indispensável para fornecer apoio significativo à condução dos governos.

Ao mesmo tempo, uma ADP profissionalizada (isto é, protegida da patronagem política), na medida em que esteja sujeita a um sistema de avaliação de desempenho, será capaz de harmonizar os complexos imperativos de competência neutra (*neutral competence*) — que consiste na autonomia baseada em competências profissionais — em relação à capacidade de resposta política (*political responsiveness*), que se traduz como lealdade aos objetivos políticos do governo.

O funcionário público que pertence ao sistema de ADP, embora tenha certas proteções e autonomia frente à intervenção político-partidária nos governos, deve ter, ao mesmo tempo, um grau de sensibilidade política a fim de aconselhar, interpretar e implementar as estratégias políticas do governo.[4]

---

3. Christensen, T.; Laegreid, P. *Transcending New Public Management. The Transformation of Public Sector Reforms*. Londres: Routledge, 2007.

4. Eichbaum, C.; Shaw, R. *Partisan Appointees and Public Servants: An international analysis of the role of the political adviser.* Cheltenham: Edward Elgar Publishing, 2010.

Os Sistemas de Alta Direção Pública (SADP) que conseguem equilibrar adequadamente esses imperativos têm a característica de atuar com a lógica da competência responsiva, prestando um serviço altamente profissional e competente, ao mesmo tempo que provam ser eficientes intérpretes dos alinhamentos e objetivos estratégicos do governo da época.

Quanto maiores o compromisso do sistema político e a legitimidade do SADP, maior a probabilidade de que o sistema avance para estágios mais maduros em seu desenvolvimento e sua lógica de operação.

Isso implica, entre outras coisas, envidar recursos financeiros, humanos e políticos para consolidar todo o ciclo de vida ou etapas do modelo de desenvolvimento do SADP. Começando por recrutamento e seleção, seguido por indução e transição, posteriormente treinamento e avaliação, e concluindo com desligamento (ou eventual revinculação) e gestão do conhecimento.

Modelo de desenvolvimento da alta direção pública

A formulação de uma proposta de desenvolvimento do SADP requer respostas a quatro grandes perguntas: por que desenvolver a ADP? Como desenvolver a ADP? Especificamente, o que precisa ser feito para desenvolver a ADP? E quem deve executar as tarefas de desenvolvimento da ADP?

Por que desenvolver a alta direção pública?

Como já evidenciado em estudos anteriores, uma das questões-chave que precisam ser resolvidas é o esclarecimento da necessidade de desenvolvimento da ADP. Por um lado, parece óbvio que esse papel-chave na administração do Estado deveria ser amplamente desenvolvido a fim de se conseguir um melhor desempenho. Por outro lado, há muitas dúvidas quanto ao que se entende por desenvolvimento, e quanto tempo e recursos estão disponíveis para ele.

Considerando o acima exposto, seria apropriado propor que o dilema deriva da falta de uma definição paradigmática do que é a ADP e qual é seu papel potencial na modernização do Estado. Propõe-se, portanto, rever brevemente três abordagens possíveis para resolver esse dilema: a) abordagem weberiana; b) abordagem da Nova Gestão Pública; e c) teoria do valor público, como uma das escolas posteriores à Nova Gestão Pública (neoweberianismo).

a) Abordagem weberiana: em sua proposta sobre o Estado burocrático que busca a realização eficiente dos objetivos atribuídos pelos cidadãos ao Estado, o papel da autoridade é concebido como uma hierarquia que deve funcionar de forma racional e imparcial na aplicação do que a lei dita fazer (autoridade legal racional). Para isso, as pessoas que assumem papéis de autoridade devem ser tecnicamente competentes e ascender de maneira meritocrática na hierarquia estatal, de modo a garantir que o Estado funcione eficientemente, para além das mudanças do governo da época. Essa concepção serve de fundamento para os sistemas de carreira, pois seria a forma de garantir a existência de autoridades profissionais e competentes. Assim, a razão essencial pela qual a ADP deve ser desenvolvida é para garantir o funcionamento eficiente do Estado burocrático, buscando-se a profissionalização técnica dos gerentes mais competentes.

b) Abordagem da Nova Gestão Pública (NGP): uma abordagem alternativa à anterior é a proposta pela NGP, que reduz o papel do Estado ao mínimo necessário para assegurar a trilogia básica de propósitos: eficácia, eficiência e economia do Estado. Tal abordagem conceitualiza a relação entre o Estado e a sociedade, considerando os cidadãos como clientes a serem abastecidos com bens e serviços que os satisfaçam. Essa perspectiva gerencialista pressupõe a superioridade de práticas de gestão do setor privado e considera que estas devem ser implementadas na gestão pública de forma descentralizada e com ampla delegação de poderes nos níveis mais baixos da administração do Estado, com o objetivo final de garantir resultados efetivos para os cidadãos. Nesse contexto, o gestor público deve ser altamente profissional e agir proativamente para garantir a obtenção de resultados de acordo com padrões de desempenho acordados. Para tanto, o gestor deve possuir competências técnicas e gerenciais adequadas à posição específica que ocupa, de acordo com o *ethos* do setor privado. Essa noção pode sustentar sistemas baseados em cargos ou funções, pois é essencial ter gestores públicos especializados para a missão estabelecida em um cenário dinâmico social e de mercado em constante mudança, o que requer flexibilidade para selecionar e desenvolver a ADP. Desse modo, a razão essencial para o desenvolvimento da ADP deve ser atender aos padrões de desempenho estabelecidos e melhorar os resultados na posição atual (não se exclui a possibilidade de desenvolvimento futuro, mas não é essencial para esta abordagem).

c) Abordagem pós-NGP, neoweberiana ou Teoria de Criação do Valor Público: críticas desenvolvidas após a NGP apontam para a necessidade de que o Estado busque resultados efetivos (produtividade, eficácia e eficiência), mas colocam em questionamento a supremacia do *ethos* do setor privado. Em contraste, essas abordagens posteriores à NGP enfatizam adicionalmente a necessidade de prover bens e serviços que sejam legitimamente validados pelos cidadãos por meio dos usuários, dos não beneficiários e de seus representantes políticos. Portanto, o que se defende é a valorização do *ethos* do setor público (respeito à legalidade, probidade, vocação para o serviço público etc.), juntamente com uma gestão eficaz. Uma das abordagens mais proeminentes dentro dessa perspectiva é a Teoria da Criação de Valor Público, que afirma que o papel do Estado é criar valor público, respondendo às demandas dos cidadãos de forma produtiva e legítima. Isso implica que o gestor público deve ser capaz de elaborar estrategicamente políticas e programas públicos, administrar politicamente as relações com os cidadãos e seus representantes, gerir uma execução eficaz e eficiente das políticas e dos programas públicos, e fazer tudo isso com ética pública, para que se garanta a legitimidade aos olhos dos cidadãos. Sob essa estrutura, a razão pela qual a ADP precisa ser desenvolvida é para que se crie maior valor público, agindo-se de forma ética.

Quadro 1: Abordagens conceituais da alta direção pública

Abordagens da ADP	Weberiana	Nova Gestão Pública	Pós-NGP ou neoweberiana - Teoria de Criação do Valor Público
Papel do Estado	Estado burocrático	Estado liberal de menor porte	Estado fortalecido, criação de valor público
Finalidade da gestão pública	Eficiência e efetividade (realização de objetivos)	Eficácia (obtenção de resultados), eficiência e economia Qualidade (satisfação do cliente)	Eficácia e legitimidade Adaptação flexível, com uso de tecnologia Qualidade das políticas públicas
Concepção da alta direção pública	Ética pública dos servidores Autoridade racional, legal, técnica e meritocrática, que assegure as funções do Estado	Abordagem gerencialista, delegação e descentralização Ethos e melhores práticas de gestão do setor privado Gestor profissional e proativo	Abordagem da criação de valor público *Ethos* do setor público Gerenciamento com eficácia, interlocução com representantes dos cidadãos e ética pública Consciência política
Para que desenvolver a ADP	Garantir o funcionamento eficiente do Estado	Cumprir os padrões de desempenho estabelecidos Melhorar resultados	Criar maior valor público (eficácia e legitimidade) com ética pública Ajudar a proporcionar um senso de governança Apoiar as funções de coordenação
O que desenvolver na ADP	Competências técnicas	Competências técnicas e gerenciais	Competências técnicas, gerenciais, políticas e de comunicação

Fonte: Elaboração própria.[5]

Assim, considerando o diagnóstico feito anteriormente sobre a necessidade de especificar uma concepção acerca do desenvolvimento da ADP e com base na revisão das três principais abordagens descritas acima, propõe-se considerar a noção básica de

5. Moore, M. H. *Creating Public Value. Strategic Management in Government.* Cambridge: Harvard University Press, 1995.

desenvolvimento da *ADP como um criador de valor público*. Isso porque tal abordagem é uma consequência da evolução da gestão pública com base em abordagens anteriores, levando suas contribuições de forma crítica (o valor da racionalidade, da legalidade e da ética pública já presente em Weber e a importância da gestão orientada para resultados; a incorporação de boas práticas de gestão do setor privado; e a adaptabilidade ao ambiente, provenientes da NGP) e acrescentando a ênfase na gestão política para alcançar legitimidade perante os cidadãos.

Junto a isso, propõe-se que o conceito de desenvolvimento da ADP seja formulado como o processo de facilitação do aprendizado formal e informal, individual e coletivo, das competências técnicas, gerenciais, políticas e de comunicação exigidas à ADP para melhorar continuamente sua capacidade de criar valor público para o país durante o período em que trabalham dentro do sistema público. Essa proposta, por um lado, destaca a importância do processo de aprendizagem que a ADP deve empreender para aprimorar suas competências gerenciais e, por outro, demonstra que o objetivo desse aprendizado é a criação de valor público presente e futuro, propósito fundamental do processo.

Alta direção pública na América Latina: altos e baixos

Apesar de algumas tentativas, a profissionalização da ADP não conseguiu ocupar um lugar de destaque na maioria das agendas de modernização pública dos países da América Latina. Assim, o critério fundamental para a provisão de cargos hierárquicos ou gerenciais ainda é predominantemente a confiança política.[6] No entanto, existem exemplos na região que têm ido em direção a um SADP, mesmo com altos e baixos.

Ao contrário do que ocorre na maioria dos países desenvolvidos, a implementação de um SADP representa mais do que uma mudança de um sistema baseado no mérito para um sistema gerencial. É uma tentativa de romper ou limitar a lógica do clientelismo para avançar em direção a um cenário com mais componentes de mérito e capacidade gerencial. Além disso, os objetivos para os países da região com a implementação da ADP estão mais relacionados à colocação de "barreiras" ao avanço da política sobre a administração pública do que à formação de lideranças gerenciais ou ao aumento dos níveis de responsabilização das burocracias na gestão de políticas públicas.[7]

Assim, as resistências a uma implementação efetiva de um SADP estão relacionadas:

a) à noção de perda de controle sobre as políticas públicas nas mãos de um órgão de alta direção, que, ao contrário da rede de políticos indicados, deve agir com neutralidade e a serviço dos objetivos políticos do contexto, mesmo que não compartilhe necessariamente as mesmas posições;
b) à perda de recursos (financeiros ou humanos) ou da capacidade de serem utilizados com maior discricionariedade tanto para recompensar a militância quanto como moeda de troca nos governos de coalizão.

---

6. Cortázar Velarde, J. C.; Fuenzalida, J.; Lafuente, M. *Sistemas de mérito para la selección de directivos públicos. ¿Mejor desempeño del Estado?* Washigton: BID, 2016.

7. Iacovello, M.; Llano, M.; Ramos, C. "Alta dirección pública latinoamericana. Marchas y contramarchas". In: *Revista de Gestión Pública*, v. VI , n. 2, 2017, pp. 173-214.

Dessa forma, o desafio está na modificação de três dimensões do vínculo entre as políticas e a alta burocracia: a) as competências a serem priorizadas não estarão mais associadas à confiança política ou pessoal, mas à competência técnica; b) as recompensas não estarão mais associadas a retribuições discricionárias, mas ao menor ou maior cumprimento objetivo dos resultados; e c) a lealdade não dependerá do perfil político do nomeado.[8]

Nesse contexto, países como Chile ou Peru (mais Chile do que Peru) conseguiram institucionalizar, ampliar e legitimar progressivamente seus SADP. Em ambos os casos, foi necessário enfrentar desafios políticos, principalmente em momentos de transição governamental, os quais foram superados por meio de ajustes nos sistemas, acumulando-se processos de profissionalização e modernização da alta direção pública.

Em outros países, como Argentina e México, no entanto, apesar das tentativas de implementação, os sistemas tenderam a se desinstitucionalizar sem atingir um estágio de maturidade. As pressões políticas por maior discricionariedade nas nomeações contribuíram para corroer e desencorajar a consolidação de um SADP. As resistências foram expressas, por exemplo, por meio de nomeações transitórias ou excepcionais para cargos da ADP, demissões não fundamentadas ou arbitrárias, concursos sem aprovados ou vetos a nomeações específicas.

A nota é de responsabilidade do autor e não traduz necessariamente a opinião da República.org nem das instituições às quais ele está vinculado.

---

8. Ramos, C.; Scrollini, F. "Los nuevos acuerdos entre políticos y servidores públicos en la alta dirección pública en Chile y Uruguay". In: *Revista Uruguaya de Ciencia Política*, v. 22, n. 1, 2013, pp. 11-36.

Fortalecendo a alta direção pública: os resultados do Mapa de Gestão de Lideranças

GUSTAVO TAVARES
JULIANA COSTA DE CARVALHO
VERONICA ENNES
VIVIAN SATIRO

Inédito

O papel da liderança na administração pública é frequentemente visto como secundário, pois decisões e processos são amplamente regulados por leis, normas e estruturas burocráticas bem estabelecidas. De fato, estudos indicam que, no setor público, as pessoas tendem a atribuir menos o sucesso ou fracasso das organizações à atuação dos líderes, em comparação com o setor privado.[1] Contudo, essa perspectiva pode ser questionada tanto do ponto de vista teórico[2] quanto empírico, uma vez que as evidências disponíveis demonstram o impacto significativo da liderança no setor público.[3]

1. Hesmert, L.; Hattke, F.; Vogel, R. "The a Priori of Public Leadership: Social attributions to public and private leaders in different performance contexts". In: *Public Administration*, v. 100, n. 4, 2022, pp. 876-99.

2. Behn, R. D. "What Right do Public Managers Have to Lead?". In: *Public Administration Review*, v. 58, n. 3, 1998, pp. 209-24.

3. Backhaus, L.; Vogel, R. "Leadership in the Public Sector: A meta-analysis of styles, outcomes, contexts, and methods". In: *Public Administration Review*, v. 82, n. 6, 2022, pp. 986-1003; Bellé, N. "Leading to Make a Difference: A field experiment on the performance effects of transformational leadership, perceived social impact, and public service motivation". In: *Journal of Public Administration Research and Theory*, v. 24, n. 1, 2014, pp. 109-36.

Behn, em seu artigo "*Qual direito os gestores públicos têm de liderar?*", argumenta que, embora a administração pública possua um alto nível de formalização dos processos, os gestores públicos precisam lidar constantemente com desafios interpessoais e políticos, visando mobilizar diversos atores em um ambiente marcado por objetivos difusos e conflitos de interesses.[4] Ou seja, a boa gestão pública também exige capacidade de liderança. Liderança pode ser entendida como o processo de direcionar e alinhar pessoas, facilitar ações coordenadas e motivar esforços individuais e coletivos em prol de objetivos comuns. Segundo Heifetz et al.,[5] a palavra que melhor captura a essência da liderança é *mobilização.*

No topo da administração pública, a liderança exige um equilíbrio entre competências técnicas, habilidades interpessoais e políticas, além de um forte compromisso com o "*ethos* público".[6] Essas características não apenas garantem uma alta capacidade de mobilização por parte do gestor, mas também asseguram que sua atuação seja íntegra e alinhada ao interesse público. No entanto, a falta de critérios e processos estruturados para a seleção e desenvolvimento dessas lideranças compromete a profissionalização da alta direção pública, com impactos negativos sobre a capacidade dos governos.[7] No Brasil, como em diversos outros

4. Van Wart, M. "Administrative Leadership Theory: A reassessment after 10 years". In: *Public Administration*, v. 91, n. 3, 2013, pp. 521-43.

5. Heifetz, R. A.; Grashow, A.; Linsky, M. *The Practice of Adaptive Leadership: Tools and tactics for changing your organization and the world*. Cambridge: Harvard Business Press, 2009.

6. Bowman, J. S.; West, J. P.; Beck, M. A. *Achieving Competencies in Public Service: The professional edge*. Londres: Routledge, 2014.

7. Gerson, D. "Leadership for a High Performing Civil Service: Towards a senior civil service systems in OECD countries". In: *OECD Working Papers on Public Governance*, n. 40, 2020, pp. 1-69.

países, a escolha dos dirigentes públicos se dá principalmente por critérios discricionários ("indicação política"). Ou seja, normalmente não há uma gestão estratégica de pessoas no topo da administração que garanta a qualificação e os incentivos adequados para os dirigentes públicos.

Diante dessa realidade, diversos países têm adotado Sistemas de Alta Direção Pública (SADP) como alternativa para fortalecer a capacidade de liderança nos governos, equilibrando o critério de confiança com o critério de competência.[8] Esses sistemas buscam profissionalizar a alta gestão sem comprometer a autonomia das autoridades políticas eleitas, estruturando um modelo de seleção e desenvolvimento de lideranças baseado em competências e na gestão por desempenho.[9] A experiência de países como Chile, Estados Unidos e Reino Unido demonstra que a adoção de SADP pode contribuir para maior estabilidade institucional, aprimoramento da governança e melhoria dos serviços públicos.[10]

No Brasil, algumas iniciativas no nível estadual, como os programas Transforma Minas e o Qualifica RS, representam avanços nesse sentido, sinalizando um movimento crescente de modernização na gestão das lideranças públicas. Diante desse cenário, a sistematização de boas práticas é fundamental para orientar

---

8. Weber, A.; Lafuente, M.; Cortázar, J. C. "Como desenhar e implementar um quadro de direção profissionalizado?". In: *Opções para uma gestão pública "à la carte"*. Banco Interamericano de Desenvolvimento, 2017.

9. Gerson, D., op. cit.

10. Cortázar, J. C.; Fuenzalida, J.; Lafuente, M. "Merit-based Selection of Public Managers: Better public sector performance? An exploratory study". Banco Interamericano de Desenvolvimento, 2016; Lafuente, M.; Manning, N.; Watkins, J. "International Experiences with Senior Executive Service Cadres". In: *World Bank's Global*, v. 6, n. 2, 2012.

governos na construção de estratégias mais eficazes para a gestão de seus quadros de liderança. O Mapa de Gestão de Lideranças (MGL) surge como um instrumento essencial nesse processo, oferecendo um retrato das práticas de gestão de pessoas voltadas para a alta liderança desenvolvidas pelos estados brasileiros.

O que é o Mapa de Gestão de Lideranças (MGL)

O MGL surge como uma ferramenta essencial para diagnosticar e fomentar boas práticas de gestão dos cargos de liderança nos estados brasileiros. Desenvolvido pelo Núcleo de Pessoas no Setor Público do INSPER, com o suporte da Parceria Vamos — composta pela Fundação Lemann, Instituto Humanize e República.org —, o MGL faz um diagnóstico a nível nacional sobre como os estados gerenciam seus cargos de liderança, com foco nos segundo e terceiro escalões da administração direta (ou seja, excluindo os secretários de Estado e agentes políticos eleitos). Esse mapeamento não apenas identifica boas práticas que podem servir de referência para outras administrações, mas também evidencia desafios e lacunas que precisam ser superados para fortalecer a profissionalização da gestão pública nos estados.

O processo de construção do MGL contou, em todas as suas fases, com a participação de diversos especialistas e gestores públicos que atuam na área de gestão de pessoas no governo. Detalhes desse processo estão descritos no Relatório de Pesquisa do Mapa de Gestão de Pessoas.[11]

11. Disponível em: <https://www.insper.edu.br/pt/pesquisa/centro-de-gestao-e-politicas-publicas/nucleo-de-pessoas-no-setor-publico/mapa-de-gestao-de-liderancas>.

Os objetivos do MGL são promover o debate no Brasil sobre SADP e estimular a adoção de boas práticas de gestão de cargos de liderança em governos nos diferentes níveis federativos, fortalecendo assim a capacidade de criação de valor público do Estado brasileiro. Esses objetivos são perseguidos por meio das seguintes ações específicas:

- fornecimento aos órgãos participantes de um retrato sobre suas práticas de gestão de cargos de direção por meio do questionário e relatório individualizado do MGL, indicando possíveis caminhos de desenvolvimento;
- reconhecimento e divulgação de boas práticas identificadas em estados brasileiros;
- estímulo à construção de uma comunidade de práticas, com atores e acadêmicos engajados no tema, contribuindo para a troca de experiências e busca de soluções inovadoras para a promoção da excelência em liderança no setor público;
- produção de conhecimento sobre gestão de cargos de liderança e promoção de eventos e debates sobre o tema.

Para garantir uma visão abrangente e representativa da realidade dos estados brasileiros, 57 secretarias estaduais participaram do mapeamento, abrangendo as áreas de gestão (administração ou planejamento), educação e saúde. A seleção dessas secretarias baseou-se na relevância dessas áreas para a gestão de pessoas no setor público e no impacto de suas políticas sobre a sociedade. A coleta de informações foi realizada por meio de um questionário eletrônico estruturado, complementado por entrevistas com gestores públicos e pela análise de evidências documentais enviadas pelas secretarias. Esse processo garantiu um diagnóstico detalhado das práticas adotadas em cada estado, permitindo identificar tanto desafios quanto boas práticas na gestão de cargos de liderança. Após o período de desenvolvimento e pré-teste de seus componentes, o instrumento final foi aplicado entre novembro de 2023 e maio de 2024, abrangendo todas as unidades da federação. Os resultados foram analisados e organizados em relatórios individuais para cada secretaria, permitindo que cada estado avaliasse suas práticas e identificasse oportunidades de aprimoramento.

É importante ressaltar que o MGL não se propõe a criar um ranking entre estados, mas sim a fornecer um diagnóstico que apoie os estados na construção de uma gestão de lideranças mais estratégica e eficiente.

Os dados coletados permitiram a avaliação das secretarias em relação a cinco pilares centrais do MGL: Pré-seleção, Gestão do desempenho, Desenvolvimento, Diversidade e Atuação sistêmica do órgão central (Quadro 1). Esses pilares refletem as dimensões mais relevantes para a profissionalização da gestão de lideranças e para a construção de um ambiente institucional mais estruturado e orientado a resultados, de acordo com a literatura da área. Os pilares são:

- Pré-seleção: avalia a existência e o uso de perfil do cargo (que definem as competências necessárias para os ocupantes dos cargos de liderança), estratégias de atração de candidatos e o uso de diferentes metodologias de seleção, buscando garantir que os ocupantes dessas posições possuam as competências necessárias.
- Gestão do desempenho: examina a existência de mecanismos formais para definir metas, avaliar o desempenho dos dirigen-

tes públicos e reconhecer lideranças que se destacam, assegurando um alinhamento estratégico entre gestão e resultados.

- Desenvolvimento: mede o nível de investimento das secretarias na capacitação contínua de seus líderes, incluindo a oferta de programas de treinamento, mentorias e ações estruturadas para a sucessão interna de dirigentes, bem como a existência de matriz de competências.
- Diversidade: analisa as políticas voltadas à promoção da equidade racial e de gênero nos cargos de liderança, considerando tanto a representatividade quanto a implementação de práticas para reduzir vieses e ampliar a inclusão.
- Atuação sistêmica do órgão central: avalia o papel dos órgãos centrais de recursos humanos dos estados na formulação de diretrizes, no suporte e na institucionalização das práticas de gestão de lideranças nos estados, garantindo maior integração e sustentabilidade das iniciativas adotadas.

Quadro 1: Pilares e processos do Mapa de Gestão de Lideranças

<table>
<tr><th>PRÉ-SELEÇÃO</th><th>GESTÃO DO DESEMPENHO</th><th>DESENVOLVIMENTO</th></tr>
<tr><td>Perfil do cargo</td><td>Acordo de desempenho</td><td>Matriz de competências</td></tr>
<tr><td>Atração</td><td>Avaliação de desempenho</td><td>Ações de desenvolvimento</td></tr>
<tr><td>Processo de pré-seleção</td><td>Reconhecimento</td><td>Sucessão interna</td></tr>
<tr><td colspan="3">DIVERSIDADE</td></tr>
<tr><td colspan="3">ATUAÇÃO SISTÊMICA DO ÓRGÃO CENTRAL</td></tr>
</table>

Fonte: Elaboração própria.

Cada um desses pilares foi analisado com base em indicadores específicos, permitindo a construção de um panorama detalhado sobre o grau de maturidade dos estados na gestão dos cargos de alto escalão. A partir desses dados, o MGL oferece não apenas um diagnóstico da situação atual, mas também recomendações para aprimorar a gestão estratégica de lideranças no setor público.

Resultados do Mapa de Gestão de Lideranças

Os resultados do MGL revelam um cenário de desafios significativos para a profissionalização da gestão de lideranças no setor público brasileiro, mas também identificam boas práticas que podem servir de referência para aprimorar os processos nos estados.

Os dados indicam que, em uma escala de zero a cem, a média nacional do MGL é de 17 pontos, situando as secretarias estaduais no nível inicial de maturidade na gestão estratégica de lideranças. A pontuação indica, de modo geral, o percentual das práticas de referência que foram identificadas nas secretarias. A maioria das secretarias obteve pontuações muito baixas em todos os pilares, evidenciando oportunidades de aprimoramento na forma como os estados selecionam, desenvolvem e gerenciam o desempenho de seus dirigentes públicos. Além disso, não foram identificadas diferenças significativas entre os três grupos de secretarias analisados.

Apesar dos resultados gerais, três secretarias se destacaram positivamente: a Secretaria de Planejamento e Gestão de Minas Gerais, que atingiu 71 pontos, a Secretaria de Governança e Gestão do Rio Grande do Sul, com 56 pontos, e a Secretaria de Educação de Minas Gerais, com 55 pontos (Gráfico 1). Esses casos indicam que, embora a maturidade da gestão de lideranças ainda seja baixa na maioria dos estados, há experiências bem-sucedidas que podem servir de referência para o aprimoramento das demais secretarias.

Gráfico 1: Pontuações no MGL das secretarias estaduais participantes

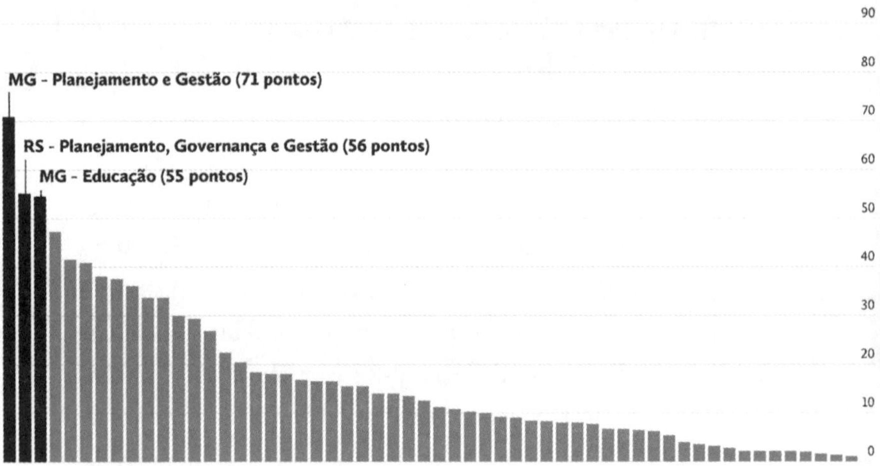

Fonte: Elaboração própria.

tintos, mas todos ficaram no nível inicial, demonstrando que a profissionalização da alta gestão ainda é incipiente nos estados.

- Pré-seleção: a maior parte das secretarias não possui processos estruturados para a definição de perfis de cargo e atração de candidatos. Algumas experiências bem-sucedidas foram identificadas em Minas Gerais (Programa Transforma Minas), Rio Grande do Sul (Qualifica RS) e Sergipe (o estado tem uma lei que regula o processo seletivo para diretores regionais de educação).

- Gestão do desempenho: a implementação de avaliações e acordos formais de desempenho ainda é rara. Estados como Goiás, Minas Gerais, Mato Grosso, Mato Grosso do Sul e Piauí se destacam com práticas mais estruturadas de avaliação de líderes.
- Desenvolvimento: o investimento em capacitação e sucessão interna de lideranças é limitado, com poucas iniciativas voltadas ao fortalecimento das competências dos dirigentes públicos. Minas Gerais (Programa de Desenvolvimento de Liderança), Goiás (LiderAção), Maranhão (Programa Gestor), Mato Grosso (Academia de Novos Líderes), Mato Grosso do Sul (Política de Desenvolvimento de Servidores Públicos Estaduais) e Piauí (Programa Fortalecer) possuem programas estruturados de desenvolvimento de lideranças.
- Diversidade: há uma sub-representação de mulheres e pessoas negras nos cargos de alto escalão, e a maioria dos estados não adota metas formais para equidade racial e de gênero. Minas Gerais, Rio Grande do Sul, Piauí e Sergipe foram destaques nesse pilar por adotarem medidas mais concretas de promoção da diversidade.
- Atuação sistêmica do órgão central: a baixa atuação das secretarias de gestão na normatização e suporte às demais secretarias compromete a implementação de práticas estruturadas. Minas Gerais é o estado mais avançado nesse quesito.

Análises qualitativas

Diante dos desafios identificados na implementação de práticas de Sistemas de Alta Direção Pública (SADP), foi realizada uma pesquisa qualitativa com os estados para compreender os principais entraves na gestão de lideranças. O maior desafio apontado foi a institucionalização das práticas sugeridas pelo MGL, o que envolve tanto a formalização dessas diretrizes em regulamentos e normativas quanto sua incorporação à cultura organizacional das secretarias. A ausência de normatização e de uma matriz de competências para cargos de liderança foi citada como um entrave significativo, agravado pela alta rotatividade de servidores na área de gestão de pessoas, o que dificulta a continuidade e consolidação das práticas sugeridas pelo MGL.

Outro desafio recorrente foi a escolha discricionária dos dirigentes, com forte influência da indicação política, dificultando a adoção de processos técnicos de seleção. Muitos respondentes destacaram a necessidade de sensibilizar a alta liderança para a importância de uma gestão estruturada de cargos de liderança, com critérios mais objetivos e meritocráticos. Além disso, a resistência cultural foi citada como um grande desafio importante a ser superado.

Em relação às práticas mais desafiadoras, a seleção de lideranças foi a mais citada, seguida da gestão do desempenho, que exige conhecimento técnico para estruturar indicadores eficazes e apoio da alta administração para sua implementação. As ações voltadas à diversidade também foram mencionadas, com destaque para a falta de dados concretos sobre diversidade nas secretarias e a dificuldade de implementar políticas afirmativas. Entre as práticas consideradas mais relevantes, a gestão do desempenho e o desenvolvimento de lideranças foram as mais citadas, reforçando a necessidade de capacitação contínua dos gestores. A seleção de lideranças, a diversidade e a institucionalização também foram indicadas pelos participantes como áreas-chave para o fortalecimento da gestão de lideranças no setor público.

O MGL representa um passo significativo na busca pela profissionalização da alta gestão no setor público brasileiro. Ao diagnosticar as práticas adotadas pelos estados e identificar desafios e boas práticas, o MGL fornece subsídios concretos para aprimorar a seleção, o desenvolvimento e a gestão do desempenho dos dirigentes públicos. Seus resultados evidenciam a necessidade de estruturar processos mais técnicos e transparentes, reduzindo a influência de critérios discricionários e promovendo maior alinhamento com os princípios dos SADP. Ao apresentar esses resultados, o MGL contribui para o debate sobre a modernização da gestão de gestão de pessoas no Estado brasileiro, com foco no aprimoramento das capacidades das lideranças públicas no alto escalão.

Gestão estratégica de pessoas como motor da transformação do Estado: mensurando a maturidade dos estados brasileiros

ANA LUIZA PESSANHA

PAULA FRIAS

Inédito

Políticas de gestão de pessoas são fundamentais para melhorar a qualidade dos serviços públicos oferecidos à população. Para que os servidores públicos possam desempenhar suas funções com eficácia e utilizar os recursos disponíveis de forma eficiente, é imprescindível garantir uma seleção criteriosa e uma gestão estratégica da força de trabalho. Isso envolve, entre outros fatores, a oferta de salários compatíveis com a complexidade das funções, ambientes de trabalho saudáveis e estruturas de incentivos de carreira que estimulem o desempenho e o desenvolvimento contínuo.

Apesar da sua importância, ainda há pouca visibilidade sobre essas políticas e os seus resultados baseados em dados e evidências. Como instituição dedicada à gestão de pessoas no setor público, a República.org tem investido na criação de instrumentos que permitam medir a qualidade dessa gestão, valorizando a produção de conhecimento qualificado na área. Um dos grandes desafios, no entanto, é a escassez de dados públicos e abertos especificamente voltados às atividades de secretarias, órgãos e áreas com atribuições relacionadas à gestão de pessoas.

Indicadores que mensuram boas práticas de políticas de gestão de pessoas em governos e o nível de maturidade de tais políticas são fundamentais para o acompanhamento do trabalho que tem sido desenvolvido pelas organizações de nosso ecossistema e também pelos representantes de governos que corretamente apostarem nessa via para transformar a qualidade das políticas públicas.

Foi nesse contexto que, em 2021, a República.org iniciou o esforço de expandir as fronteiras do conhecimento sobre o tema, com a criação do Índice de Qualidade da Burocracia Pública. Esse índice foi inicialmente concebido para mensurar a qualidade do serviço civil nos entes subnacionais, com base em evidências teóricas e empíricas centradas nos componentes de uma burocracia weberiana.

Em 2023, avançando na sua missão de transformar a gestão de pessoas nos governos, a República.org reconheceu que, antes de medir a qualidade da burocracia, é necessário avaliar o grau de maturidade dos estados na implementação de processos e políticas de gestão de pessoas. Afinal, uma burocracia de qualidade é resultado direto dessas políticas.

Assim surgiu, no mesmo ano, o Panorama de Gestão de Pessoas, cuja metodologia foi construída com base em consultas a especialistas, em referências consolidadas sobre indicadores de processos em gestão estratégica de pessoas e nas boas práticas identificadas tanto na experiência internacional quanto na administração pública brasileira.

Em 2024, o Índice de Qualidade da Burocracia foi aprimorado para incorporar, além dos atributos weberianos, os resultados esperados de uma gestão estratégica de pessoas, estabelecendo uma conexão direta com o Panorama. Com isso, o índice passou a avaliar se a burocracia é profissionalizada, imparcial, motivada, autônoma, comprometida com o serviço público e apoiada por estruturas de incentivo adequadas. A Figura 1 ilustra a relação entre os dois instrumentos e a teoria da mudança da República.org.

Figura 1: Teoria da mudança simplificada da República.org

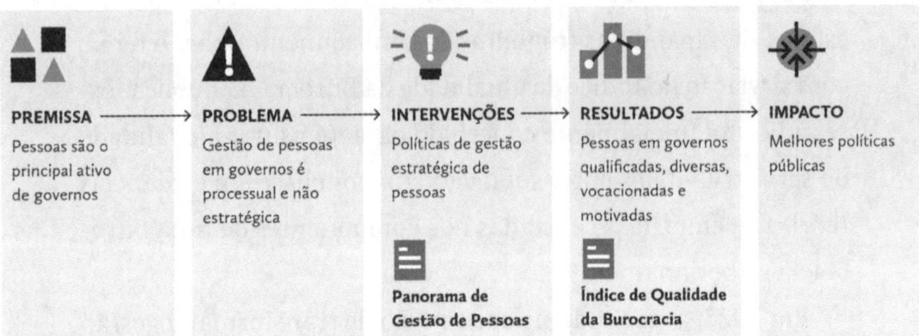

Fonte: Elaboração própria.

A criação destas duas iniciativas representa um primeiro passo rumo à possibilidade de fundamentar empiricamente a correlação entre políticas de gestão de pessoas e os seus resultados esperados. O objetivo é duplo: comprovar a relevância dessa agenda para a construção de um Estado mais eficaz e fortalecer o papel da República.org como parceira estratégica dos governos na transformação da gestão de pessoas no serviço público brasileiro.

Este texto está organizado em quatro seções, além desta primeira. A primeira delas apresenta a metodologia do Panorama de Gestão de Pessoas, acompanhada de uma síntese dos resultados preliminares obtidos nas aplicações já realizadas. A segunda aborda o Índice de Qualidade da Burocracia, seguindo a mesma estrutura de análise. A terceira seção apresenta a importância de avaliarmos políticas de gestão de pessoas, com base nos resultados conjuntos do Panorama e do Índice aplicados em Minas Gerais. Por fim, a quarta seção encerra o capítulo propondo uma agenda para o futuro.

O Panorama de Gestão de Pessoas

O Panorama de Gestão de Pessoas é uma pesquisa que avalia o nível de maturidade dos entes federativos em cinco dimensões de políticas voltadas aos servidores públicos estatutários efetivos: carreiras, seleção e ingresso, gestão de desempenho, gestão de desenvolvimento e qualidade de vida no trabalho. É composta por 108 indicadores distribuídos em subdimensões que organizam os processos e políticas analisados em uma lógica temporal de fases de implementação. A pesquisa atua simultaneamente como instrumento de diagnóstico — ao avaliar cada política numa escala de zero a três — e de orientação, uma vez que cada indicador é acompanhado de recomendações e sugestões de próximos passos. Essa metodologia permite que os resultados subsidiem a definição e a priorização de ações estratégicas na área de gestão de pessoas.

A metodologia parte de algumas premissas fundamentais, que orientaram a construção da régua de maturidade. A primeira é a valorização de políticas institucionalizadas e centralizadas, sem desconsiderar iniciativas pontuais implementadas em secretarias específicas. Em segundo lugar, os indicadores foram desenhados para refletir o ideal de uma política estratégica, mas com sensibilidade suficiente para captar mudanças de curto e médio prazos. Na maioria dos indicadores, o nível de maturidade evolui de acordo com o grau de cobertura e/ou centralização da política — sendo o nível máximo atribuído àquelas implementadas em, no mínimo, 75% dos casos (total de concursos ou carreiras, por exemplo), ou àquelas respaldadas por diretrizes do órgão central de gestão de pessoas, com efetiva implementação nos órgãos setoriais consultados.

A atribuição do nível final de maturidade é realizada por uma especialista, corroborado pela avaliação de uma segunda especialista, com base em dois conjuntos de instrumentos de coleta. O primeiro combina a análise de documentos comprobatórios com entrevistas conduzidas junto aos pontos focais de cada dimensão, no âmbito do órgão central de gestão de pessoas do estado. O segundo segue o mesmo processo, mas é aplicado em três secretarias setoriais com maior número de servidores efetivos,[1] permitindo um mapeamento mais representativo da cobertura das políticas avaliadas.

A coleta de dados junto aos órgãos centrais e setoriais ocorre por duas razões principais. Em primeiro lugar, visa-se construir um retrato mais fidedigno da realidade do estado. Para isso, é essencial verificar se as diretrizes estabelecidas pelo órgão central são efetivamente aplicadas pelos órgãos setoriais mais representativos. Em segundo lugar, conforme já mencionado, a metodologia também valoriza boas práticas isoladas, ainda não institucionalizadas como diretrizes centrais. Esses casos só podem ser identificados e pontuados mediante a consulta direta aos órgãos setoriais.

1. Normalmente são as áreas de saúde, educação e segurança. Se em determinado estado o órgão central de gestão de pessoas não tiver gerência sobre as políticas adotadas pela secretaria de segurança, nós substituímos esta secretaria por aquela que ocupar a posição seguinte no ranking de distribuição do quantitativo de servidores efetivos.

Como produto final, o estado recebe um relatório contendo um resumo executivo dos resultados, além das notas, justificativas e recomendações detalhadas para cada indicador. A aplicação do Panorama em um ente federativo tem duração média de três meses, desde a formalização até a entrega do relatório final e a apresentação executiva aos líderes envolvidos. O tempo estimado de dedicação é de aproximadamente 15 horas por parte do órgão central e oito horas por cada órgão setorial, distribuídas ao longo de dois meses.

No momento de escrita deste capítulo, o Panorama de Gestão de Pessoas já havia sido finalizado no Espírito Santo e em Minas Gerais. Os resultados apontaram para um nível de maturidade geral médio, atingindo 51% da pontuação total em Minas Gerais e 47% no Espírito Santo. As dimensões mais bem pontuadas em Minas Gerais foram, respectivamente: Gestão de desenvolvimento (72%), Qualidade de vida no trabalho (57%), Carreiras (52%), Seleção e ingresso (47%) e Gestão de desempenho (40%). Já Espírito Santo obteve a seguinte distribuição: Qualidade de vida no trabalho (68%), Carreiras (67%), Gestão de desenvolvimento (47%), Gestão de desempenho (31%) e Seleção e Ingresso (26%). O Panorama também está atualmente sendo aplicado no governo federal e nos estados do Acre, Paraíba e Piauí.

O Índice de Qualidade da Burocracia

O Índice de Qualidade da Burocracia tem como objetivo oferecer uma ferramenta empírica para avaliar e aprimorar o desempenho das instituições públicas. Este trabalho não apenas preenche lacunas relevantes na literatura sobre administração pública no Brasil, como também fornece *insights* práticos para a formulação de políticas voltadas ao fortalecimento da governança pública e à promoção de um desenvolvimento mais equitativo e sustentável no país.

A pesquisa teve início com uma análise abrangente conduzida por Gomide,[2] que investigou a relação entre os atributos burocráticos weberianos e o desempenho das políticas públicas. Essa análise integrou estudos fundamentais no campo da administração pública e da governança, resultando em um referencial teórico robusto, aplicado ao contexto brasileiro para a proposição de um índice de qualidade da burocracia pública nos estados da federação. Posteriormente, a equipe da República.org adaptou o instrumento, incorporando elementos que também refletem resultados esperados de uma gestão estratégica de pessoas.

Com isso, o Índice de Qualidade da Burocracia estabelece um diálogo direto com o Panorama de Gestão de Pessoas. A aplicação simultânea dos dois instrumentos permite aos entes federativos avaliar, com base em dados e evidências, se os processos e políticas de gestão de pessoas em vigor estão a produzir os resultados esperados, a partir da percepção dos principais "usuários" dessas políticas: os próprios servidores públicos.

A metodologia do índice baseia-se em 39 indicadores, distribuídos em dez dimensões: Recrutamento baseado em mérito (conhecimentos e competência), Carreira baseada em desempenho, Incentivos, Competências, Imparcialidade, Autonomia, Qualidade da gestão da liderança, Qualidade do ambiente de

2. Gomide, Alexandre de Ávila. *Índice de qualidade da burocracia pública nos estados brasileiros: metodologia e aplicação piloto*, no prelo. O trabalho é fruto de consultoria prestada em 2022.

trabalho, Espírito público e Conexões. Cada uma dessas dimensões foi selecionada para capturar elementos centrais da qualidade burocrática, conforme identificados na literatura especializada.

O instrumento de coleta utilizado consiste na aplicação de um questionário dirigido a uma amostra de profissionais públicos civis estaduais do poder Executivo, pertencentes à administração direta, autárquica ou fundacional. A amostra abrange servidores com vínculo estatutário (comissionados ou não), celetistas e temporários. A principal unidade de análise é o tipo de vínculo profissional, embora os estados possam adicionar outras subpopulações, conforme desejarem. Com base nas respostas, são calculados os indicadores correspondentes, posteriormente agregados às dez dimensões mencionadas, resultando na composição final do índice.

No momento de escrita deste capítulo, o Índice de Qualidade da Burocracia já havia sido finalizado em Minas Gerais e estava sendo aplicado no Tribunal Regional do Trabalho da 11ª Região (Amazonas e Roraima). A nota geral de Minas Gerais foi 58 de um total de 100, o que consideramos um nível intermediário de qualidade. O estado ficou com nota alta (acima de 70) em 14 indicadores, nota intermediária (de 40 a 70) em 19 indicadores e nota baixa (abaixo de 50) em seis indicadores. As dimensões com maiores notas foram Competências, com nota 76, e Qualidade do ambiente de trabalho, com nota 71. A dimensão de Espírito público também ficou com uma nota acima de 70. Já as dimensões com as piores notas foram Recrutamento baseado em mérito (conhecimentos e competência), com 47, e Incentivos, com nota 28. Em relação aos resultados por grupos, as dimensões mais bem ranqueadas foram Espírito público (87) e competências (70) para o grupo de profissionais do nível central, e Competências (76,5) e Qualidade do ambiente de trabalho (71,5) para o grupo de profissionais da educação.

A importância de também avaliarmos políticas de gestão de pessoas

A construção desses dois instrumentos de pesquisa representa um passo importante, sem o qual não é possível construir políticas de gestão estratégica de pessoas, componente estruturante da construção de capacidades estatais. A avaliação conjunta da qualidade dos processos e políticas de gestão de pessoas e de seus resultados retroalimenta o processo de construção das políticas, com o objetivo de torná-las mais eficazes e eficientes.

Minas Gerais, o único estado até o momento que aplicou os dois instrumentos, nos apresentou *insights* importantes, tanto para confirmar a eficácia do desenho de algumas políticas como para subsidiar a necessidade de reformulação de outras. No primeiro caso, o resultado da dimensão de Qualidade do ambiente de trabalho, sobretudo no indicador Ambiente de trabalho livre de assédio, dialoga com os atributos encontrados no Panorama de Gestão de Pessoas, no qual foi identificada a existência de protocolo de atuação diante de denúncias de assédio aplicadas em todos os órgãos/entidades, uma conceituação legal do assédio moral que facilita a tipificação, a previsão do assédio moral como infração disciplinar e um órgão específico responsável pelo registro e análise das denúncias, bem como pelo encaminhamento para apuração nos casos com indícios da infração. Isto é, parece que as políticas e processos de combate ao assédio que o estado implementou nos últimos anos têm surtido efeito na percepção dos seus servidores.

Por outro lado, a dimensão com pior avaliação trata de aspectos como percepção de justiça em relação à remuneração recebida, amplitude salarial da carreira e a motivação com estrutura de incentivos vinculados ao resultado das avaliações de desempenho. A falta de incentivos captada pela percepção dos servidores públicos está coerente com o observado na aplicação do Panorama de Gestão de Pessoas. O estado não possui tabelas salariais organizadas com base em critérios de complexidade de funções/atribuições das carreiras para além do nível de escolaridade mínimo, nem um modelo centralizado e tecnicamente justificado de definição de tempo de chegada no topo da carreira e amplitude salarial para todas as carreiras, e a política de gestão do desempenho não compreende a definição formal de uma matriz de incentivos em cada órgão, que abranja reforços positivos que vão além da remuneração (incentivos não pecuniários).

A experiência de Minas Gerais reforça a importância de avaliar não apenas a qualidade das políticas e dos processos de gestão de pessoas, mas também os seus resultados concretos. Ainda que esse não seja o foco principal do Índice de Qualidade da Burocracia, é essencial que os governos se empenhem em mensurar o impacto real dessas políticas. Afinal, toda política de gestão de pessoas deve estar orientada por um objetivo maior: gerar valor público para a sociedade. Uma abordagem integrada de avaliação permite reconhecer boas práticas, identificar fragilidades e direcionar intervenções mais precisas e fundamentadas, promovendo o aprimoramento contínuo da administração pública. Ao institucionalizar essa prática, os governos fortalecem sua capacidade de gestão e criam ambientes de trabalho mais justos, motivadores e eficientes, contribuindo para a entrega de políticas públicas de maior qualidade.

Construindo o Estado do futuro

O fortalecimento das políticas de gestão de pessoas representa um pilar indispensável para a modernização do Estado e a consolidação de uma administração pública mais eficiente, justa e orientada para resultados. À medida que os desafios sociais e econômicos se tornam mais complexos, torna-se essencial que os governos invistam na valorização e no desenvolvimento contínuo dos seus servidores, reconhecendo-os como agentes centrais na geração de valor público. O futuro do Estado passa, necessariamente, pela construção de ambientes institucionais mais atrativos, transparentes e motivadores, capazes de atrair, reter e impulsionar talentos. Somente com uma gestão estratégica de pessoas alinhada a objetivos de longo prazo de cada uma das áreas de políticas públicas será possível responder às demandas da sociedade, elevando o patamar de desenvolvimento do país com inovação, responsabilidade e distribuição de bem-estar.

A transformação do Estado não ocorrerá sem o uso estratégico de dados e evidências robustas que orientem a (re)formulação de políticas para construção de capacidades estatais. Aumentar a capacidade do Estado deve ser uma prioridade das lideranças políticas, independente de suas ideologias. Estados efetivos geram desenvolvimento econômico e social, aumentam a confiança da população e consolidam a democracia. O Panorama de Gestão de Pessoas e o Índice de Qualidade da Burocracia se apresentam, portanto, como duas ferramentas valiosas para apoiar governos nesta construção, servindo de motor para colocar em prática a tão necessária transformação do Estado. Não há vida boa sem serviço público e não há serviço público de qualidade sem uma gestão efetiva e eficiente do seu principal ativo: as pessoas.

Organizadores

Ana Luiza Pessanha é graduada em Economia (UFRJ) e mestre em Administração Pública e Governo (FGV-EAESP). Passou um semestre na University of British Columbia pela bolsa Emerging Leaders in the Americas Program (ELAP). Tem experiência como assistente de pesquisa na academia e analista de projetos em organizações do terceiro setor. Atualmente é especialista em conhecimento da República.org.

Humberto Falcão Martins é doutor em Administração (EBAPE/FGV), mestre em Administração Pública (EBAPE/FGV), especialista em Políticas Públicas e Gestão Governamental (ENAP) e bacharel em Administração (UnB). É professor da Fundação Dom Cabral, do IDP e do MLG, além de escolas de governo no Brasil e exterior. Atua também como conselheiro de empresas e ONGs. Nos últimos 35 anos, tem combinado atividades acadêmicas (EBAPE, EAESP, UnB, ENSP/França, York University/Canadá e LSE/Reino Unido) com posições no setor público (Ministério da Administração e Reforma do Estado, Ministério do Planejamento, Orçamento e Gestão, Ministério da Fazenda e Presidência da República) e consultoria (ONU, Banco Mundial e Instituto Publix).

Autores

Alex Cavalcante Alves é mestre em Direito (UniCEUB), servidor público federal e assessor-chefe de gestão estratégica da Superintendência de Gestão de Pessoas da ANEEL. Foi um dos vencedores do Prêmio Espírito Público 2021, presidiu o Fórum de Recursos Humanos das Agências Reguladoras Federais e foi conselheiro do Centro de Altos Estudos do TCU. É professor de Direito e de Administração Pública e fundador do Movimento Gestão Pública Eficiente.

Alexandre Gomide é doutor em Administração Pública e Governo (FGV-SP), com estágio de pós-doutorado (Universidade da Califórnia, San Diego). Exerceu diversos cargos de direção no governo federal e em governos subnacionais. É diretor de Altos Estudos na ENAP e docente permanente em programas de pós-graduação no IDP e na Ebape/FGV, além de ser pesquisador associado ao INCT QualiGov.

Alisson Gomes dos Santos é doutorando (UFRGS) e pesquisador do Observatório Opará, grupo de pesquisa e extensão institucionalizado na UNIFASV, que desenvolve pesquisas, discussões e *advocacy* no âmbito das políticas públicas e das relações étnico-raciais no contexto institucional.

Ana Christina Faulhaber é inspetora de polícia penal e doutoranda em Sociologia (PPGS/UFF). Atua há 21 anos no sistema prisional, tendo sido diretora da Unidade Materno Infantil (SEAP/RJ). Foi a primeira coordenadora da COFEMCI, e atuou também como diretora adjunta da antiga Escola de Gestão Penitenciária. Atuou com políticas penais na Secretaria Nacional de Políticas Penais (SEANPPEN) e atualmente faz parte da equipe de apoio técnico do Museu Penitenciário do Estado do Rio de Janeiro.

Ana Luisa Araújo de Oliveira é a primeira negra cotista da Lei nº 12.990/2014 no cargo de professora do magistério superior na UNIFASV. É também pesquisadora líder do Observatório Opará, grupo de pesquisa e extensão institucionalizado na UNIFASV, que desenvolve pesquisas, discussões e *advocacy* no âmbito das políticas públicas e das relações étnico-raciais no contexto institucional.

Ananda Marques é cientista política e pesquisadora. Doutoranda em Ciência Política (UnB), mestra em Ciência Política e licenciada em Ciências Sociais (UFPI). Faz parte da Red de Politólogas e da Rede Brasileira de Mulheres Cientistas. Pesquisa políticas públicas com foco nas políticas de saúde das mulheres na América Latina.

Antonio Fiuza de Sousa Landim é graduado em Engenharia Elétrica (UnB). Diretor de Soluções Digitais da SGP/MGI, é, também, especialista em TI (UFMG).

Bruno Carazza é bacharel em Ciências Econômicas e Direito (UFMG), mestre em Economia (UnB) e doutor em Direito (UFMG). Autor de *Dinheiro, eleições e poder: as engrenagens do sistema político brasileiro* e *O país dos privilégios: os novos e velhos donos do poder*. É professor associado da Fundação Dom Cabral.

Carolina Ricardo é advogada e socióloga. Mestre em Filosofia do Direito (FDUSP), foi assessora de projetos no Instituto São Paulo Contra a Violência, consultora do Banco Mundial e do BID. Foi *fellow* no programa Draper Hills Summer Fellows, da Universidade de Stanford, Califórnia, e conselheira no Conselho para Assuntos de Desarmamento da ONU e no Conselho Nacional de Segurança Pública do Ministério da Justiça. É diretora-executiva do Instituto Sou da Paz.

César Augusto Galvão é estatístico e psicólogo (UnB) e mestrando em Estatística na mesma universidade. Servidor público, lidera a equipe de Análise de Dados da Coordenação-Geral de Ciência de Dados da ENAP, coordenando e realizando análises e pesquisas visando melhorias em serviços públicos.

Cibele Franzese é doutora em Administração Pública e Governo (FG-V-EAESP), com estágio de pesquisa no Centro de Estudos de Federalismo da Universidade de Kent, Inglaterra. Foi secretária adjunta de Gestão Pública e de Planejamento e Desenvolvimento Regional do Governo do Estado de São Paulo e coordenadora do curso de graduação de Administração Pública da FGV-EAESP, onde é professora e pesquisadora nas áreas de Gestão e Políticas Públicas.

Conrado Ramos é doutor em Ciência Política (Universidade de Frankfurt, Johann-Wolfgang-Goethe). Foi diretor do Departamento de Ciência Política na Faculdade de Ciências Sociais (UDELAR); coordenador do Mestrado em Políticas Públicas na Faculdade de Ciências Sociais da Universidade da República; e vice-diretor da OPP.

Edmilson Santos dos Santos é professor do magistério superior na UNIFASV. Também atua como pesquisador do Observatório Opará, grupo de pesquisa e extensão institucionalizado na UNIFASV que desenvolve pesquisas, discussões e *advocacy* no âmbito das políticas públicas e das relações étnico-raciais no contexto institucional.

Elisa Cecin Rohenkohl é auditora pública externa do Tribunal de Contas do Estado do Rio Grande do Sul. Graduada em Ciências Jurídicas e Sociais (PUCRS), é pós-graduada em Direito Tributário e em Direito, Políticas Públicas e Controle Externo.

Emmanuel Gonçalves e Silva é bacharel em Administração (UnB), tem mestrado e é doutorando em Psicologia Social, do Trabalho e das Organizações (PSTO) pela mesma instituição. Com uma trajetória acadêmica focada na inovação organizacional, comportamento humano no ambiente de trabalho e gestão de pessoas, tem se especializado em análise de dados organizacionais, desenvolvimento de liderança e cultura organizacional.

Ettore de Carvalho Oriol é professor associado na área de Administração Pública na Fundação Dom Cabral e no mestrado em Administração da UNESA-RJ. É doutorando em Administração Pública e

Governo (EAESP-FGV), além de professor visitante na Paul H. O'Neill School of Public and Environmental Affairs da Universidade de Indiana. É pesquisador nas áreas de Planejamento Estratégico, Capacidades Institucionais, Governança Colaborativa e Efetividade de Políticas Públicas.

Euciana Amanda de Azevedo Ferreira é graduada em Administração (UnB), com desenvolvimento de pesquisas sobre Gestão da Mudança e Inovação em Organizações Públicas e Privadas. Atualmente, tem se especializado em análise de dados para a tomada de decisão estratégica (Business Intelligence). É consultora no Instituto Publix, com experiência em projetos de gestão estratégica, análise de dados e transparência pública.

Felix Lopez é doutor em Sociologia (UFRJ) e da carreira de Pesquisa e Planejamento do IPEA, onde coordena o Atlas do Estado Brasileiro. Docente permanente dos programas de mestrado e doutorado da ENAP, EBAPE/FGV e IDP. Pesquisador associado ao INCT QualiGov e ao Núcleo de Estudos sobre Desigualdades (NIED/UFRJ).

Fernando André Santana de Souza é especialista em Gestão Pública e mestre em Administração e Desenvolvimento Empresarial. Desde de 2011, é analista em Ciência e Tecnologia pelo INCA. Atualmente está cedido para o Órgão Central de Gestão de Pessoas do Governo Federal (SIPEC-MGI), como coordenador-geral de Movimentação de Pessoal.

Fernando de Souza Coelho é doutor e mestre em Administração Pública (EAESP-FGV). É professor de Gestão Pública da EACH-USP e atua como coordenador do Laboratório de Gestão Governamental (LabGov) da USP. É integrante do Movimento Pessoas à Frente.

Francisco Gaetani é atual secretário extraordinário para a Transformação do Estado, do Ministério da Gestão e Inovação, ex-secretário-executivo dos Ministérios do Meio Ambiente e Planejamento, doutor em Ciência Política pela London School of Economics and Political Science. É professor da EBAPE/FGV, da ENAP e do Instituto Rio Branco.

Francismara Alves de Oliveira Lima é servidora pública federal e bacharel em Direito. Atuou como gestora de políticas educacionais por 14 anos e atualmente é técnica da CGMOP/DEPRO/SGP/MGI.

Gabriela Lotta é doutora em Ciência Política (USP) e professora de Administração Pública e Governo na FGV. Foi professora visitante em Oxford (Blavatnik School of Government). Coordena o Núcleo de Estudos da Burocracia (NEB) e é docente da ENAP. Integra a Câmara Técnica de Transformações do Estado do Conselhão e presidiu o grupo de trabalho do Sistema Nacional de Direitos Humanos. Em 2021, foi reconhecida pela Apolitical como uma das cem acadêmicas mais influentes do mundo na área de governo.

Grazielle Seabra Durães Aguiar é mestre em Ciência Política, tem MBA em Gerência de Projetos, especialização em Business Intelligence, Big Data e Analytics, e especialização em Design de produtos digitais — UX-UI. Atua como gestora de políticas públicas em Gestão Educacional — Tecnologia da Informação no governo do Distrito Federal (GDF). Atuou como gestora de projetos na SGP/MGI.

Guilherme Alberto Almeida de Almeida é diretor do Programa da Secretaria Extraordinária para a Transformação do Estado do Ministério da Gestão e da Inovação em Serviços Públicos e um dos vencedores do Prêmio Espírito Público, edição 2020, na categoria Governo Digital.

Gustavo Tavares é doutor em Administração (EBAPE-FGV). Atua como professor do INSPER nas áreas de Gestão de Pessoas e Liderança. É membro do corpo editorial do *Journal of Public Administration Research and Theory* (JPART) e *Asia-Pacific Journal of Public Administration* (APJPA). Atuou como oficial aviador da Força Aérea Brasileira e professor no Instituto Federal do Rio de Janeiro.

Ideli Domingues é psicóloga, doutora em Psicologia Social (USP), especialista em grupos. Foi sócia-fundadora do Instituto Pichon-Rivière de Psicologia Social de São Paulo e atuou como professora de Psicologia e Equipes de Alta Performance na FGV-SP. Foi coodenadora do Centro de Educação Transdisciplinar de São Paulo (CETRANS). Colabora com o Conversas de Vida, no Centro de Promoção de Esperança e Prevenção ao Suicídio do CAISM Vila Mariana, UNIFESP-SPDM.

Ilka Massue Sabino Kawashita é gestora de projetos na SGP/MGI e doutora em Tecnologia e Sistemas de Informação.

Janice Oliveira Godinho é coordenadora de Gestão de Informações e Conhecimentos em Concursos e Provimentos da Secretaria de Gestão de Pessoas (SGP) do Ministério da Gestão e Inovação em Serviços Públicos (MGI).

João Paulo Mota é doutor em Administração (Université de Bordeaux) e tem MBA em Administração Estratégica (FGV). Tem formações executivas em Harvard e Georgetown, e certificado SPM® em Gestão Estratégica pela Rutgers University. Coordenou mais de noventa projetos de gestão para resultados no setor público e ministrou mais de cem cursos de formação executiva em temas relacionados à gestão. É professor do IDP, ENAP e Ibmec e diretor do Instituto Publix.

José Celso Cardoso Jr. é economista (FEA/USP) e mestre e doutor em Economia (IE/Unicamp). Desde 1996 é técnico de planejamento e pesquisa do Instituto de Pesquisa Econômica Aplicada (IPEA). Desde 2023, ocupa o cargo de secretário de gestão de pessoas da SGP/MGI.

Juliana Almeida é CEO da Minder People Analytics e leading expert do Projeto Liderando Estrategicamente com *People Analytics*, no MGI. Pós-doutorada em Liderança e *People Analytics* pela Amsterdam Business School.

Juliana Costa de Carvalho é doutora em Administração de Empresas (EBAPE/FGV) e mestre em Administração (FGV, com período sanduíche na Indiana University). É graduada em Relações Públicas (UERJ) e em História (UFRJ). É coordenadora-executiva do Núcleo de Pessoas no Setor Público do Insper.

Juliana Damasceno é mestre em Economia Aplicada (Norwegian Business School). É especialista em Finanças Públicas e Políticas Climáticas, com atuação no Executivo federal, consultoria e pesquisa aplicada. Foi assessora especial da ministra do Planejamento e Orçamento, Simone Tebet, e trabalhou como economista sênior na Tendências Consultoria Integrada e pesquisadora associada da FGV no Núcleo de Economia do Setor Público (NESP-IBRE).

Juliana Sakai é formada em Relações Internacionais (USP) e mestre em Ciência Política (Leuphana Universität, Alemanha). É diretora executiva da Transparência Brasil desde 2022, onde atua há mais de dez anos. Atuou junto ao Programa das Nações Unidas para o Desenvolvimento Timor-Leste e à Transparency International. É Eisenhower Fellow e especialista da Global Partnership on Artificial Intelligence da OCDE.

Keilly Cristina Ferreira Ribeiro é servidora pública federal, formada em Administração, especialista em Gestão Pública. Atualmente, é técnica da CGMOP/DEPRO/SGP/MGI.

Laura Angélica Moreira Silva é doutora em Administração Pública e Governo (FGV/EAESP). Foi visiting scholar na Hertie School, Berlim/Alemanha com financiamento pela República.org. É pesquisadora do Núcleo de Estudos e Pesquisas sobre a Mulher (NEPEM/UFMG) e da Escola Nacional de Administração Pública (ENAP). Possui publicações nas áreas de Violência Política de Gênero em Perspectiva Interseccional; Capacidades Estatais; Planejamento e Desenho Orçamentário de Políticas Públicas.

Leandro de Lima Lira é mestre em Ciência de Dados, advogado e servidor efetivo da ANATEL. Vencedor do Prêmio Espírito Público 2022 na categoria "Pessoas que transformam: Eixo intersetorial" por ter sido o criador, doador e implantador do Processo Judicial Digital (PROJUDI) em cerca de vinte estados do Brasil, caracterizando-se como a primeira implantação em larga escala do processo eletrônico no país e influenciando diversos serviços públicos a migrarem para o meio digital.

Lívia Resende Lara é servidora pública federal, mestre em Gestão de Políticas Públicas (EACH-USP) e graduada em Direito (UFSC). Atualmente, trabalha no Ministério da Gestão e da Inovação em Serviços Públicos (MGI).

Lorena Fonseca de Medeiros é coordenadora-geral de Planejamento da Força de Trabalho da Secretaria de Gestão de Pessoas (SGP) do Ministério da Gestão e Inovação em Serviços Públicos (MGI).

Luciana Papi é mestre e doutora em Ciência Política (UFRGS e Torcuato Di Tella). Atua como professora de Administração Pública e do Programa de Pós-Graduação em Políticas Públicas da UFRGS. É, também, coordenadora do Programa de Pós-Graduação em Políticas Públicas da UFRGS e do Núcleo de Pesquisa em Gestão Municipal (NUPEGEM) e pesquisadora do Instituto Nacional de Ciência e Tecnologia (INCT QualiGov).

Luiza Hermeto Coutinho Campos é mestre em Administração Pública (FGV) e especialista em Políticas Públicas (UFMG). Servidora pública da carreira de Especialista em Políticas Públicas e Gestão Governamental, exerceu diversas funções na política pública de segurança, educação e saúde. Atualmente é chefe de gabinete da Secretaria Municipal de Planejamento, Orçamento e Gestão de Belo Horizonte, e professora de Gestão de Projetos no curso de Administração Pública da Escola de Governo da Fundação João Pinheiro.

Mara Clélia Brito Alves é servidora pública federal, bacharel em Direito e atualmente técnica da CGMOP/DEPRO/SGP/MGI.

Maria Aparecida Chagas Ferreira é diretora de Provimento e Movimentação da Secretaria de Gestão de Pessoas (SGP) do Ministério da Gestão e Inovação em Serviços Públicos (MGI).

Marina Iemini Atoji é diretora de programas na Transparência Brasil. Formada em Comunicação Social (USP), é especialista na Lei de Acesso à Informação. Atuou como gerente-executiva da ABRAJI de 2012 a 2020 e como secretária-executiva e redatora do Fórum de Direito de Acesso a Informações Públicas de 2011 a 2021. É colunista do *Poder360*.

Michelle Fernandez é cientista política, doutora e mestre em Ciência Política (Universidade de Salamanca). É professora e pesquisadora no Instituto de Ciência Política da Universidade de Brasília. É professora-colaboradora da ENAP, pesquisadora do Núcleo de Estudos da Burocracia (NEB/FGV) e coordena o Núcleo de Estudos de Políticas de Saúde (NEPOS) do Laboratório de Pesquisa em Comportamento Político, Instituições e Políticas Públicas (LAPCIPP/UnB).

Mirian Bittencourt é cientista de dados, especialista em indicadores estratégicos de RH e diretora do Observatório de Pessoal do Governo Federal.

Myrelle Jacob Gonçalves é advogada, doutoranda em Direito Constitucional (IDP) e mestra em Direito nas Relações Econômicas e Sociais (Faculdade Milton Campos), ocasião em que desenvolveu a pesquisa *Violência de gênero e o serviço público-federal: uma análise sobre assédio sexual no local de trabalho*. Especialista em Direitos Humanos pela Faculdade CERS, é capacitada em questões de gênero pelo GenderPro Capacity Building Program da George Washington University.

Paula Frias é graduada em Ciências Sociais (UFRJ) e mestre em Ciência Política (UERJ), atua como coordenadora de dados na República.org, desenvolvendo levantamentos e pesquisas sobre gestão de pessoas no setor público. Já atuou na Prefeitura do Rio de Janeiro e na ONU-Habitat com pesquisas e análises de dados, contribuindo para iniciativas como Territórios Sociais, o Censo da População em Situação de Rua e o Índice de Progresso Social.

Paulo Modesto é professor da Faculdade de Direito da UFBA, presidente do Instituto Brasileiro de Direito Público e membro do Ministério Público da Bahia e da Academia de Letras Jurídicas da Bahia.

Pedro Masson Sesconetto Souza é mestre e graduado em Ciência Política (UnB). Atualmente lidera uma equipe de servidores e pesquisadores na Coordenação-Geral de Ciência de Dados da Escola Nacional de Administração Pública, transformando grandes volumes de dados em informações que subsidiam a tomada de decisão sobre gestão e políticas públicas.

Renata Vilhena é professora associada da Fundação Dom Cabral. Preside o conselho de administração da República.org e integra a governança do Movimento Pessoas à Frente. Foi secretária de estado de Planejamento e Gestão do governo de Minas Gerais, é especialista lato sensu em Gestão Pública e Legislação Urbana pela Universidade Cândido Mendes e doutora honoris causa pela Universidade Estadual de Montes Claros. Foi servidora pública estadual de carreira da Secretaria de Planejamento e Gestão desde 1985 até 2014.

Ricardo de Oliveira é engenheiro de produção, foi secretário estadual de Gestão e Recursos Humanos do Espírito Santo (ES) entre 2005 e 2010 e secretário estadual de Saúde do ES de 2015 a 2018. É autor dos livros *Gestão pública: democracia e eficiência* (2012) e *Gestão pública e saúde* (2020), publicados pela editora da FGV. Também é conselheiro do Instituto de Estudos para Políticas de Saúde (IEPS) e membro do comitê de filantropia da UMANE.

Roney Guimarães Brum é administrador com formação em Administração e especialização em Ciência de Dados. Com experiência em análise de dados, utiliza técnicas de *storytelling* para facilitar a compreensão das informações e se dedica à implementação de automações que melhoram a eficiência nos serviços públicos. Atualmente, é técnico da CGMOP/DEPRO/SGP/MGI.

Sheila Cristina Tolentino Barbosa é professora do Departamento de Políticas Públicas da Universidade de Brasilia (UnB) e especialista em Políticas Públicas e Gestão Governamental, atuando como pesquisadora no Instituto de Pesquisa Econômica Aplicada (IPEA).

Valdevino Siqueira Campos Neto é coordenador-geral de Transformação Digital em Gestão de Pessoas da SGP/MGI, especialista em Engenharia de Software pela Unicamp e bacharel em Computação.

Vanessa Coutinho é mestre em Gestão Pública (Hertie School of Governance) e tem formação em Direito e em Comunicação Social. É servidora pública federal há 15 anos e no último ano atuou na Secretaria de Economia Verde, Descarbonização e Bioindústria, no MDIC, estando atualmente trabalhando na Secretaria Administrativa da Seção Judiciária da Bahia — TRF/1ª Região.

Vera Monteiro é doutora (USP) e mestre (PUC/SP). É professora de Direito Administrativo na FGV Direito SP e na Sociedade Brasileira de Direito Público, além de ser Lemann Foundation Visiting Fellow na Blavatnik School of Government (Oxford, Reino Unido). Advogada, também atua como conselheira da República.org e presidente do conselho do Movimento Pessoas à Frente.

Verônica Ennes é mestranda em Políticas Públicas pelo INSPER e graduada em Direito pela UERJ. É pesquisadora do Núcleo de Pessoas do Setor Público no INSPER e subcoordenadora acadêmica na Fundação de Apoio a Pesquisa, Ensino e Assistência da UNIRIO-FunRio.

Vivian Satiro é doutoranda em Administração Pública e Governo (EAESP-FGV) e coordenadora de gestão de projetos do Centro de Gestão e Políticas Públicas do INSPER. Foi secretária-executiva de Planejamento e Entregas Prioritárias e secretária-adjunta de Licenciamento da Prefeitura de São Paulo.

Wesley Matheus é secretário-adjunto nacional de Monitoramento e Avaliação de Políticas Públicas e Assuntos Econômicos no Ministério de Planejamento e Orçamento (MPO), presidente da Rede Brasileira de Monitoramento e Avaliação e pesquisador associado do Centro Brasileiro de Análise e Planejamento (Afro-CEBRAP).

CIP-BRASIL. CATALOGAÇÃO NA PUBLICAÇÃO
SINDICATO NACIONAL DOS EDITORES DE LIVROS, RJ

R336

República em notas, vol. 2 / organização Ana Luiza Pessanha, Humberto Falcão Martins. - 1. ed. - Rio de Janeiro : Cobogó, 2025.

400 p. ; 21 cm.

ISBN 978-65-5691-177-9

1. Administração pública - Brasil. 2. Legitimidade governamental - Brasil. 3.Serviço público - Brasil - Cargos e funções. I. Pessanha, Ana Luiza. II. Martins, Humberto Falcão.

25-98895.0 CDD: 352.60981
CDU: 35.083(81)

Meri Gleice Rodrigues de Souza - Bibliotecária - CRB-7/6439

Editora-chefe
Isabel Diegues

Coordenadora editorial
Julia Barbosa

Gerente de produção
Melina Bial

Assistente de produção
Jade Gomes

Revisão final
Carolina Falcão

Projeto gráfico e diagramação
Mari Taboada

Capa
Daniel Trench

Editora de Livros Cobogó Ltda.
Rua Gen. Dionísio, 53, Humaitá,
Rio de Janeiro, RJ, Brasil — 22271-050
www.cobogo.com.br

2025

1ª impressão

Este livro foi composto em Calluna.
Impresso pela Gráfica Viena,
sobre papel Offset 75 g/m².